FENDOU LUN

奋斗论

姚军·著

苏州大学出版社
Soochow University Press

图书在版编目(CIP)数据

奋斗论/姚军著. —苏州：苏州大学出版社，
2013.1(2019.5 重印)
ISBN 978-7-5672-0425-6

Ⅰ.①奋… Ⅱ.①姚… Ⅲ.①中国共产党-艰苦奋斗
-研究 Ⅳ.①D261.3

中国版本图书馆 CIP 数据核字(2013)第 016726 号

奋 斗 论
姚 军 著

责任编辑 许周鹣 周建国

苏州大学出版社出版发行
(地址：苏州市十梓街 1 号 邮编：215006)
常州市武进第三印刷有限公司印装
(地址：常州市武进区湟里镇村前街 邮编：213154)

开本 700mm×1 000mm 1/16 印张 15.5 字数 271 千
2013 年 1 月第 1 版 2019 年 5 月第 2 次修订印刷
ISBN 978-7-5672-0425-6 定价：40.00 元

苏州大学版图书若有印装错误，本社负责调换
苏州大学出版社营销部 电话：0512-67481020
苏州大学出版社网址 http://www.sudapress.com
苏州大学出版社邮箱 sdcbs@suda.edu.cn

目 录

● 前　言 / 1

　一、问题的提出与研究的意义 / 1

　　1. 问题的提出 / 1

　　2. 研究的意义 / 4

　二、国内外研究概述 / 6

　　1. 国内研究状况 / 7

　　2. 国外研究状况 / 12

　三、研究思路和研究方法 / 16

　　1. 研究思路 / 16

　　2. 研究方法 / 17

　四、创新方面及努力方向 / 19

　　1. 创新方面 / 19

　　2. 努力方向 / 21

● 第一章　奋斗的术语界定及其内涵指认 / 22

　第一节　奋斗的术语界定 / 23

　　一、国内著作中有关"奋斗"的语义阐释 / 23

　　二、国外著作中有关"奋斗"术语的解读 / 25

　　三、思想政治教育视域中的"奋斗" / 28

　第二节　奋斗的范式 / 29

　　一、个体奋斗 / 30

　　二、群体奋斗 / 32

　　三、民族奋斗 / 34

　　四、社会奋斗 / 36

　第三节　奋斗的指向 / 38

　　一、精神追求 / 38

　　二、生活理念 / 39

三、价值取向 / 40

四、行为方式 / 41

第四节 奋斗的特质 / 42

一、理论与实践的统一 / 43

二、历史与现实的统一 / 45

三、主观与客观的统一 / 46

四、手段与目标的统一 / 47

第五节 奋斗的历史回溯与前瞻愿景 / 48

一、奋斗的历史回溯 / 48

二、奋斗的前瞻愿景 / 50

第二章 奋斗的理论基础与思想资源 / 51

第一节 经典马克思主义的奋斗观 / 51

一、马克思、恩格斯的奋斗观 / 52

二、列宁的奋斗观 / 58

第二节 中国共产党的奋斗观 / 65

一、中国共产党的奋斗历程 / 65

二、中国共产党的奋斗理论 / 68

第三节 民族传统文化中奋斗思想资源的开发 / 93

一、舍生取义 / 93

二、志存高远 / 95

三、见贤思齐 / 96

四、勤劳勇敢 / 97

五、慎始敬终 / 98

六、自强不息 / 100

第四节 西方文化中奋斗思想资源的借鉴 / 102

一、信仰宗教 / 102

二、高扬理性 / 104

三、励志奋斗 / 107

第三章 奋斗的真理性与价值准则 / 110

第一节 奋斗的真理性 / 111

一、奋斗的人民性 / 111
　　二、奋斗的时代性 / 114
　　三、奋斗的实践性 / 116
　　四、奋斗的科学性 / 118
　第二节　奋斗的价值准则 / 122
　　一、奋斗的自我选择 / 122
　　二、奋斗的集体认同 / 126
　　三、奋斗的社会评价 / 128
　　四、奋斗的历史检验 / 130
　第三节　奋斗的真理性与价值性的统一 / 132
　　一、奋斗的真理导向与价值取向 / 132
　　二、奋斗的真理抉择与价值整合 / 134
　　三、奋斗的真理激励与价值显现 / 136

● 第四章　奋斗的差异论与机制创新 / 139
　第一节　奋斗的差异性 / 140
　　一、不同奋斗的时代分析 / 141
　　二、不同奋斗的程度分析 / 144
　　三、不同奋斗的环境分析 / 150
　第二节　奋斗的机制创新 / 157
　　一、奋斗的机制激励 / 157
　　二、奋斗的公平彰显 / 161
　　三、奋斗的活力创造 / 164
　　四、奋斗的人权保障 / 165
　第三节　奋斗机制的时代选择 / 167
　　一、公平正义的导向机制 / 167
　　二、改革创新的动力机制 / 170
　　三、发展动力的整合机制 / 175
　　四、共同富裕的激励机制 / 178

● 第五章　奋斗的目标观与实现路径 / 182
　第一节　奋斗的目标观 / 182

一、主体目标与客体目标 / 184
　　二、理想目标与道德目标 / 186
　　三、社会目标与个人目标 / 189
第二节　奋斗的实现路径 / 192
　　一、奋斗的出场条件 / 192
　　二、奋斗的推进过程 / 196
　　三、奋斗的实现方式 / 199
第三节　奋斗的实现标志 / 201
　　一、奋斗的动机与结果 / 202
　　二、奋斗的实践评价与检验标准 / 204
　　三、奋斗的最终成功与意义拓展 / 206
第四节　奋斗的实践回归 / 210
　　一、张扬个体奋斗 / 210
　　二、激扬群体奋斗 / 213
　　三、弘扬民族奋斗 / 215
　　四、弘扬社会奋斗 / 217
结　语 / 220
主要参考文献 / 223

前　言

一、问题的提出与研究的意义

> 课题的形成和选择，无论作为外部的经济要求，抑或作为科学本身的要求，都是研究工作中最复杂的一个阶段。一般来说，提出课题比解决课题更困难。①
>
> ——[英]贝尔纳

1. 问题的提出

在以启蒙理性为主导的现代社会，主体自由权利的高扬和彰显获得了至高无上的地位。个人的独立和自由支配着社会的主导价值观念，在世俗层面发生的封建人身依附关系的解体，以及在宗教层面出现的彼岸意识的衰退，不断将个人推拥到历史的前台。自我实现成为每个人的人生理想，自主性的生涯筹划、自我实现和个性张扬成为当今时代每一个奋斗主体的人生指南。同时，随着传统宗教和形而上学的羁绊的败退，原先处于依附地位的科学，把目光从对上帝的证明转移到自然和日常社会生活之中。人同化了一切异质性的不可通约的他者，建立起以自我主体为核心的平滑的、没有疆界的帝国，于是"世界变平了"。② 人类充满着前所未有的豪情壮志，在历史的进步幻想曲中高奏凯歌，一路前行。

在现代性自我扩张的过程中，人们却面临着严峻的挑战，亦即价值与意义的丧失。现代性释放了人的物欲性，而这种物欲性不过是一种不断被制造出来的消费欲望，永远无法得到真正的满足。价值的庄严、意义的神圣现在都可以变为酒食征逐之余可供消费的明码标价的商品。以标榜自我为核心

---

① [英]贝尔纳：《科学学译文集》，北京：科学出版社，1981 年版，第 28 页。
② [美]托马斯·弗里德曼：《世界是平的》，何帆、肖莹莹、郝正非译，长沙：湖南科技出版社，2006 年版，第 7 页。

的现代社会"以世俗文化的姿态去拥抱、发掘、钻研它,逐渐视其为创造的源泉。在争取艺术自治的呐喊声中,形成了以经验本身为最高价值的信念,它要求探查一切,容许所有试验,至少是那种不在生活中加以实践的想象。行动一旦合法,历史的钟摆不免朝着松弛放纵的一端移动,日益远离节制和约束"①。现代社会的另一个巨大矛盾就是,个人乃至人类获得了空前的自由,每个人都以时尚与自我实现标榜,高唱人生奋斗的洪亮调门。但是人类同时感觉到无家可归的寂寞空虚与动辄得咎的处处束缚与限制。"当'我'成为一切之后,它是无比寂寞的;就好像权倾一切的中国皇帝,只能是个'孤家'、'寡人'。"②当自我不断张大,最终成为世界上全知全能的主体,也就是歌德所说的"人神"的同时,也随之陷入了深深的寂寞与迷茫之中。

现代社会就是一部浓缩版的人类奋斗史。现代社会发生的人的失落、自然的衰败、社会的式微,迫切需要思想政治教育理论给出回答。思想政治教育的理论自觉,源自人类对现实面临的生存困境的深刻反思。思想政治教育的真谛在于将外在的社会问题通过自身特有的概念、范畴、逻辑体系展现出来,以便对人类的生存与发展状况做出批判性的考察、规范性的矫正和理想性的教育引导。③

将"奋斗"凸显出来,作为一个重要的思想政治教育命题,可以从哲学、伦理学、心理学、社会学、宗教学、政治学、人类学等方面加以探讨,是相当重要的,也是十分必要的,但还是不够的。其原因在于我们拥有的奋斗理论和成功学愈来愈花哨,而我们对奋斗的科学认识愈来愈浅薄这个理论困惑,以及当今社会对奋斗的呼声愈来愈炽烈,而各式各样的奋斗愈来愈迷失这个实践困惑。系统地研究奋斗,既切合于当代社会的实际发展状况,用以引领全国各族人民同心同德建设中国特色社会主义而进行的奋斗,揭示奋斗的内在张力,弥补当代思想政治教育研究的短板,又有助于为推进奋斗理论的科学化、时代化、现实化和具象化做出应有贡献,为现代社会人类遭遇的空前的虚无主义之迷茫与寂寞提供一条超越的通达之途。

---

① [美]丹尼尔·贝尔:《资本主义文化矛盾》,赵一凡译,北京:生活·读书·新知三联书店,1992年版,第65页。
② [西]加塞特:《什么是哲学》,上海:上海三联书店,1994年版,第102页。
③ 吴玉军:《非确定性与现代人的生存》,北京师范大学博士学位论文,2005年5月,第10页。

从选题上看,《奋斗论》从思想政治教育视域深入地研究和探讨了奋斗的理论基础与思想资源,提出了奋斗的术语界定及其内涵指认,回答了何为奋斗、为何奋斗以及如何奋斗的重大理论与实践问题。

从主要观点和内容上看,《奋斗论》从思想政治教育的视角提出了全新的奋斗的范式,建构了自洽的奋斗结构与模型,并揭示了奋斗的特质。同时创新性地提出奋斗的实践评价和奋斗的检验标准;创造性地论证了奋斗的真理性与价值准则、奋斗的差异论与机制创新、奋斗的目标观与实现路径,从而构建起了全新的奋斗论的理论体系。

再者,从奋斗的本体研究上来考量,马克思主义奋斗观的核心在于人的自由而全面的发展,马克思、恩格斯在《共产党宣言》中指出:"代替那存在着阶级和阶级对立的资产阶级旧社会的,将是这样一个联合体,在那里,每个人的自由发展是一切人的自由发展的条件。"①科学发展观强调,我们所做的一切工作要以人为本,一切要服从并服务于最广大人民的根本利益。人的全面发展可以理解为奋斗所逐渐展开的过程,二者实为一体两面。

从心理学角度分析,奋斗是人的需求。马斯洛需求层次理论认为,人有生理需求、安全需求、交往需求、尊重需求和自我实现需求。他断言自我实现是人类的终极价值,自我实现意味着人性的丰富,是一个人内在本性和潜能的最充分、最正常的实现与发挥状态,是人性的完美境界。要实现更高层次的需求,人生必须奋斗!

从伦理学角度分析,奋斗有道德判断标准。人们的奋斗,凡是能够催人奋进、为人类带来福音和利益的,都是道德上支持的、褒扬的;相反,若人们的奋斗不能使人鼓舞,有害于他人和全人类,甚至是反人类、违背人伦的,都是不道德的。例如,希特勒在《我的奋斗》中系统阐述了他的所谓"理想","创建第三帝国和征服欧洲",是灭绝人性的、反人类的,后来成为德国法西斯内外政策的思想基础,是德国法西斯发动第二次世界大战的行动纲领,给世界人民带来了一场灾难。其损失是难以估量的,后果是严重的,教训是极其沉痛的、深刻的,也是无法挽回的!

---

① 马克思、恩格斯:《马克思恩格斯选集》(第4卷),中共中央马克思、恩格斯、列宁、斯大林著作编译局编译,北京:人民出版社,1995年版,第730-731页。

所以无论从哪个层面来说,对奋斗的研究都是必要的,也是必需的。正如孙中山先生所说,奋斗是天天不息的!

从思想政治教育视域来看,其理论价值和应用价值在于:在全面建设小康社会、构建和谐社会的今天,我们要坚持科学发展观,以人为本,要尊重人、理解人、关心人、团结人、发展人,一切工作要以满足最广大人民的根本利益为出发点和落脚点,要实现人的自由而全面的发展。在奋斗论的问题缘起与相关研究、奋斗的术语界定与内涵指认、奋斗的理论基础与思想资源、奋斗的真理性与价值准则、奋斗的差异论与机制创新以及和谐社会视域中的奋斗的目标观与实现路径等方面,均做了深入探究,以便丰富马克思主义关于奋斗理论的宝库,帮助人们了解和把握奋斗的内在规律,指导人们沿着正确的奋斗路径前行,可以使人们少走弯路,使人们通过科学奋斗更容易接近成功。

然而颇为遗憾的是,国内外研究相关课题的专家、学者不多,虽然出了一些成果,正反两方面的都有,但总体上讲,科学的、系统的、学理性很强的研究甚少。特别是我们正处在复杂多变的国际国内大变革的环境之中,时代召唤崭新的理论,理论推进新的实践,社会在不断向前迈进,理论上也不能落后,更要推陈出新,要提供强大的理论先导、精神支柱和精神动力;同时,要用马克思主义中国化的最新理论成果,用最新的科学理论,更好地指导当代中国伟大的、前无古人的发展中国特色社会主义的伟大事业。长江后浪推前浪,我坚信,未来奋斗论将会源源不断地推出新的研究成果。

2. 研究的意义

(1) 理论意义

从思想政治教育视角研究探讨奋斗问题,有助于进一步丰富和完善马克思主义有关奋斗的理论,丰富和发展关于奋斗的理论思考。本书以马克思主义奋斗理论为切入点,借鉴中西方文化中有关奋斗的思想资源,充分运用马克思主义的立场、观点、方法和理论,根植社会历史、时代特征以及具体实际,通过对奋斗的理论基础与思想资源的追溯和整合,对奋斗的内涵、奋斗的范式、奋斗的指向、奋斗的特质进行了探索,提出了奋斗的真理性与价值准则、奋斗的差异论与机制创新、奋斗的目标观与实现路径,同时对个体奋斗、群体奋斗、民族奋斗、社会奋斗均进行了深入的探讨。

从思想政治教育视角研究探讨奋斗问题,有助于推动学界对奋斗理论系统进行更深入的研究,拓展和充实思想政治教育的研究空间。从本书收集的文献资料来看,国内外关于奋斗论的专著鲜见,关于奋斗的理论只是在散见的论文中或多或少地提及。由此,本书综述其重要流派,逐个抽绎出有关奋斗的隐性结构与内容,然后对之进行提炼与加工,为奋斗模型建构与本质分析准备素材,最后在详赡而充分讨论的基础上,完成预定的研究目标,一定程度上弥补了有关奋斗的理论研究缺憾。

从思想政治教育视角研究奋斗问题,并通过奋斗理论的本土化建构,有助于形成对奋斗理论正确、充分的认识。本书在对奋斗论的研究探讨中,指出奋斗的特质是理论与实践的统一、历史与现实的统一、主观与客观的统一、手段与目标的统一,它具有人民性、时代性、实践性和科学性,并提出奋斗的范式——个体奋斗、群体奋斗、民族奋斗和社会奋斗,从而揭示了人类社会发展中奋斗的特点及其变化规律,建构符合时代发展规律、适合中国国情、满足广大人民群众实际需要的奋斗理论。

(2)现实意义

《奋斗论》的研究有利于指导不同层面、不同性质的奋斗实践。从微观层面来看,对奋斗的历史与现状充分认识,将有利于促使个人科学地、客观地审视自身奋斗的动机、方式、目标与评价标准,并在具体的奋斗实践中不断做出调整;从中观层面来看,当今社会是一个标榜奋斗的社会,认识奋斗的本质与实现路径,有利于正确地树立社会奋斗的目标,调节各种奋斗主体的关系,促进社会主义和谐社会建设;从宏观层面来看,如果能够正确厘清奋斗的术语界定与内涵指认、奋斗的理论基础与思想资源、奋斗的指向与特质、奋斗的真理性与价值准则、奋斗的差异论与机制创新、奋斗的目标观与实现路径,并妥善处理好奋斗过程中各要素之间相互依存、相互作用、相互影响、相互促进的关系,从而掌握奋斗的科学方法和规律,这将大大有利于国家的安定、和谐与强大,尤其是对我们这个历史上多灾多难、如今正在进行民族新的伟大复兴的国家来说意义更为深远。从文化交流的层面来看,奋斗无疑是各种文化最先进力量的内在诉求。科学地整理奋斗的理论、揭示奋斗的本质,其实就是不同文化间对话的过程。研究奋斗将有利于文明之间的对话,增进各民族之间的彼此了解和理解,为全球化背景下的文明交往提供新的通道与平台,从而更好地为促进人的自由而全面发展,促进社会的全面进步,对构建和谐中国与和谐世界均具有十分重要的现实意义。

《奋斗论》的研究有利于穿越当代社会对奋斗理解的双重困惑。如今名目繁杂、层出不穷的标榜成功与奋斗的励志书籍铺天盖地,宣扬奋斗、鼓吹人生成功的电视节目与影视剧屡见不鲜。我们从来没有遇到过像当今时代这样高举人生奋斗的旗帜,然而过去我们同样也没有像今天这样对光彩夺目、先声夺人的奋斗真正冷静地思考过。新的时代呼唤新的实践,新的实践又需要新的理论指导。但是,我们目前拥有的奋斗理论远远滞后于中国特色社会主义的伟大实践。我们对奋斗的科学认识还很浅薄,营造有利于推进奋斗的社会氛围尚未完成,这是当下我们不得不面对的对奋斗的理论与实践的双重困惑,同时这也是始终高悬在我们头上的理论达摩克利斯之剑。只有通过对奋斗进行系统、科学的研究才能无限压缩与穿越这种理论和实践的充满张力的双重焦灼。

《奋斗论》的研究有利于解放思想、凝心聚力,共同推进中国特色社会主义事业的可持续发展。建设中国特色社会主义的伟大事业,是一项前无古人的伟大工程,需要全社会共同参与、共同努力、共同推进;需要继承和发扬中华民族的优秀传统文化,凝心聚力、群策群力、共同来完成;需要各行各业献计献策、真抓实干、一起奋起;需要每个社会成员充分发挥个体的聪明才智,贡献青春、智慧和力量,为建设中国特色社会主义添砖加瓦。所以对奋斗的研究,特别是对社会奋斗、民族奋斗、群体奋斗、个体奋斗的研究,必将有利于激发全社会、全民族、各群体、每个个体不断解放思想、团结奋进,为推动中国特色社会主义的伟大事业奋勇前进,为实现中华民族新的伟大复兴而努力奋斗的豪情壮志和坚强决心。

二、国内外研究概述

通过中国知网、百度网、当当网、卓越网等途径检索发现,目前国内外还没有一部有关"奋斗论"的学术专著,也没有一篇有关"奋斗论"的硕士和博士学位论文。但相关文献资料特别是哲学、伦理学、心理学、社会学、宗教学、政治学、人类学和马克思主义理论与思想政治教育领域的文献资料或多或少论及一些关于奋斗的理论与实践、结构与功能和内容与方法的元素,这为系统研究奋斗提供了可资借鉴的研究线索和思想资源。

1. 国内研究状况

从中国思想史视域进行整理,可以发现,在源远流长的中华民族思想发展进程中,有着丰富的充满奋斗精神的宝贵思想元素和理论资源。中国传统生命价值观以关心人生、价值、生命境界为终极价值目标。张岱年说:"中国哲学家所思所议,三分之二都是关于人生问题的。世界上关于人生哲学的思想,实以中国为最富,其所触及的问题既多,其所达到的境界亦深。"[1]奋斗作为生命历程的展开,自然成为中国传统文化不能回避的主题。就中华民族的思想脉络来看,追溯儒家思想的发展史就可以比较完整地厘清有关奋斗的思想谱系。

对传统的儒家思想而言,已经成为民族文化经典范畴的大量断语为我们提供了可以厘清奋斗言说的脉络。诸如传统的"性论",言及"人之所以为人者"。孟子所谓"性"即此意。所谓人之为人者,即人之所异于禽兽者,也可说是人之共相。[2] 王夫之认为它显然不是与生俱来的,而是随习而变生成的。这样就明确反对了以生而自然为性之标准。如此,奋斗就只能从后天的自我修习角度来理解。另外,"性论"还具有人生之究竟根据的蕴涵和意味。此即为宋代张载、程颢、程颐、朱熹等所谓的天地或本然之性。它关注人所禀受以为生命根本的依据。若无此性,既无宇宙,亦无人生。

儒家人性论是人生论的基础,为我们讨论奋斗的人性提供了丰硕的思想资源。概而言之,依据传统儒家思想,所谓奋斗之过程可以被理解为成圣的过程,两者亦实为同出而异名。儒学意旨的核心就是如何成为圣人,儒家的圣人象征着最可信、最真实、最诚实的人。而成为圣人的过程其实就是奋斗的过程。成圣的最终基础和实际力量存在于人的本性之中,因此,成圣的道路就是一个以此时此地的人的存在状态为出发点的不断自我转化、境界升华的过程。这个过程是一个逐渐包容的过程,是寻求自我结构与人的自然结构最终与宇宙的结构合为一体的过程。从更深层的意义上说,这个合一的过程相应地也就是一个证明的过程。荀子的最高理想是"制天宰物,以人胜天,

---

[1] 张岱年:《中国哲学大纲》,南京:江苏教育出版社,2005年版,第171页。

[2] 张岱年:《宇宙与人生》,上海:上海文艺出版社,1999年版,第131页。

而与天地参"①。他表达的意思是人性是恶的,人要克服外在和内在的不好的东西,要注意后天的修养、学习和奋斗。儒家作品《易传》中曰"深观变化,认为一切皆在变易之中"②,其思想表露为刚健中正,注重自强日新,激励奋斗。从本质上讲,儒家思想探讨的对象是人,对人生的意义、价值做出了独特的判断,十分重视个人道德修养,并设计出通过道德修养之路而达到人生最高理想境界的方案。从思想政治教育的视角来看,儒学是主体性的自我教育和修养,是阐述个体的自我塑造、改良和完善,以实现主体性的最高人生境界,成为圣人,成为人人尊重、人人敬仰的典范,也就实现了自身的人生价值。在这种主体性的历史沉积、梳理与过滤中,奋斗思想的脉络就逐渐清晰起来。

当然,在浩瀚的中国思想史中除了丰富的儒家思想之外,其他思想派别,诸如法家、道家、墨家、阴阳家等诸子百家的宝贵思想遗产中也不乏奋斗精神的思想资源,这里不一一详述。

中国古代先贤们进行了艰苦卓绝的奋斗探索,才使得中华民族繁衍存续,生生不息。而中国近代史既是一部受尽欺凌、饱受屈辱的历史,同时又是中华民族不屈抗争、顽强奋斗的历史。近代民主革命的先行者孙中山先生,首举彻底反封建的旗帜,终于推翻了长达两千多年的封建王朝专制统治,他的一生是革命的一生,是奋斗的一生。他常说,人要立志做大事,人类要在竞争中生存,便要奋斗;他还强调必须唤起全体民众及联合与我友好民族,共同奋斗!

而到了现代和当代,特别是产生了中国共产党之后,奋斗的精神被赋予了更新、更丰富的内涵。中国共产党为人民的翻身解放而建立,为人民的富裕幸福而奋斗。奋斗是绝对的,是无止境的。中国共产党的第一代中央领导集体的核心毛泽东同志对奋斗情有独钟,他气宇轩昂地提出,"与天斗,其乐无穷;与地斗,其乐无穷;与人斗,其乐无穷";"为有牺牲多壮志,敢教日月换新天";"世上无难事,只要肯登攀";"一切反动派都是纸老虎";③等等,表现出一个无产阶级革命家大无畏的英雄气概。在中国共产党的七届二中全会上,毛泽东同志指出:"因为胜利,党内的骄傲情绪,以功臣自居的情绪,停顿

---

① 张岱年:《中国哲学大纲》,南京:江苏教育出版社,2005年版,第15页。
② 张岱年:《中国哲学大纲》,南京:江苏教育出版社,2005年版,第16页。
③ 毛泽东:《毛泽东选集》(第4卷),北京:人民出版社,1991年版,第1195页。

起来不求进步的情绪,贪图享乐不愿再过艰苦生活的情绪,可能生长。"他还说:"敌人的武力是不能征服我们的,这点已经得到证明了。资产阶级的捧场则可能征服我们队伍中的意志薄弱者。可能有这样一些共产党人,他们是不曾被拿枪的敌人征服过的,他们在这些敌人面前不愧英雄的称号;但是经不起人们用糖衣裹着的炮弹的攻击,他们在糖弹面前要打败仗。"①毛泽东同志还强调:"人没有饿死,就要做革命工作,就要奋斗。一万年以后,也要奋斗。"②

中国共产党的第二代中央领导集体的核心邓小平同志高度重视奋斗。邓小平同志指出:"中国搞四个现代化,要老老实实地艰苦创业。我们穷,底子薄,教育、科学、文化都落后,这就决定了我们还要有一个艰苦奋斗的过程。"③他特别强调:"艰苦奋斗是我们的传统,艰苦朴素的教育今后要抓紧,一直要抓六十至七十年。"④邓小平同志还强调:"我们搞社会主义才几十年,还处在初级阶段。巩固和发展社会主义制度,还需要一个很长的历史阶段,需要我们几代人、十几代人,甚至几十代人坚持不懈地努力奋斗,决不能掉以轻心。"⑤

中国共产党的第三代中央领导集体的核心江泽民同志反复强调奋斗。2000年1月,江泽民同志寄语青年不懈奋斗,不断创造,奋勇前进。在八届人大一次会议上,江泽民同志指出:"解放思想、实事求是,积极探索、勇于创新,艰苦奋斗、知难而进,学习外国、自强不息,谦虚谨慎、不骄不躁,同心同德、顾全大局,勤俭节约、清正廉洁,励精图治、无私奉献,这些都应该成为新时期我们推进现代化建设所要大加倡导和发扬的创业精神。"⑥这64个字可以说是对中国共产党近90年艰苦奋斗传统的历史总结,它赋予了艰苦奋斗以新的时代内涵,是新时期创业精神的重要组成部分。江泽民同志提出"三个代表"重要思想,强调立党为公、执政为民。江泽民同志明确提出:"作为一名领导干部,忧党,就是要时刻牢记党在国内外形势深刻变化的条件下所面临

---

① 毛泽东:《毛泽东选集》(第4卷),北京:人民出版社,1991年版,第1438页。
② 毛泽东:《毛泽东文集》(第7卷),北京:人民出版社,1999年版,第285页。
③ 邓小平:《邓小平文选》(第2卷),北京:人民出版社,1994年版,第257页。
④ 邓小平:《邓小平文选》(第3卷),北京:人民出版社,1993年版,第306页。
⑤ 邓小平:《邓小平文选》(第3卷),北京:人民出版社,1993年版,第379-380页。
⑥ 江泽民:《江泽民文选》(第1卷),北京:人民出版社,2006年版,第301页。

的挑战和压力,时刻牢记自己对党的事业应该具有的使命感,时刻牢记自己对人民所承担的庄严职责,扎扎实实地把工作做好,扎扎实实地解决存在的突出问题,扎扎实实地为人民群众谋利益。"①

以胡锦涛同志为总书记的党中央十分重视奋斗。2002年12月,胡锦涛同志在西柏坡考察时指出,中华人民共和国"成立50多年来,我们党对坚持艰苦奋斗的问题一直是高度重视的,总是反复地、经常地向全党同志特别是领导干部加以强调。毛泽东同志曾多次要求全党同志和领导干部要坚持艰苦奋斗,邓小平同志一再告诫全党要老老实实地艰苦创业。党的十三届四中全会以后,江泽民同志反复强调全党特别是领导干部要永远艰苦奋斗,要结合新的实际在全体党员干部中广泛开展坚持'两个务必'的教育,使全党同志在日益复杂的国内外环境中始终保持清醒的头脑,居安思危,增强忧患意识,扎扎实实地为国家和人民工作"②。胡锦涛同志指出:"历史和现实都表明,一个没有艰苦奋斗精神作支撑的民族,是难以自立自强的;一个没有艰苦奋斗精神作支撑的国家,是难以发展进步的;一个没有艰苦奋斗精神作支撑的政党,是难以兴旺发达的。在我们党80多年的历程中,艰苦奋斗作为强大的精神力量始终激励着我们顽强进取、百折不挠,在各种困难和考验面前巍然屹立、敢于胜利。我们党是靠艰苦奋斗起家的,也是靠艰苦奋斗发展壮大、成就伟业的。"③他还强调:"坚持艰苦奋斗,根本目的就是要为最广大人民的根本利益而不懈努力,不断把人民群众的利益维护好、实现好、发展好。这是我们坚持执政为民、始终成为中国特色社会主义事业领导核心的必然要求,也是我们贯彻'三个代表'重要思想的必然要求。只有坚持艰苦奋斗,心中装着人民群众,始终同人民群众同呼吸、共命运、心连心,才能保持我们党同人民群众的血肉联系,才能增强抵御腐朽思想侵蚀的能力,才能不断与时俱进、开

---

① 江泽民:《江泽民论有中国特色社会主义》(专题摘编),北京:中央文献出版社,2002年版,第575页。
② 胡锦涛:《坚持发扬艰苦奋斗的优良作风 努力实现全面建设小康社会的宏伟目标》,《求是》,2003年第1期,第5页。
③ 胡锦涛:《坚持发扬艰苦奋斗的优良作风 努力实现全面建设小康社会的宏伟目标》,《求是》,2003年第1期,第6页。

拓创新。"①2003年,以胡锦涛同志为总书记的党中央提出了以人为本、全面协调可持续发展的科学发展观,集中表现了共产党人新时代奋斗精神的升华。2006年7月1日,胡锦涛同志指出:"必须大力弘扬艰苦奋斗、自强不息的精神,坚韧不拔地创造历史伟业。"②2007年6月,胡锦涛同志强调:"全心全意为人民服务是党的根本宗旨,党的一切奋斗和工作都是为了造福人民,要始终把实现好、维护好、发展好最广大人民的根本利益作为党和国家一切工作的出发点和落脚点,做到发展为了人民、发展依靠人民、发展成果由人民共享。"③这一系列重要论述进一步丰富了党的根本宗旨的内涵,更加鲜明地指出了当代共产党人的历史使命。

党的十八大以来,习近平同志在不同场合围绕奋斗发表了一系列重要论述,形成了具有鲜明时代特征的奋斗观,回答了"为什么要奋斗,为什么而奋斗,如何奋斗,实现什么样的奋斗"等一系列重大理论与实践问题。习近平同志的十九大报告中,30次提到"奋斗";在2018年春节团拜会讲话中,22次提到"奋斗";在第十三届全国人大一次会议讲话中,10次提到"奋斗"。他指出:"面对浩浩荡荡的时代潮流,面对人民群众过上更好生活的殷切期待,我们不能有丝毫自满,不能有丝毫懈怠,必须再接再厉、一往无前,继续把中国特色社会主义事业推向前进,继续为实现中华民族伟大复兴的中国梦而努力奋斗。……有梦想,有机会,有奋斗,一切美好的东西都能够创造出来。"④他强调:"衡量一名共产党员、一名领导干部是否具有共产主义远大理想,是有客观标准的,那就要看他能否坚持全心全意为人民服务的根本宗旨,能否吃苦在前、享受在后,能否勤奋工作、廉洁奉公,能否为理想而奋不顾身去拼搏、去奋斗、去献出自己的全部精力乃至生命。"⑤2014年3月17日至18日,习

---

① 胡锦涛:《坚持发扬艰苦奋斗的优良作风 努力实现全面建设小康社会的宏伟目标》,《求是》,2003年第1期,第7页。
② 胡锦涛:《在青藏铁路通车庆祝大会上的讲话》(2006年7月1日),《中国铁路》,2006年第7期,第2页。
③ 胡锦涛:《高举中国特色社会主义伟大旗帜 为夺取全面建设小康社会新胜利而奋斗》,《十七大报告辅导读本》,北京:人民出版社,2007年版,第15页。
④ 习近平:《在十二届全国人大一次会议闭幕会上的讲话》,新华网,2013年3月17日。
⑤ 习近平:《在新进中央委员会的委员、候补委员学习贯彻党的十八大精神研讨班开班式上的讲话》,《人民日报》,2013年1月6日。

近平同志在河南省兰考县调研指导党的群众路线教育实践活动中强调:"要特别学习弘扬焦裕禄同志'心中装着全体人民、唯独没有他自己'的公仆情怀,凡事探求就里、'吃别人嚼过的馍没味道'的求实作风,'敢教日月换新天'、'革命者要在困难面前逞英雄'的奋斗精神,艰苦朴素、廉洁奉公、'任何时候都不搞特殊化'的道德情操。……像焦裕禄同志那样对待群众、对待组织、对待事业、对待同志、对待亲属、对待自己,像焦裕禄同志那样生命不息、奋斗不止,努力做焦裕禄式的好党员、好干部。"①在党的十九大报告中,习近平同志号召全党为实现中华民族伟大复兴的中国梦不懈奋斗。他指出:"全党同志一定要永远与人民同呼吸、共命运、心连心,永远把人民对美好生活的向往作为奋斗目标,以永不懈怠的精神状态和一往无前的奋斗姿态,继续朝着实现中华民族伟大复兴的宏伟目标奋勇前进。"②这些论述深刻揭示了奋斗的动力和指向,为新时代共产党员更好地奋斗提供了行动遵循。习近平指出:"奋斗是长期的,前人栽树、后人乘凉,伟大的事业需要几代人、十几代人、几十代人持续奋斗。"③对于中国共产党人来说,奋斗是一个永恒的话题,永远在路上。只有持续奋斗、坚持奋斗,才能实现中华民族伟大复兴的中国梦。

2. 国外研究状况

西方文化中主张个体节欲、抵制过度消费、倡导勤奋劳作,这些实际上是倡导奋斗的另一种表述。阿瑟·刘易斯在《经济增长理论》中认为,"一个人的消费少于他的同伴是突出的美德,消费少是高尚的生活方式"④。凡勃伦将过度消费视为有闲阶级的特权,他说:"在经济发展的初期,通常只有有闲阶级才能无限制地消费财物,尤其是一些高级的财物;就是说,在观念上,只有有闲阶级才能进行最低限度生活需要以外的消费。"⑤而丹尼尔·贝尔将

---

① 习近平:《在听取河南省兰考县党的群众路线教育实践活动情况汇报时的讲话》,《人民日报》,2014年3月19日。
② 习近平:《决胜全面建成小康社会 夺取新时代中国特色社会主义伟大胜利——在中国共产党第十九次全国代表大会上的报告》,北京:人民出版社,2017年版,第1页。
③ 习近平:《在2018年春节团拜会上的讲话》,《人民日报》,2018年2月15日。
④ [英]阿瑟·刘易斯:《经济增长理论》,周师铭、沈丙杰、沈伯根译,北京:商务印书馆,2001年版,第21页。
⑤ [美]凡勃伦:《有闲阶级论——关于制度的经济研究》,蔡受百译,北京:商务印书馆,2004年版,第58页。

从朴素到奢侈的转变视为文明兴衰的标志,他说:"各种文明的兴衰史上都出现过这样引人注目的现象,即在崩溃之前,社会总要经历一个个标志着衰落的特定阶段……这些递变的顺序是从朴素到奢侈,从禁欲到享乐。……享乐主义的生活缺乏意志和刚毅精神。更重要的是,大家争相奢侈,失掉了与他人同甘共苦和自我牺牲的能力。"①艾伦·杜宁更是将个体节欲视为拯救地球的良方,他说:"没有消费者社会物质欲望减少、技术改变和人口的稳定就没有能力拯救地球。"②"我们消费者的生活方式供应的像汽车、一次性物品和包装、高脂饮食以及空调等东西——只有付出巨大的环境代价才能被供给。我们的生活方式所依赖的正是巨大和源源不断的商品输入。这些商品——能源、化学制品、金属和纸的生产对地球将造成严重的损害。"③勤奋劳作、乐观进取是西方社会一些国家所倡导的价值观。正如马克斯·韦伯在《新教伦理和资本主义精神》一书中指出的:"几乎各个教派的禁欲主义文献都充满这样的观念:为了信仰而劳动。……认为这种劳动是一种天职,是最善的,是获得恩宠的确实性的唯一手段。"④

另外,西方有些关于奋斗的文献偏重于论述人的创造力和能动性,将奋斗视为人实现自身价值的有效途径。亨利·康马杰提出:"人本身就具有神性,相信人们经过不断努力,道德修养终能达到至善至美的境地。"⑤"他们的信条是艰苦工作,并认为偷懒是一种罪恶,比不道德还要坏。"⑥柏格森说:"我们做什么取决于我们是什么,但必须附加一句,我们是自己生活的创造者,我们在不断地创造自己。"⑦奋斗意味着独立人格的形成,弗里德里希·哈耶克在《通往奴役之路》中写道:"在当代西方社会,人的发展趋势主要是

---

① [美]丹尼尔·贝尔:《资本主义文化矛盾》,赵一凡译,北京:生活·读书·新知三联书店,1992年版,第131页。
② [美]艾伦·杜宁:《多少算够——消费社会与地球的未来》,毕聿译,长春:吉林人民出版社,1997年版,第37页。
③ [美]艾伦·杜宁:《多少算够——消费社会与地球的未来》,毕聿译,长春:吉林人民出版社,1997年版,第30页。
④ [德]马克斯·韦伯:《新教伦理和资本主义精神》,黄晓京等译,西安:陕西师范大学出版社,2002年版,第125页。
⑤ [美]H.S.康马杰:《美国精神》,南木等译,北京:光明日报出版社,1988年版,第8页。
⑥ [美]H.S.康马杰:《美国精神》,南木等译,北京:光明日报出版社,1988年版,第140页。
⑦ [法]柏格森:《创造进化论》,王珍丽、余习广译,长沙:湖南人民出版社,1989年版,第10页。

由独立的个人走向具有类意识的健全的个人,在当代中国,人的发展趋势主要是由依附性的个人走向具有独立人格的个人。"①奋斗实质上指向人的解放,通过奋斗进一步发挥人的能动性和创造性,并且在奋斗过程中不是个人主义的狂飙,而是对公共利益和他人利益的尊重。正如黑格尔所指出的:"人各自追求自己的目的……当他极度追求这些目的,他的认识和意志只知道自己,他的狭隘的自我离开普遍,他便陷于恶了,此恶是主观的。"②路德维希·冯·米瑟斯指出:"为了共同的生存和劳作,人们才联合成一个社会整体,这个整体的利益不能受到损害,因为它的存在就是每个社会成员的个人利益所在。那些牺牲眼前利益的人,得到的是更大的长远利益,道德的价值观就是牺牲个人利益,道德的真正价值不是牺牲本身,而是这种牺牲所要达到的目的。"③

心理学与社会学凭借其学科自身的切近优势,对奋斗进行了全面深入的探索。人格心理学家罗伯特·爱蒙斯(Robert A. Emmons)把个人奋斗定义为"个体目标导向的连贯模式,指的是个人当前正努力做的事情"④;"表现为个体以其特有的行为方式选择并实现一个或多个预定目标,是个体希望在不同情境下实现的典型目标类型"⑤。这种观点的建立基于动机的目标理论。目标理论将导致行为的情感因素、动机力量与认知过程有机结合,强调目标对于人格功能、情绪以及健康的重要性。个人奋斗作为个人目标概念中最有代表性的、一种特定的、与情境目标有关的人格意向结构,指的是个体通过日常行为所努力达到的特定生活目标,对人格功能、情绪以及健康都具有重要的作用。梵·迪耶克(Van Dijke)等人认为,与人们通常认为的奋斗的内在动机是谋取得到或者增强自己胜于他人的权力或力量相反,更多的经验研究证

---

① [英]弗里德里希·奥古斯特·哈耶克:《通往奴役之路》,王明毅、冯兴元等译,北京:中国社会科学出版社,1997年版,第30页。

② [德]黑格尔:《小逻辑》,贺麟译,北京:商务印书馆,1962年版,第102页。

③ [奥]路德维希·冯·米瑟斯:《自由与繁荣的国度》,北京:中国社会科学出版社,1994年版,第76页。

④ Emmons R. A. Personal Strivings: An Approach to Personality and Subjective Well-being. Journal of Personality and Social Psychology, 1986, 51(5):1058 – 1068.

⑤ Pervin L. A.:《人格科学》,黄希庭等译,上海:华东师范大学出版社,2001年版,第237 – 238页。

实人们奋斗的动机是通过降低对他人的依赖以增强自身的能动感,而不是获得压服他人的社会权力。① 这为我们关注人与人之间双赢的和谐奋斗提供了实证支持。谢尔顿(Sheldon K. M.)等人研究了人在其毕生发展过程中奋斗与成熟的关系,他们为埃里克森提出的较年长的人倾向于将奋斗更多地与创造性和自我整合联系在一起,而更少地将之与认同身份和亲密结合在一起这个假设找到了实证依据。年长者比年少者在心理上会更成熟,结果就会更幸福。② 这项研究为我们反思当下在青年人中甚嚣尘上的所谓成功学提供了令人信服的实证科学背景:显而易见的是年轻人通过追逐成功、标榜奋斗以期获得认同与亲密,而不是关注与主观幸福感紧密相关的创造性和自我整合。

马克思高扬人的主体向度,精准而深刻地认识到所谓的世界是在主体的具体的、历史的、现实的实践基础上把握的世界。马克思在《关于费尔巴哈的提纲》中,曾反复批评过旧唯物主义的"主要缺点是:对对象、现实、感性,只是从客体的或者直观的形式去理解,而不是把它们当作感性的人的活动,当作实践去理解,不是从主体方面去理解"③。在《1844年经济学—哲学手稿》中,马克思指出:"没有自然界,没有感性的外部世界,工人就什么也不能创造,它是工人的劳动得以实现、工人的劳动在其中活动、工人的劳动从中生产出和借以生产出自己的产品的材料。"④在《资本论》第1卷中,马克思说:"人在生产中只能像自然本身那样发挥作用,就是说,只能改变物质的形态,不仅如此,他在这种改变形态的劳动本身中还要经常依靠自然力的帮助。因此,劳动并不是它所生产的使用价值即物质财富的唯一源泉。正像威廉·配第所说,劳动是财富之父,土地是财富之母。"⑤所以马克思在《关于费尔巴哈的提纲》中指出,旧唯物主义不把感性看作是实践的、人的感性活动的主要缺点,

---

① Van Dijke etc. Striving for Personal Power as a Basis for Social Power Dynamics. European Journal of Social Psychology, 2006,36(4).
② Sheldon K. M. & Kasser T. Development Psychology, 2001,37(4):491－501.
③ 马克思、恩格斯:《马克思恩格斯选集》(第1卷),中共中央马克思、恩格斯、列宁、斯大林著作编译局编译,北京:人民出版社,1995年版,第54页。
④ 马克思、恩格斯:《马克思恩格斯全集》(第3卷),中共中央马克思、恩格斯、列宁、斯大林著作编译局编译,北京:人民出版社,2002年版,第269页。
⑤ 马克思、恩格斯:《马克思恩格斯全集》(第44卷),中共中央马克思、恩格斯、列宁、斯大林著作编译局编译,北京:人民出版社,2001年版,第56－57页。

同时又强调指出,"和唯物主义相反,唯心主义却发展了能动的方面,但只是抽象地发展了,因为唯心主义当然是不知道现实的、感性的活动本身的"①。对马克思科学的实践唯物主义哲学世界观的这种指认,为我们正确理解奋斗的主体向度与客体向度之间的辩证关系提供了强有力的理论指导力量。

三、研究思路和研究方法

1. 研究思路

(1) 研究目的

从思想政治教育的视角,《奋斗论》坚持以科学的理论武装人,以正确的舆论引导人,以优秀的成果鼓舞人,以崇高的精神塑造人。对于奋斗来讲,坚持用科学的奋斗理论指导个体奋斗、群体奋斗、民族奋斗和社会奋斗,以正确的、正面的、积极的奋斗观教育人、引导人,以优秀的先进典型鼓舞人、激励人,用高尚的奋斗精神和可歌可泣的伟大奋斗实践来感染人、塑造人。

(2) 研究路径

对于研究思路,考虑到现存的有关奋斗的直接论述的文献资料相对较少,于是不可能直接对思想史上的奋斗理论进行分析与总结。基于此,《奋斗论》采取综述思想史重要流派的方法,在详尽而充分讨论的基础上,完成预定的研究目标。

坚持宏观与微观的统一。在全面总结古今中外思想史上有关奋斗理论的过程中,笔者认为要避免两种做法——一是泛泛的宏观思想的介绍与把握;二是一个接一个人头式的著作评价。而应坚持从研究奋斗理论的宏观发展趋势与基本问题角度出发,有针对性地、有重点地研究、提炼代表人物的思想观念,特别是研究他们各自的学术思想的特殊贡献与区别,从而丰富和细化研究内容。同时要把重要人物思想产生的微观结构与背景及其所处的社会历史客观条件结合起来,从而生动具体地体现出奋斗理论的发生、发展以及与当代奋斗研究的直接联系;坚持把各种奋斗理论与社会历史条件联系起来,从而把握其实质。

---

① 马克思、恩格斯:《马克思恩格斯选集》(第1卷),中共中央马克思、恩格斯、列宁、斯大林著作编译局编译,北京:人民出版社,1995年版,第58页。

坚持理论与实践的统一。我们不仅要历史地或逻辑地再现奋斗理论观点,而且要从实践角度来研究奋斗理论的重要流派及其代表人物是如何运用他们的思想观点分析现实问题的,为我们解读当今深刻变化着的奋斗现象寻找有益的认识方法。

坚持批判与建设的统一。我们研究奋斗,其根本目的不是介绍相关的研究成果和评价相关的理论观点,而是从中汲取有益的实践经验与建设性的研究方法,从而为当下的中国建构具有自己民族特点和社会主义特色的奋斗理论提供正、反两方面的素材。我们不仅要研究历史维度对人生奋斗的批判思想,更要重视关于正确理解奋斗的富有建设性的思想和观点。

坚持逻辑与历史的统一。坚持逻辑与历史的统一,是指思维的逻辑应当概括地反映历史发展过程的内在必然性。逻辑与历史统一的方法,要求人们在进行科学研究和建立科学理论体系时,要揭示对象的发展过程与认识该发展过程的历史规律性;在建构理论体系中各个概念、范畴的逻辑顺序时,必须符合被考察对象历史发展的顺序。逻辑与历史统一,本质上是主观思维与客观实际统一。作为一种思维方法,它是思考问题以及理论研究的一种基本方法。从当代奋斗理论与实践的现实的完成形态出发,回溯其发生、发展的演变轨迹,就会发现奋斗形态演进的连续性和阶段性,从而就能够揭示出奋斗演进的规律。现代社会的奋斗理论与实践是在历史孕育的各种因素和条件的基础上发展起来的,并且使那些因素和条件获得了更加充分的发展形式。因此,理解和剖析当代社会的奋斗格局,对我们进一步理解历史上的奋斗现象与理论具有重要意义。正如马克思所说:"资产阶级社会是最发达的和最多样性的历史的生产组织。因此,那些表现它的各种关系的范畴以及对于它的结构的理解,同时也能使我们透视一切已经覆灭的社会形式的结构和生产关系……人体解剖对于猴体解剖是一把钥匙。反过来说,低等动物身上表露的高等动物的征兆,只有在高等动物本身已被认识之后才能理解。"①

2. 研究方法

(1)坚持辩证唯物主义和历史唯物主义的方法

---

① 马克思、恩格斯:《马克思恩格斯选集》(第2卷),中共中央马克思、恩格斯、列宁、斯大林著作编译局编译,北京:人民出版社,1995年版,第23页。

辩证唯物主义是马克思、恩格斯批判地汲取黑格尔辩证法的合理内核和费尔巴哈唯物论的基本内核,在总结自然科学、社会科学和思维科学的基础上创立的系统科学的逻辑理论思维形式。它建立在现代科学和先进社会实践的基础上,并随着科学和实践的发展而不断丰富发展。它把伟大的认识工具给了人类,成了人们认识世界和改造世界的锐利武器。坚持辩证唯物主义和历史唯物主义的方法,就是在研究过程中,一定要坚持一切从历史事实出发,具体问题具体分析,在批判旧世界中发现新世界,同时反对一切形式的本本主义和经验主义。

(2) 文献研究的方法

许多有关奋斗的文献是由其文本的保存、收集、整理、翻译、出版、阐释和励志教育宣传构成的。过去的研究者根据各自不同的情形、千差万别的研究动机和错综复杂的社会氛围,对文本和相关材料的关注程度、探究重点、解释思路、观点阐发等都存在着差异,如果过分强调文本的现实价值势必会影响完整、准确地把握文本本身。因而在研究写作的过程中,本书坚持理性的原则和客观、公正的结论,通过对文献多视角地阐释,努力使之生发出更多、更新的意义,从而对奋斗理论进行全方位、多层次的系统展示。

(3) 比较研究的方法

比较是认识事物的基础,是人类认识、区别和确定事物异同关系的最常用的思维方法。比较研究法,现已被广泛运用于科学研究的各个领域。比如,在全球化背景下思想政治教育面临着重要的挑战和机遇,对中外思想政治教育进行比较研究,对适应这种挑战无疑具有十分重要的现实意义和深远的历史意义。再比如,对奋斗的相关成果与理论观点进行比较研究,从中汲取有益的实践经验与研究方法,为建构具有中国特色社会主义的奋斗理论提供经验和教训同样具有重大意义。

(4) 社会调查的方法

社会调查方法,就是有目的、有计划、系统地搜集有关奋斗的社会状况或历史材料的方法,它是综合运用历史研究法、观察研究法以及谈话、问卷、个案研究、测验或实验等方式,对奋斗的社会状况进行有计划的、周密的、系统的了解,并对调查搜集到的大量资料进行分析、综合、比较、归纳,借以发现存在的共性问题,以此来探索奋斗规律的方法。

（5）定性与定量分析的方法

为提高调查研究的科学水平,《奋斗论》不仅围绕奋斗论做质的分析,而且要把抽象概括的理论成果尽可能地转化为可以进行量化的描述,以加强可操作性研究。既注重对奋斗的定性研究和定量研究,更注重两者的有机结合。当然,定性与定量研究相结合,不是机械地、形而上学地把定性方法与定量方法生硬地拼凑在一起,而是有机地将两者渗透于研究的整个过程之中,使奋斗论更加贴近现实、贴近生活、贴近广大人民群众认识世界和改变世界的实际需要。

四、创新方面及努力方向

1. 创新方面

（1）从选题上看,《奋斗论》提出了奋斗的术语界定及其内涵指认,深入研究和探讨了奋斗的理论基础与思想资源

《奋斗论》回答了无论是对人类社会的进步、民族的生存、群体的发展,还是对公民个体的拓展而言都亟待回答的何为奋斗、为何奋斗、如何奋斗的重大理论与实践问题。系统地从那些在思想史上并未显性出场的连篇累牍的文献中追溯奋斗的理论基础与思想资源,富有逻辑性地演绎出条理分明、饱含张力的奋斗理论。从马克思与恩格斯的奋斗观、列宁的奋斗观,到毛泽东思想的奋斗观、邓小平理论的奋斗观、"三个代表"重要思想的奋斗观、科学发展观的奋斗观、习近平中国特色社会主义理论的奋斗观,再溯源中华民族传统文化中奋斗的思想资源,同时汲取西方文化中奋斗的思想资源中的合理成分。

（2）从主要观点和内容上看,《奋斗论》创构了新的奋斗理论体系

《奋斗论》提出了全新的奋斗的范式,包括个体奋斗、群体奋斗、民族奋斗和社会奋斗,并揭示了奋斗的指向和特质;创新性地论证了奋斗的真理性与价值准则、奋斗的差异论与机制创新、奋斗的目标观与实现路径,构建了全新的奋斗论的理论体系。

（3）从研究方法和思路上看,《奋斗论》采用了新的研究路径

《奋斗论》有机而系统地采用了坚持宏观与微观统一、坚持理论与实践的统一、坚持批判与建设统一、坚持逻辑与历史统一的方法,使得奋斗的理论与

实践通过立体棱镜的折射,全面细致而开放地呈现出来。进一步而言,奋斗的理论与实践是一个跨学科的综合问题,其作为主体个体的发展过程与人类主体的发展过程,必定会牵涉到人文科学各领域的相互交织、相互阐释,必然使得关于奋斗的具体研究具有跨学科的特征。它与哲学、心理学、社会学、政治学、伦理学、宗教学、人类学、历史学等学科内在地深深通连在一起,甚而言之,它还牵涉到自然科学的支援背景。第一,作为人类的存在方式,奋斗必然设计存在状态的形而上建构,因此,关于奋斗的研究必然涉及哲学;第二,奋斗从本质上讲,是基于人的需要,故而,心理学必然成为奋斗研究的重要领域;第三,人的本质正是其作为社会化的结果,奋斗正是这种社会化的主客体相互作用的展开形式,奋斗当然涉及奋斗主体的主观需求,但这种主观需求是存在于一定的、具体的、客观的社会历史环境中的,因而这就必然涉及社会学的研究。只借助于一种方法或思路的境域的结果必将是狭窄而扁平的单向度。而借助于以上诸方法的有机结合,就能够促进跨学科的研究,全方位地把握奋斗的本质、结构、类型和标准。

(4)《奋斗论》切实考量了研究方法与研究对象之间的互相建构的辩证关系

任何事情的起源从来就没有绝对的开端,以奋斗发生作为起源,只是追溯奋斗的历史起源和表现形式,这样必然会导致奋斗起源的绝对化,并且无法解释奋斗结构的生成机制。而通过以发生学为中心的多视角立体棱镜式方法研究奋斗的发生、发展,恰恰就能弥补纯粹描述与评论研究的不足。对奋斗发生的强调,注重从现实的、具体的、历史的境域中研究奋斗以结构的形式逐步出场的路径,也就是说,当从理论层面与实践层面言及奋斗在不同的阶段和水平进行跃迁的质性特点之时,对某一阶段的跃迁并不在具体现实与时间的维度上进行实证研究,而是在观念上进行总体性的推理,如此,那种纯粹的追问起源的研究常常会引发将起源绝对化,从而造成知识结构生成机制无法得到解释的缺憾。正是出于对这种起源研究的实证主义与经验主义倾向的不满,通过总体性地把握奋斗的结构生成,从而全景式地关照奋斗主客体的相互作用及其内在的本质与规律,这就解决了主体性问题在起源研究中常常被遮蔽,而片面地重视事件形式大行其道、功能性范畴势单力薄的困局。另外,还须把握研究方法与研究对象是互相建构的辩证关系,通过对奋斗的理论与实践的研究,必将进一步推进和发展坚持宏观与微观统一、理论与实践统一、批判与建设统一、逻辑与历史统一等诸方法。

2. 努力方向

(1) 克服缺乏可借鉴现成框架的困难

现存的文献资料对于奋斗的直接论述相对较少,本书在写作过程中受到思想来源丰富性的局限。中外思想史上关于奋斗理论直接论断的匮乏,导致本书在试图建立一整套奋斗理论的结构与内容时,缺乏可以借鉴的现成框架,这迫使本书从汗牛充栋的相关著作和论述中学习、解读、借鉴和提炼出奋斗思想的精髓。

(2) 克服因知识和能力所限而使研究深度不够的困难

奋斗问题,是每个时代都值得深思而又常说常新的话题。《奋斗论》是对奋斗论研究的初步成果,才刚刚破题。在探讨研究的过程中,由于自身知识和能力的限制,对奋斗论问题的研究还显得浅显,对有些问题的论述还不够系统深入。笔者相信未来对奋斗理论的研究会出很多新的成果,会引发更多的专家、学者去探索奋斗、研究奋斗、实践奋斗、推进奋斗!

第一章 奋斗的术语界定及其内涵指认

> 一切知识都需要一个概念,哪怕这个概念是很不完备或者很不清楚的,但是,这个概念,从形式上看,永远是个普遍的、起规则作用的东西。①
>
> ——[德]康德

对于科学研究来说,特定概念的研究和界定是开展专项研究的公理性前提。学术界如若对特定概念的界定众说纷纭,存在诸多分歧,这不仅会造成研究者、决策者及其他利益相关者无法对此充分理解、沟通,也将会极大地阻碍理论研究和实践的发展。正因为如此,总有锲而不舍的研究者对某一基本理论问题不断地进行追问。我国教育学家杨金土先生说,对学术概念的探讨"像是老生常谈,可是'常谈'却并未解决,所以这样的'常谈'还有继续的必要"②。又如我国已故著名经济学家孙冶方先生所言:"概念不清,能搞好学问吗?没有'从概念到概念',哪能有逻辑推理?我们不能笼而统之地反对'抠概念',反对'从概念到概念'。问题的关键在于我们所用的概念是不是科学地准确地反映了客观事物的本质。……对于一门科学,也像对于哲学一样,抠概念特别重要。""首先要搞清楚,我们所使用的概念是唯心主义的、以主观想象为基础的概念,还是唯物主义的、正确反映客观存在的概念。"③无论是在理论研究上,还是在实际工作中,孙冶方先生"抠概念"的严谨治学精

---

① 北京大学哲学系外国哲学史教研室:《西方哲学原著选读》(下卷),商务印书馆,1982年版,第29页。

② 《职教通讯》编辑部:《杨金土先生给本刊负责人的来信》,《职教通讯》,2007年第6期,第5页。

③ 孙冶方:《孙冶方全集》(第5卷),太原:山西经济出版社,1998年版,第34页。

神很值得推崇和效尤。

第一节 奋斗的术语界定

"奋斗"是什么？这是一个既古老而又崭新的命题，始终萦绕在所有关注奋斗这一理念、行动与精神的人们的脑海之中，从而被不断地思索和追问。然而，令人遗憾的是，至今对于奋斗的界定，学界众说纷纭，没有形成统一的权威性共识。正因为如此，恰恰凸显了本书对这一基本理论问题进行追问的必要性。伴随时空的扩展和社会的变迁，对奋斗的阐释和解读变得越来越多样而复杂，从而导致有关奋斗本质属性和现实意义的解释业已成为一个没有终结的话题。在历史和学术研究领域，人们曾从多维度对奋斗进行解读，呈现出了一幅五彩缤纷的画面，但是我们对奋斗还是没有一个全方位的了解，虽然丰富但欠清晰，使得奋斗的本质愈加复杂和难以捉摸。其实，我们可以从多个角度对奋斗进行描述、分析和透视。多角度，其实也就是对奋斗的多次分解，从不同的侧面指出它的部分特征，再从整体上进行把握。但最后必须抓住其核心，揭示其本质。

一、国内著作中有关"奋斗"的语义阐释

《说文解字》中对"奋""斗"二字的解释分别是：奋，"雀在田上，诗曰不能奋飞。方问切"（雀，鸟张毛羽自奋也）。斗（鬭），"遇也。从門、从斲（斤）"。古汉语中，奋斗原意是指奋力格斗，如《宋史·吴挺传》记载："金人舍骑操短刀奋斗。挺遣别将尽夺其马。"现代汉语中，奋斗意指"为达到正当目的而不畏艰难，不懈努力"[①]。随着时代的发展，奋斗的内涵也发生变化。先贤们的许多精辟论断，不仅揭示和完善了奋斗精神的时代色彩，而且不断赋予奋斗以新的内涵。

在我国传统文化中有很多关于奋斗的论述，内涵极其丰富。

（一）奋斗是一种积极向上的人生追求

《易经》中所说的"天行健，君子以自强不息"，就是鼓励人们要积极进

---

① 周秀红：《加强大学生艰苦奋斗教育的时代价值》，《辽宁工业大学学报（社会科学版）》，2009 年第 1 期，第 85 页。

取,奋发向上,有所作为。"《易传》的人生思想以刚健中正为主,注重自强日新"①,就是教育人们要端正品行,加强修养,自立自强,不断创新。范仲淹的"先天下之忧而忧,后天下之乐而乐",就是倡导积极向上的人生追求,教育和引导人们在实现个人价值的同时,要为国家、为民族、为他人谋取利益,实现社会价值、集体价值与个人价值的有机统一。《国语·鲁语下》所载的"劳则思,思则善心生;逸则淫,淫则忘善,忘善则恶心生"②,教导人们要勤勉力行,积极进取,扬善弃恶。

(二)奋斗是体现生命价值的创造性活动

韩愈的著作《原道》《原性》,表达了复兴古代儒学的有为的价值取向,他所说的"业精于勤,荒于嬉;行成于思,毁于随",教导人们要勤勤恳恳去奋斗、去实践,让生命创造价值,不能只想不干或不用心去做事。陶行知说:"奋斗是万物之父。"明示人们要奋斗,一切才有可能。鲁迅说:"青年应当有朝气,敢作为。"说明一个道理,即有所作为,积极奋斗,才是青年的人生价值所在。李大钊说过"青年之文明,奋斗之文明,也与境遇奋斗,与时代奋斗,与经验奋斗",警示人们要加强学习,加强实践,积极投身奋斗!

(三)奋斗是人生的责任

诸葛亮说:"鞠躬尽瘁,死而后已。"这表达了一种对社会、对人生的兢兢业业、一丝不苟、无私奉献的高度负责的人生态度。王羲之在《兰亭集序》中说:"当其欣于所遇,暂得于己,快然自足,不知老之将至。"从某个角度表达了意气风发,珍惜当下,勇担责任,不能安于现状。孙中山说:"奋斗是自有人类以来天天不息的。"教育人们要牢记使命,实现人生价值,要做到生命不息、奋斗不止!

(四)奋斗鼓励人们在逆境中奋发图强

《荀子·修身》曰:"道虽迩,不行不至;事虽小,不为不成。"教育人们要认准方向,勇敢面对各种挑战,并脚踏实地地去积极实践。《孟子·告子下》曰:"故天将降大任于斯人也,必先苦其心志,劳其筋骨,饿其体肤,空乏其身,行拂乱其所为,所以动心忍性,增益其所不能。"③则是警示人们只有通过艰苦奋斗的历练,才能有所成就。北宋哲学家张载在《西铭》中所言"富贵福祥,

---

① 张岱年:《中国哲学大纲》,南京:江苏教育出版社,2005年版,第16页。
② 李科第:《成语辞海》,西安:陕西人民出版社,2003年版,第382页。
③ 刘学林、周淑萍:《十三经辞典·孟子卷》,西安:陕西人民出版社,2002年版,第62页。

将厚吾之主也;贫贱忧戚,庸玉汝于成也",演化为"艰难困苦,玉汝于成"这一经典语句,激励着后世所有处于艰苦环境中的人们,在逆境之中生出万丈豪情,愈战愈勇,最终走向成功的彼岸。

(五)奋斗是为实现理想而不懈努力的实践活动

孔子在《论语·里仁》中曰:"君子欲讷于言而敏于行。"他教育人们少说多做,要积极投身奋斗实践。鲁迅说:"凡事以理想为因,实行为果。"激励人们不仅要立志,更要积极行动起来。理想的实现,只靠实干,不靠空谈。

(六)奋斗是实现人的全面发展的重要途径

清儒王夫之著《思问录》《周易外传》《尚书引义》,他的著作中闪烁着"注重人、注重有为"的思想,告之并激励人们为了实现理想,为了充分彰显人生价值,就必须辛勤付出,就必须投身到火热的奋斗实践中去。也只有这样,才能实现人的全面解放和自由发展。茅盾说:"必须在奋斗中求生存,求发展。"这昭示着人若想要得到自由而全面的发展,必须奋斗,奋斗是实现人生命价值和社会价值的现实道路。

二、国外著作中有关"奋斗"术语的解读

奋斗是创造希望和追逐光明的道路。马克思指出:"青春的光辉,理想的钥匙,生命的意义,乃至人类的生存、发展……全包含在这两个字之中……奋斗!只有奋斗,才能治愈过去的创伤;只有奋斗,才是我们民族的希望和光明所在。"[1]人是社会发展的决定性力量,离开了人、离开了人的能动创造性,人类社会将毫无生机和意义。列宁在《黑格尔〈逻辑学〉一书摘要》中指出:"世界不会满足人,人决心以自己的行动来改变世界。"[2]奋斗,乃是人生通往成功的桥梁、胜利的捷径。没有奋斗,就没有充满意义的人生!只有奋斗,才会有人的生存和发展。人类社会的发展史,就是一部人类的奋斗史。尤其是当今我们所处的是市场机制正在日益发挥作用的社会,是个普遍存在竞争的社会,每个人要求发展,就必须奋斗。只有奋斗,才能实现自身的价值!只有奋斗,才可能获得成功!

---

[1] 公评:《奋斗——人生成功的桥梁》,《记者摇篮》,2003年第2期,第14页。
[2] 列宁:《列宁专题文集》(论辩证唯物主义和历史唯物主义),中共中央马克思、恩格斯、列宁、斯大林著作编译局编译,北京:人民出版社,2009年版,第138页。

（一）奋斗是改变人类命运的选择与过程

法国作家司汤达在其名著《红与黑》这部长篇小说中,塑造了于连·索黑尔这一勤勉奋斗的青年形象。青年人于连踌躇满志,对未来充满了信心,抗争现实生活与上流社会的等级差别,极力想改变现状,为实现自己的人生目标而奋斗。事实上,面对残酷的现实社会,他只有两种选择:退避或者反抗。代表了法国下层绝大多数有抱负青年的思想动向的于连坚决地选择了后者,走上了个人的奋斗之路。尽管于连的命运结局在王朝复辟时代注定是悲剧性的,但于连的奋斗则教育了千千万万的青年人如何在个人的奋斗历程中学会选择自己想要走的那条路。① 美国著名教育家卡耐基将奋斗归于一个人成功的首要的和最重要的条件。在他看来,奋斗是一个人走向成功的必然之道,奋斗是造就伟业的大师。我们更坚信:没有奋斗,未来便一片空白。②

（二）奋斗是生活赐予的最高报酬

英国著名科学家法拉第说,科学研究需要付出许多艰苦的劳动,并且报酬微薄,但这个工作本身就是很高的报酬。因为在艰苦的科学研究工作中,他已经获得了无穷的乐趣,并且在逐步实现自己的理想,这就是他索取的报酬。尽管奋斗有时意味着艰难和曲折,但奋斗过程中所获得的忍耐、自信、坚定和豁然、完善的人格,是无法用金钱衡量的。奋斗,既是改造主观世界的活动,也是改造客观世界的活动。③法拉第奋斗的结果是把人类从"蒸汽时代"推进到"电气时代",这不就是推动了社会的进步吗？造福社会,造福人类,是我们的崇高理想。奋斗,能够使我们获得造福社会、造福人类的机会,这难道不是最大的报酬吗？在高尚的人看来,奋斗是生命的要素,是实现理想的必经之路。

（三）奋斗是求证人类主体性内在价值的工具

柏拉图、笛卡儿、康德、黑格尔、马克思等人论述了人在自然界中的主体性地位,"主体之所以成为主体,是由于它有认识和实践的本性和力量"④。无论如何,人们必定会从自身的利益、立场、视角去看待万物,这是人类一切

---

① 赵咏梅:《浅析于连、拉斯蒂涅的奋斗历程》,《作家》,2009年第14期,第84页。
② 后东生:《卡耐基奋斗精神》,北京:中国时代经济出版社,2002年版,第2页。
③ 庞文娟:《奋斗,生活给予的最高报酬》,《物理教学探讨》,2009年第8期,刊首语。
④ 李连科:《哲学价值论》,北京:中国人民大学出版社,1991年版,第74页。

思想和行为的基点,这种意义上的人类主体性是不可能动摇的。为了实现其自身利益,人类必定需要从自然界中获取资源以维持自身的生存和发展,这是无可厚非的。奋斗,作为有生命的自然存在物——人的活动和行为,以实现人类自身利益为目的,并能以之为标准来认知、选择和行动,最终促进人类的生存和延续。人生在于锲而不舍地追求,奋斗赋予人生新的丰富内涵。奋斗的力量是无穷的,它可以使失败变为成功,使无变为有。没有奋斗的人是平庸的,不敢奋斗的人是懦弱的。奋斗就是创造,没有创造性的人生是暗淡的。一个人在为社会创造价值的同时,也给自己创造了价值。瓦特、富兰克林、爱迪生、莱特兄弟、诺贝尔等历史巨人,他们在推动历史车轮前进的同时,也造就了自己不朽的人生丰碑。①

(四)奋斗是一种值得享受的幸福境界

亚里士多德曾说过,幸福是人类生存和发展的唯一目的。斯威特切尼曾说过,只有强者才懂得什么是奋斗,而弱者一生下来就是被征服的,甚至连失败都不够资格。这句话并不是危言耸听,因为在漫长的历史过程中,优胜劣汰、适者生存证明了这一点。"人的一生中,最辉煌的时刻并非是功成名就的那一天,而是悲叹与绝望中产生对人生的挑战,从而勇敢地向未来迈进的那些日子。"②福楼拜这句话便是对奋斗的幸福境界的完美诠释。

(五)奋斗是一种道德的力量

作为高级理性动物,人有诸多的实际需要和价值追求,不仅是自然人、经济人、社会人,而且也是道德人。霍尔姆斯认为:"人类是唯一的道德物种。"③道德力说到底是一种精神力,它是由传统习惯、社会舆论和人们的内心信念整合而成的,是一种生生不息的社会精神资源。奋斗就是在道德力的感召和指引下而拼搏不息、承担社会责任的高尚举动,是一种伟大的创造力和社会示范力量。在奋斗历程中,道德力发挥着积极的作用,它能够净化人们的灵魂,激活人们的思维,提升人们的境界,协调人与自然、人与人、人与社会的共存共荣,推动人类在奋斗的征程中创造更加美好的生活。

---

① 胡运生:《奋斗让生命更精彩》,《秘书工作》,2008年第10期,第56页。
② 李烨玮:《奋斗》,《希望月报(下半月)》,2007年第10期,第11页。
③ [美]霍尔姆斯·罗尔斯顿:《环境伦理学》,杨通进译,北京:中国社会科学出版社,2000年版,第6页。

三、思想政治教育视域中的"奋斗"

通过对古今中外学者著述中有关奋斗的解析,我们可以发现,不同时期、不同民族、不同文化对奋斗的解读亦各不相同。但是,奋斗有它的共性,其本质代表了社会的发展方向,具有超时空的普遍意义,是贯穿了人类社会生活始终的精神支柱和精神动力。概括起来,从思想政治教育的视域来看,笔者认为,所谓奋斗,是指为实现既定的理想或目标而进行的积极向上的一系列的实践活动过程。

(一)奋斗是一种进取向上的生活态度

人们的生活态度取决于人们的价值观念,同时又决定了人们对生活目标、生活方向、生活道路的选择。奋斗者所持有的是这样的一种价值观念,即崇尚自由,热爱生活,珍惜生命,关注社会进步,关心人类文明。①思想政治教育视域中的奋斗,应该继承人类的一切优秀文明成果,奋斗者的个体奋斗目标应与社会奋斗目标、民族奋斗目标、群体奋斗目标一致,积极进取,奋发向上,关心全人类、关心全民族、关心大多数人的解放和自由,只有这样,奋斗者的生命才更有价值和意义。

(二)奋斗是一种坚持不懈的人生实践

奋斗的人生,是充满价值和意义的人生。正如万事万物一样,奋斗的道路不可能总是一帆风顺的。这就要求我们身处顺境时不能得意忘形,身处逆境时不能灰心丧气,面对困难,不能丧失斗志,更不能迷失方向,要愈挫愈勇,知难而进,一往无前。"人应该在实践中证明自己思维的真理性,即自己思维的现实性和力量,自己思维的此岸性。"②一个奋斗者应该坚持不懈地像一个冲锋陷阵的战士一样向着既定的理想和目标勇往直前,以大无畏的奋斗精神投身于火热的奋斗实践之中。

(三)奋斗是一种敢于挑战的行为实践

奋斗,就意味着要面对奋斗实践中的各种新问题、新情况、新挑战。要想

---

① 谢鑫:《艰苦奋斗:新中国建设初期的精神支撑》,湖南大学硕士学位论文,2008年5月,第8页。
② 马克思、恩格斯:《马克思恩格斯选集》(第1卷),中共中央马克思、恩格斯、列宁、斯大林著作编译局编译,北京:人民出版社,1995年版,第55页。

实现奋斗的理想和目标,就必须勇于接受挑战、敢于面对挑战、善于应对挑战、勤于化解挑战,最终变挑战为机遇。迎接挑战,要以科学的理论指导、科学的方法运作,一方面要加强学习,注重自身的修养,不断提高自己认识问题、分析问题、解决问题的能力和水平;另一方面要正确地认识客观世界,全方位地把握时代走势,有针对性地解决实际问题,提高奋斗实践的效率。

(四)奋斗是一种乐于奉献的人生品质

奋斗所昭示的人生品质就是淡泊名利与无私奉献。普列汉诺夫曾经指出:"一个伟大人物之所以伟大,并不因为他的个人特点使各个伟大历史事变具有其个别的外貌,而是因为他自己所具备的特性使他自己最能致力于当时在一般和特殊原因影响下所发生的伟大社会需要。"① 奋斗者应以社会价值取向与个人价值取向的高度一致性为前提,最大可能地展示自己的聪明才智,在实现个体奋斗价值的同时,又为群体奋斗、民族奋斗、社会奋斗做出贡献。

(五)奋斗是一系列社会实践活动过程

奋斗,是为了既定的理想和目标而坚持不懈地去勤奋努力的一系列实践活动过程,是一项日积月累的系统工程,它不是一蹴而就的,需要付出很多很多。比如,为了实现共产主义的远大理想,我们可能需要十几代人、几十代人,甚至更多代人的不懈奋斗,方能完成。所以,说奋斗是一个实践活动过程,并不是说它是一朝一夕之事,而是说奋斗是一系列实践活动的过程。

第二节　奋斗的范式

范式对于科学来说是最基本的东西。② 范式的概念和理论是由美国著名科学、哲学家托马斯·库恩(Thomas Kuhn)提出并在其1962年出版的《科学革命的结构》一书中加以阐述的。他认为,任何一种常规科学都是一种范式。

---

① [俄]普列汉诺夫:《普列汉诺夫选集》(第2卷),博古等译,北京:生活·读书·新知三联书店,1962年版,第373页。
② 江涛:《科学的价值和理性》,上海:复旦大学出版社,1998年版,第101页。

"有了一种范式……这是任何一个科学部门大道成熟的标志。"①为了加强对范式概念的理解,库恩撰写了《再论范式》一文,对范式概念做了进一步的说明。总括库恩对科学范式的论述,那就是:范式是指特定的科学共同体(从事科学认识活动的主体)从事某一类科学活动所必须遵循的公认的"模型",它包括共有的世界观、基本理论、范例、方法、仪器、标准等与科学研究相关的所有因素,它实际上是共同体从事科学活动的共同立场、共同使用的认识工具和手段。② 研究范式,即某一学科的学者在进行科学研究时所遵守的研究规范、主题思想、理论形态,以及解决问题所运用的研究方法等所构成的严密体系。基于以上界定,本书将奋斗的研究范式聚焦于个体奋斗、群体奋斗、民族奋斗和社会奋斗四个层次加以论述。

一、个体奋斗

奋斗,体现了人类生活的实践本质,体现了人类的自由意志。黑格尔说:"只有自我意识才具有自己特殊的命运;因为它在其自我的个别性中是自由的,从而是自在自为的,并且可以和它的客观普遍性对立,而使自身在与客观普遍性对立之下异化。但它由于这种分离本身,便引起一种命运的机械关系与自身对立。于是为了这种命运对自我意识具有强力,自我意识就必须供给自己以某种与本质的普遍性相对立的规定性,必须有所作为。这样一来,自我意识就把自己造成是一个特殊的东西,而且这个实有作为抽象的普遍性,又是对它的与自己异化了的本质的传达敞开的方面;在这个方面里,它就被卷入过程之中。"③由此可见,作为社会个体的个人一定要树立人生的理想和目标,顺应时代潮流,勇于承担历史责任,有所作为,努力奋斗,从而实现自己的人生价值。

Robert A. Emmons 把"个人奋斗"(个体奋斗)定义为"个体目标导向的

---

① [美]T.S.库恩:《科学革命的结构》,李宝恒、纪树立译,上海:上海科技出版社,1980年版,第9页。
② 江涛:《科学的价值和理性》,上海:复旦大学出版社,1998年版,第101页。
③ 郑永扣:《艰苦奋斗的哲学之思》,《河南师范大学学报(哲学社会科学版)》,2006年第4期,第8-9页。

连贯模式,指的是个人当前正努力做的事情"①;"表现为个体以其特有的行为方式选择并实现一个或多个预定目标,是个体希望在不同情境下实现的典型目标类型"②。夏伟东认为,所谓个人奋斗,就是个人对自己所认定的某种目标所采取的一系列追求活动。在个人奋斗的全部内涵中,充满着个人的色彩:个人的意识、个人的价值目标、个人的行动等。③张钊、郭永玉认为,个人奋斗是一种特定的、与情境目标有关的人格意向结构,指的是个体通过日常行为努力达成的特定生活目标。④Emmons指出,每个人都有独特的个体奋斗体系,这使得我们可以根据不同的个体奋斗类型来区别不同的人。个体奋斗把人们日常生活中的目标组织起来,使得其主次分明,重点突出。对于个体而言,个体奋斗具有高度的抽象性和综合性,一个奋斗目标常包括多个功能相同的次级目标。Emmons指出了个体奋斗大量的明确的特征:第一,个体奋斗对个人来说是独一无二的,尤其表现在构成个人奋斗的目标和表达个体奋斗的方式这些层面。但我们还是可以找到一些共同的或规律性的个人奋斗类别(比如,成就、人际关系、自我表征等)。第二,个体奋斗的另一个特征是其包括认知、情感和行为等成分。第三,尽管个体奋斗是比较稳定的,但它们并不是固定不变的。个体所要努力达成的事件随着情境的变迁和生活的改变而变化。从某种程度上说,个体奋斗反映着人们一生的持续发展。第四,一项个体奋斗中一个子目标的实现并不代表整个奋斗过程的完成。第五,大部分个体奋斗被假定是有意识的,并且是可以自我报告的。⑤

大体说来,可以把个体奋斗划分为两大类:为个人的个体奋斗和为社会的个体奋斗。⑥ 纯粹的为个人的个体奋斗,是唯我价值、唯我设计、唯我实现的奋斗。在动机上的表现是为个人的私利而奋斗,在行为上的表现是对个人私利的追求,在效果上的表现是个体奋斗与群体奋斗、民族奋斗和社会

---

① Emmons R. A. Personal Strivings: An Approach to Personality and Subjective Well-being. Journal of Personality and Social Psychology, 1986(51):1058-1068.
② Pervin L. A.:《人格科学》,黄希庭等译,上海:华东师范大学出版社,2001年版,第237-238页。
③ 夏伟东:《论个人奋斗》,《教学与研究》,1989年第1期,第34页。
④ 张钊、郭永玉:《个人奋斗及其相关研究》,《心理科学进展》,2006年第6期,第950页。
⑤ Emmons R. A. Personal Strivings: An Approach to Personality and Subjective Well-being. Journal of Personality and Social Psychology, 1986(51):478-484.
⑥ 夏伟东:《论个人奋斗》,《教学与研究》,1989年第1期,第34页。

奋斗的脱离。这种单一的为个人的个体奋斗在历史的发展中是浅显的,也是不值得肯定和褒扬的。个体奋斗,永远是一个令人深思的话题。本书强调为个人的个体奋斗与为社会的个体奋斗的统一,在社会发展中不能把两者截然分开。个体奋斗涉及个体的命运和荣辱,也涉及群体、国家和民族的兴衰存亡。人民群众是历史的真正创造者,这是历史唯物主义的一个基本观点。人民群众创造历史实际上有两种不同的途径,一种是通过人民群众的群体奋斗,另一种则是通过人民群众的个体奋斗。"通过每一个人追求他自己的、自觉期望的目的而创造他们的历史。"①但是不同的时代有着不同的个体奋斗,不同样式的个体奋斗影响着不同的时代。个体奋斗不仅有着自己独特的时代背景,更有着一定的思想文化和价值观念的渊源。从心理和生理感受来衡量,个体奋斗成功的表现是多种多样的,但最重要的还是个体奋斗的方向和目标。在当代中国,中国共产党是中国工人阶级的先锋队,同时是中国人民和中华民族的先锋队。每一个共产党员就是一面旗帜,在社会生活中通过各自的努力奋斗推动社会的进步和发展,不断为党旗增添新的光彩。

二、群体奋斗

马克思指出:"人们为了能够'创造历史',必须能够生活。但是为了生活,首先就需要吃喝住穿以及其他一些东西。因此第一个历史活动就是生产满足这些需要的资料,即生产物质生活本身。"②较之于外界环境的强大,个体的奋斗力量是微小脆弱的。然而,人具有社会属性,人在本质上是一切社会关系的总和。在现实生活中,人们之间必然结成一定的政治关系、经济关系和文化关系等。社会就是由这些关系所构建的庞大而复杂的结构性网络,人们通过这些关系网络构成了奋斗的群体,依靠群体奋斗所汇聚的智慧和焕发的伟力,去克服个体对自然的无知以及对外在环境的无助。③ 关于人的社会性,辩证法揭示,个人的一切社会活动都与社会群体之间存在某种动态的

---

① 马克思、恩格斯:《马克思恩格斯选集》(第4卷),中共中央马克思、恩格斯、列宁、斯大林著作编译局编译,北京:人民出版社,1995年版,第248页。
② 马克思、恩格斯:《马克思恩格斯选集》(第1卷),中共中央马克思、恩格斯、列宁、斯大林著作编译局编译,北京:人民出版社,1995年版,第79页。
③ 谢鑫:《艰苦奋斗精神的哲学解读》,《湖南文理学院学报(社会科学版)》,2008年第3期,第19页。

相整合的状态。①而个体的感性生命与对艰苦环境的认知进一步诱发人的生活欲望,激发人的生命活力,促成个体奋斗向群体奋斗的转化。因此,奋斗环境的艰苦是群体奋斗产生的客观条件。

基于以上研究,所谓群体奋斗,我们可以理解为:具有共同信念和追求的人们,团结合作,不畏艰难而英勇顽强地改造自然和社会,持之以恒地去改变命运、实现共同理想的实践活动过程。群体奋斗,也可以指特定群体所共有的一种居安思危、自强不息、开拓创新、无私奉献的思想品质和精神状态。我们必须承认,社会个体组织化是实现群体奋斗的关键。郑杭生认为,组织化是指社会利益的协调与调整,目的是促使社会个体或社会群体结合成为人类社会生活共同体的过程,简言之,就是人类社会一体化的过程。②组织化的本质是为了使社会成员联合并充分实现其预期的目标,是社会成员从组织无序、效率低下到组织有序、功能充分发挥的过程。基于以上认识,我们发现,社会系统组织化又可称为社会系统整合,是对构成组织的个体成员做什么与如何做的安排或规定,其目的是为了使系统预先设计的功能得以充分、有效地发挥或提高。③组织化,是个体奋斗者通过组织、协调、指挥,使群体的各项活动正规化、有序化,从而更好地实现奋斗目标的过程。

在具体的群体奋斗史中,中国共产党领导和团结全国各族人民推翻了帝国主义、封建主义和官僚资本主义这"三座大山",建立了新中国,以及胜利推进社会主义革命和建设、同心同德开创改革开放伟业的历程,就是一部展现群体奋斗精神的光辉史诗。正是依靠群体奋斗精神及其产生的巨大创造力,中国共产党才能在风云多变的世界格局中永葆生机,我国的社会主义事业才能兴旺发达。在成就伟业的历史进程中,中国共产党就是靠奋斗的精神来凝聚人心,同舟共济,共创伟业,群体奋斗的智慧和力量在此得到了生动的、充分的彰显。在新的历史时期,对群体奋斗而言更重要的是精神层面的东西,是在此基础上形成的价值观念、精神动力、人生追求和奋斗作风。群体奋斗精神的激发、群体奋斗力量的彰显有赖于以下措施的推行:第一,群体奋斗者

---

① 施卫江:《群体价值观整合中的个人奋斗》,《中国社会导刊》,2007年第15期,第18页。
② 郑杭生:《社会运行导论——有中国特色的社会学基本理论的一种探索》,北京:中国人民大学出版社,1993年版,第15页。
③ 高军、赵黎明:《社会系统组织化研究》,《系统辩证学学报》,2002年第4期,第68-71页。

要牢固树立奋斗的事业观、奋斗的价值观、奋斗的生活观。有志于奋斗的人们要使奋斗精神在思想上扎根,并在行动上自觉体现;要永葆进取之志,以高尚的思想道德来鞭策自己;要常怀感激之情,自觉抵制腐朽思想的侵袭,堂堂正正、干干净净做人,老老实实、认认真真做事。第二,弘扬群体奋斗精神,必须加强教育和监督。全社会应当认真开展群体奋斗优良作风的教育,弘扬优秀的民族文化,为群体奋斗营造浓厚的舆论氛围;政府和各级领导干部要做参与群体奋斗的表率,使群体奋斗精神在全社会蔚然成风;加强制度建设,在全社会真正形成良好竞争的环境,为群体奋斗提供强大的外在动力。第三,倡导群体奋斗,必须从现阶段的社会实际和人们的价值取向日趋多样化的现实出发,不能统一在一个标准和要求下,应当多目标、分层次。如今,人们的人生追求、情趣选择和价值取向,越来越呈现出多样化。① 倡导群体奋斗,必须针对不同地方、不同阶层、不同层次的人员的要求有所区别,以卓越的智慧和艺术的方法引导人们自觉地参与到群体奋斗中去,为创造明天更加美好的生活而努力。

三、民族奋斗

在通俗的理解中,民族是"人们在历史上形成的有共同语言、共同地域、共同经济生活以及表现在共同文化上的共同心理素质的稳定的共同体"②。在民族的共同心理认知中,在面临严峻的生存挑战和发展诉求的推动下,产生了"民族意识"。美国普林斯顿大学教授莫利兹奥·维罗里(Maurizi Viroli)认为,民族意识是指作为一个国家的价值,包含了从精神上、道德上、理念上对国家的认同。③ 暨爱民认为,"不管视民族意识等同于自我意识、共同的心理素质,还是对本民族文化的自觉体认和传承或对本民族生存和发展表现出来的关切和焦虑"④,民族意识都是在具体的条件和场合下有具体的形态,

---

① 刘荣生:《当下弘扬艰苦奋斗优良传统刍议》,《淮北煤炭师范学院学报(哲学社会科学版)》,2004年第4期,第147页。
② 斯大林:《斯大林选集》(上卷),中共中央马克思、恩格斯、列宁、斯大林著作编译局编译,北京:人民出版社,1979年版,第64页。
③ 程笑:《爱国主义、民族主义及现代化》,《公共理性与现代学术》,北京:生活·读书·新知三联书店,2000年版,第166-167页。
④ 暨爱民:《民族与民族主义概念的阐释》,《民族论坛》,2008年第4期,第22页。

它或为一种状态，吸引着族内每个个人忠诚和报效热情；或为系统化的理论和政策，为实际的民族成长过程提供原则和观念。① 罗福惠认为，民族意识是"民族群体对自我归属的体认，是民族存在信念和民族国家理念的结合"②。奋斗是人类社会进步的前提和基础，是一个民族自强不息的精神动力，它具有凝聚性、内化性、时代性等显著特征。③ 奋斗精神支撑着民族自立自强，支撑着社会发展进步，支撑着全民族兴旺发达的共同事业。法国的厄内斯特·勒南就认为，"一个民族即为一个灵魂或一种精神原则"④。

千百年来，人类发展史上的各个民族都经历了无数大风大浪，依靠人类祖先拼搏不息的奋斗，经过历史沧桑的洗礼，实现了人类种群的延续和民族伟业的创建。因此，奋斗实质上是民族意识的深层次内涵，是铸就民族自强不息、顽强拼搏的精神支柱。概言之，奋斗作为一种精神理念，是建立在民族意识基础之上，或为对民族独立、强大即生存和发展的一种追求与理想；或为谋求民族利益和民族价值实现的一种社会实践与运动；或崇尚本民族的特征和文化；或要求发展民族经济、建立统一市场，具有整合社会的功能和政治实用主义的特点。⑤

奋斗，是中华民族最为宝贵的内在品格，是中华民族自强不息、一路前行的强大精神支柱。《周易·系辞下》曰："子曰，危者，安其位者也；亡者，保其存者也；乱者，有其治者也。是故君子安而不忘危，存而不忘亡，治而不忘乱，是以身安而国家可保也。"⑥中华民族在数千年的文明演化进程中，形成了勤劳勇敢、自强不息的伟大民族精神，民族精神更因奋斗而得到弘扬和升华。中华先民们同恶劣的自然条件做斗争、不断改善生存环境的艰苦努力，后来逐步发展为中华民族从事物质资料生产实践的主要行为模式，并因此而形成

---

① 李世涛：《知识分子立场——民族主义与转型期中国的命运》，长春：时代文艺出版社，2000年版，第8页。
② 罗福惠：《中国民族主义思想论稿》，武汉：华中师范大学出版社，1996年版，第10页。
③ 柳礼泉：《论坚持艰苦奋斗与实现远大理想的统一》，《科学社会主义》，2008年第1期，第88页。
④ 王联：《关于民族和民族主义的理论》，《世界民族》，1999年第1期，第6页。
⑤ 暨爱民：《民族与民族主义概念的阐释》，《民族论坛》，2008年第4期，第23页。
⑥ 李俊伟：《艰苦奋斗的文化蕴涵、时代特征与弘扬传承》，《石油政工研究》，2008年第4期，第48页。

了勤劳勇敢、开拓进取、刚健有为、自立自强的传统,这些传统又构成了艰苦奋斗精神的核心。① 这是先人留给我们的宝贵财富,永远激励和鞭策着每个中华儿女秉承优秀文化传统,依靠发扬奋斗精神求发展,赢得民族立足生存与发展的空间,推动中华民族实现伟大复兴。

四、社会奋斗

当今世界已经成为奋斗者的乐园,为个体奋斗、群体奋斗、民族奋斗和社会奋斗打开了宽敞的大门。只要有雄心壮志,并落实于实际行动,就有成功的可能。哈佛大学曾对其即将毕业的学生进行过专门调查,其结果是:27%的人没有奋斗目标;60%的人奋斗目标模糊;10%的人有清晰但比较短期的奋斗目标;只有3%的人有清晰而长远的奋斗目标。25年以后,哈佛大学对这群学生进行了跟踪调查,结果是:3%的人,25年间,始终朝着一个方向不懈奋斗,几乎都成为社会各界的成功人士、社会精英;10%的人,他们的短期奋斗目标不断实现,成为各个领域中的专业人士,生活在社会的中上层;60%的人,他们安稳地生活和工作,没有什么特别的奋斗理想,都生活在社会的中下层;27%的人,他们没有奋斗目标,过得很不如意,还常常怨天尤人,抱怨这个世界。②这个事例说明:一个没有奋斗目标、不愿意奋斗的人,最终将一事无成;唯有朝向清晰的奋斗目标坚定地奋斗,才是实现人生理想的必由之路。

然而,市场经济的收入分配方式又加剧了畸形的个体奋斗与竞争。③毋庸置疑,个体之间不仅在天赋上存在着差异,在后天的环境条件上也存在着巨大的鸿沟。因此,在奋斗和竞争的过程中,肯定有强弱之分。如果对个体奋斗和个人竞争可能造成的社会差距与心理失衡缺少考虑,一味地鼓励个体奋斗和效率至上,那么,在未来的某一天,社会将拉开巨大的财富、文化知识等各方面的差距,将会引发社会某些领域内巨大的不平等、不和谐。因此,在严峻的社会环境当中,到底如何引导奋斗的方向? 如何使个体奋斗成为一种利国、利社会、利他、利己的高尚而正义的行为呢? 这已成为当今社会迫切需

---

① 谢鑫:《艰苦奋斗精神的哲学解读》,《湖南文理学院学报(社会科学版)》,2008年第3期,第20页。
② 宋光清:《论奋斗目标》,《湖南省社会主义学院学报》,2003年第2期,第47页。
③ 仲大军:《中国特色的个人奋斗》,《中国社会导刊》,2007年第15期,第19页。

要认真对待并加以总结和思考的问题。为了最大限度地凝聚个体奋斗的力量，尽可能地消除因为个体的差异而导致的奋斗结果的差距，并最大限度地实现好、维护好和发展好全社会的利益，有必要推动个体加入为社会的整体利益而奋斗的"社会奋斗"的序列中来。鉴于此，"社会奋斗"的理念呼之欲出。

具体而言，社会奋斗是指具有共同奋斗观念、秉持为社会理想而献身的崇高品格的人，顺应历史潮流，承载历史使命，从现实出发，依靠人民，为实现社会公共利益最大化而团结奋斗的范式。社会奋斗建立在个体奋斗、群体奋斗、民族奋斗的基础上，个体奋斗、群体奋斗、民族奋斗从不同的层面、程度、阶段上推动着社会奋斗向前发展。马克思主义历来主张，历史是人民的集体智慧所创造的。列宁指出："全部历史正是由那些无疑是活动家的个人的行动构成的。"①不仅在社会发展的宏观领域，普通群众的个人意志和力量对社会发展起作用，而且在社会发展的微观领域，在平凡的、日常的社会具体活动中，人民群众每一成员的个人作用也起着十分明显的作用。我们提倡社会奋斗，就是要理直气壮地调动个体的积极性、主动性和创造性，引领每一个人都来为社会的整体利益而奋斗。归根到底，社会或集体，是个人赖以奋斗的大舞台，或者用黑格尔的话来说，是社会赋予个人以生命，而生命则是激发个人活力的大前提。② 社会奋斗，需要我们在全社会大力提倡，使这种奋斗精神能够在全社会人们的心中生根、发芽、开花、结果，并最终使这种形式的奋斗精神，成为人们普遍的思想道德诉求。实质上，我们所倡导的社会奋斗，主要是依赖于人的主动性、人的活力和人的首创精神。就人的社会性这个本质属性而言，社会奋斗是我们在任何时候都应该坚持的奋斗范式。

社会奋斗是人类奋斗的最高境界，推动社会的全面进步和发展，最终实现人的自由而全面的发展；社会奋斗是人类奋斗的力量源泉，一代又一代人为了同一个目标而齐心协力地共同奋斗；社会奋斗也是人类奋斗的美好愿景，应该调动一切积极因素，包括变消极因素为积极因素，把国家建设好，把世界建设好，为构建和谐社会、和谐中国、和谐世界，为了美好的明天而共同奋斗！

---

① 列宁：《列宁专题文集》（论辩证唯物主义和历史唯物主义），中共中央马克思、恩格斯、列宁、斯大林著作编译局编译，北京：人民出版社，2009年版，第178页。
② 夏伟东：《论个人奋斗》，《教学与研究》，1989年第1期，第38页。

第三节　奋斗的指向

奋斗,是一个充满质感、充满厚度、充满韧性而又让人感到肃然起敬的词语,它的内涵丰富、意蕴深刻,因为每一个人都能从"奋斗"二字当中掂出它沉甸甸的分量。因为每个人都知道,一旦自己义无反顾地选择了奋斗之路,那么,他就会像一名冲锋陷阵的战士那样无所畏惧地勇往直前。凡是自喻或被他人称为"奋斗者"的人,绝不会是一个游戏人生、甘于命运和自安平庸的人,他们无不是渴望通过奋斗这把刻刀,不断地雕琢出一个最好、最优秀的自我的人;无不是渴望通过奋斗这个梯子,一次次提升和超越故我的人。①奋斗是个时髦的词语,又是一个常议常新的话题,我们在当今时代传承奋斗精神时应赋予其新的内涵,使之焕发出更加夺目的光辉和活力。

一、精神追求

奋斗是一种精神追求。奋斗的动力源于远大的理想,来自克服理想与现实之间差距的坚定决心和信念。奋斗不仅是一种价值取向、价值观念,一种积极的人生态度和人生追求,而且是一种奋发向上的工作态度和工作作风,一种创新进取的创业精神,一种志存高远的人生境界和一种勇争一流的精神风貌。这既是社会发展和推动历史进步的客观要求,也是人类的创造性、能动性与中华民族传统美德在社会生活领域中的延续和拓展。可以说,人类社会是靠奋斗发展前进的,也是靠奋斗成就宏图伟业的。因此,第一,要大力倡导创造性的奋斗精神。时代呼唤创造,创造性的奋斗精神是个体奋斗、群体奋斗、民族奋斗、社会奋斗倡导的首要精神。第二,要倡导艰苦奋斗的生活方式。艰苦奋斗是一种优良的生活作风,拥有了艰苦奋斗的精神,就能够勇于知难而进,迎难而上,并善于在困难中突破和超越。第三,要倡导坚定顽强的精神状态。奋斗会遇到困难,会面临各种各样的前所未有的挑战,这就要求我们必须具有英勇顽强、知难而进的精神状态。

与焕然一新的现实社会相呼应,人们的思想观念、价值取向呈现出多样

---

① 王飙:《奋斗》,《思维与智慧》,2007 年第 17 期,第 13 页。

性、层次性。这就要求我们针对有不同现实需求的人们,要注意差异性区别、区别化对待,要把奋斗精神的传承同现实生活结合起来。坚持用奋斗精神引导全体社会成员在思想上不断提升、共同进步。中华民族千百年来所积淀的奋斗精神,既体现了人类精神文明发展的先进性,又体现了我国民族传统文化精髓的特殊性;既指引了奋斗的前进方向,又符合不同层次人民群众的精神状况;既体现了一致的愿望和追求,又涵盖了不同群体和阶层的愿望与追求。中国特色的奋斗精神具有广泛的适用性和包容性,具有强大的整合力和引领力,是联结全社会力量团结奋斗的精神纽带。中国特色的奋斗精神,不断汲取中华民族优秀传统文化,不断吸收世界优秀文明成果,不断在实践中创新发展。这就决定了中国特色的奋斗精神有着很强的创造力、感召力和包容性、整合性。我们一定要大力弘扬优秀民族文化中的伟大奋斗精神,使之能够得到很好的传承并不断发扬光大。

二、生活理念

奋斗是一种生活理念。马克思说:"在科学上没有平坦的大道,只有不畏劳苦沿着陡峭山路攀登的人,才有希望到达光辉的顶点。"[①]这句话揭示了实现远大理想之路的艰巨性、长期性和曲折性,也揭示了实现远大理想的唯一途径——奋斗。对中国特色社会主义事业的责任感和使命感要求我们必须发扬艰苦奋斗的精神。它是一种百折不挠、顽强拼搏的坚韧斗志;一种自强不息、勇往直前的进取精神;一种忘我奉献、不懈追求的坚强毅力;一种埋头苦干、勤勤恳恳的务实作风;一种常怀忧患、居安思危的清醒态度;一种富贵不淫、贫困不移的高尚情操。[②] 只有具备了这些优良的奋斗品质,我们才能坦然面对奋斗征程中的各种新情况、新问题、新挑战,才能克服艰难险阻、毅然前行,把我们所从事的事业不断推向新的胜利,并在人生的道路上不断谱写优美的华章。

奋斗作为一种生活态度和实践理念,是一切有志之士走向成功的强大动力。一个人面对难以抗拒的命运,面对艰难险阻,是自怨自艾,还是自强不

---

① 马克思、恩格斯:《马克思恩格斯全集》(第44卷),中共中央马克思、恩格斯、列宁、斯大林著作编译局编译,北京:人民出版社,2001年版,第24页。
② 万友根:《艰苦奋斗的施政价值探析》,《求索》,2004年第3期,第84－85页。

息？巴尔扎克说过,苦难,对于天才来说是人生通向成功的一块垫脚石,对于能干的人来说可能会带来一笔财富,但对于弱者来说可能就是一个万丈深渊。因此,挫折与苦难是信念、意志和能力的试金石:信念坚定、勇于奋斗的人,能够紧紧扼住命运的咽喉,从挫折和困苦中汲取成长的智慧,把人生道路上的绊脚石变为垫脚石;意志不坚定或容易满足、不珍惜机会的人,面对生活的挑战,往往半途而废,无奈地举起投降的白旗;胆怯、懦弱的人常常被挫折和困难吓倒,有的自暴自弃、随波逐流,有的望风而逃、一败涂地。①明朝末年,满族八旗子弟人人自幼习练骑射,剽悍善战,建立了清王朝。入关后,八旗子弟沉溺于世袭特权,安享尊荣,丧失了奋斗的生活态度,失去了昔日的奋斗精神,最终导致了清王朝的覆灭。范仲淹两岁丧父,随母改嫁;司马光出身寒门;明代大学士宋谦家中一贫如洗;司马迁受宫刑而作《史记》;屈原遭放逐乃赋《离骚》……从这些秉持奋斗的生活态度的先贤身上,我们看到:囚禁、病残可以成为锻炼意志的熔炉,贫穷、遭难也是磨炼人生的砺石。远大的理想是成功的一半,但要成就远大理想,就必须具有坚持不懈奋斗的生活理念、生活态度。所以,只有具备不屈不挠的奋斗精神和永不磨灭的生活志向,加上持之以恒的不懈奋斗和努力,才可以取得成功。

三、价值取向

奋斗是一种价值取向、一种价值观念。价值取向、价值观念是人的观念的一种,是价值意识中所追求的中心层次。价值取向、价值观念是反映某类客观事物对于人和人类的意义与价值,是一定社会群体中的人们所共同具有的对于区分好坏、对错的观念,是对于某类事物是否具有价值以及具有何种价值的根本看法,是人所特有的一种规范性见解,是对某种现实价值关系的这样或那样的一种主观反映。因此,价值观念是价值认识所达到的理性层次,处于社会文化体系的核心。②每个国家、每个民族、每个群体、每个个体,都有自己的主导价值观。"这个主导的价值观念会对社会文化体系起决定和支配的作用,对生活在社会中的所有的人产生巨大的影响,而且它总是力求在

---

① 柳礼泉:《中国共产党对艰苦奋斗精神的升华与发展》,长沙:湖南大学出版社,2008年版,第35页。

② 李国娇:《价值观念冲突探析》,《学理论》,2009年第11期,第37页。

社会生活中占据优势或获得权威地位,它往往担负着指导和评判人们行为的作用,希望能够引导和影响更多个体的价值选择,来达到整个社会群体中的个体的思想观念高度一致,从而保证社会价值目标较顺利地得到实现,更好地促进社会的发展,保持社会的稳定。"①奋斗是激发社会发展活力的本质要求,是内涵于民族精神之中的核心价值观念。人类社会实践的历程就是在奋斗精神指引下的执着奋斗的过程。正如兰久富指出的:任何一种价值观念都想用自己的标准解释世界。② 奋斗就是指引我们改造世界的核心价值观之一。

实践证明,唯有坚持奋斗的价值观,个人才能为事业不断拼搏,永不自满,永不懈怠;唯有坚持奋斗的价值观,社会发展的车轮才能永不停息,否则人们丧失斗志、失去激情,最终也就不可能实现既定的理想和目标。太平天国领导层的小胜即骄、奢靡腐化,将过去所坚持的奋斗价值观抛之脑后,导致自身内部争权夺利、矛盾激化,酿成"杨韦事变"等惨祸,从而令整个集团丧失了顽强拼搏、锐意进取、百折不挠、勇往直前的锐气,腐蚀了为实现"无处不均匀,无人不饱暖"的天国目标而共同奋斗的强大精神力量,最终由盛而衰,走向自我毁灭。③ 奋斗,作为一种价值观,展示人们积极向上、奋发有为的精神风貌和人生追求。它要求个体奋斗、群体奋斗、民族奋斗、社会奋斗都要做到吃苦在前、享乐在后,为了既定的理想和目标积极进取,勇创一流。这既是历史对我们的热切期望,也是时代发展对我们提出的现实要求。

四、行为方式

奋斗既是一种英勇顽强、不惧怕艰难险阻的精神状态,也是一种刚健奋进、不屈不挠的人生态度,更是一种攻坚克难、一往无前的行为方式。奋斗既包含着沉着冷静的理性思考,又包含着炽热情感的涌动。④ 人类创造了几千年的伟大文明史,经历了无数次的磨难。那么,在漫长的历史进程中起决定

---

① 陈章龙、周莉:《价值观研究》,南京:南京大学出版社,2004年版,第8页。
② 兰久富:《价值观念冲突的深层意蕴》,《人文杂志》,1996年第2期,第43页。
③ 万友根:《艰苦奋斗的施政价值探析》,《求索》,2004年第3期,第83页。
④ 陈升:《论艰苦奋斗则荣,骄奢淫逸则耻》,《中国青年政治学院学报》,2007年第2期,第40页。

性作用的因素是什么呢？它就是人类千百年来形成的奋斗的行为方式。在人类的奋斗历程中，人能获得一种大无畏的气概，这种精神足以使人为幸福、荣誉和成功而奋力拼搏。古今中外，人类的文明成就都是依靠同心同德、开拓创新、奋斗不息的行为方式取得的。

奋斗是一种追求和创造幸福的行为方式，它指引着人们为了实现理想和目标而积极进取、百折不挠、勤于创造、勇于献身。它令我们的生活充满生机，让我们的生命充满意义，让我们不断地茁壮成长，让我们为所取得的成就而自豪。在实现理想和目标的道路上，充满矛盾和困难，需要付出大量艰辛的劳动。在高科技时代，则需要付出大量的脑力劳动才能取得创新，来提高劳动的技术含量和产出值。奋斗精神不仅要求不怕困难，敢于和善于战胜困难，而且要求以辩证、客观的眼光对待矛盾和困难，而不是回避甚至掩盖矛盾和困难，即要求我们实事求是、求真务实地开展工作。正因为如此，人类才始终保持和发扬这种优秀传统和作风。新的时代特征要求人们不仅要有奋斗精神，还要有科学、创新的奋斗方法；不仅要发扬奋斗精神，还要脚踏实地、埋头苦干，更要尊重科学、力求实效。要坚决反对形式主义，争取目标与手段的统一、形式与效果的统一、奋斗精神与时代要求的统一。新的奋斗内涵，必须涵盖科学精神，是在科学的指导下进行创造性的团结、协作、服务，而不是一味地主观蛮干。人类的奋斗史启示我们，必须坚持用科学的理论来指导奋斗方式，坚定理想信念，咬定青山不放松，准确把握时代脉搏，认真深入地研究和分析问题，勇于、敢于并善于迎接挑战，坚持不懈，最终胜利实现既定的理想和目标。

第四节　奋斗的特质

奋斗是人类追求生命永恒与价值不朽的重要生活取向。奋斗既是人们理性认知的结果和付诸实践的过程，又是人们情感的倾向、认同和内在体验。马克思曾经说过："人作为对象性的、感性的存在物，是一个受动的存在物；因为它感到自己是受动的，所以是一个有激情的存在物。激情、热情是人强烈追求自己的对象的本质力量。"①奋斗精神激励人们:作为一个有志者,应当始终把奋斗作为自己的一种动力,始终以乐观进取、奋斗不息的人生态度与命运抗争,以奋斗的方式对待艰难险阻,并在奋斗的进程中实现自身的价值;奋斗的生活态度启发人们:在改造自然、改造社会的奋斗中,要想担负起历史重任,要想有所作为,首先必须具备吃苦耐劳的素质,能经受住各种险恶环境的磨炼,时刻准备迎接各种挑战;奋斗的价值观念教育人们:勤奋、执着、坚韧、睿智是奋斗者的特质和信条,唯有奋斗才是重拾自信的捷径,唯有奋斗才能体会到人生的价值,唯有奋斗才能实现心中的理想,唯有奋斗才能找到真正的"乌托邦",唯有奋斗才能跨过世上的任何一道坎。②千百年来,无数仁人志士为了人类的解放和自由、为了社会的和谐与发展、为了人民生活的美好和幸福而奋斗,谱写了一曲曲壮丽雄浑的奋斗乐章。奋斗何以具有如此强大的感召力、驱动力和创造力?笔者认为,这一切都与奋斗的本质密不可分。

一、理论与实践的统一

从社会发展的本质要求来看,奋斗行为和奋斗精神无处不在,它存在于人类社会实践活动的一切领域,存在于人类一切社会实践活动的始终。作为价值观和精神层面因素的奋斗,在实践中被人们总结和修正而成为人们所奉行的行动指南,并与人们的实践活动紧密结合。在奋斗过程中坚持理论与实践的统一,是指奋斗主体能动性地使奋斗理论与实践相结合的活动,理论与实践的统一是我们应当一贯坚持的奋斗态度,是奋斗具有旺盛生命力的关键所在。理论和实践的统一,是实事求是地开展奋斗的根本途径和方法,是在奋斗实践中对指导奋斗的理论的检验和发展。理论和实践的统一包含着解放思想、与时俱进、求真务实等内容。奋斗指向中的理论和实践的统一,是具体的、历史的统一。人类的奋斗活动是一种总体性的实践,要求把普遍性的奋斗理论和大众的奋斗实践具体地、历史地统一起来。科学的奋斗观是对这种统一的形式及其自觉的理论的把握。理论不和实践相结合,再好的理论也

---

① 马克思、恩格斯:《马克思恩格斯文集》(第1卷),中共中央马克思、恩格斯、列宁、斯大林著作编译局编译,北京:人民出版社,2009年版,第211页。
② 臧伟:《每个人都是要奋斗的——观影片〈奋斗〉》,《课堂内外创新作文》,2008年第5期,第25页。

是空洞无用的,正如毛泽东同志所言:"如果有了正确的理论,只是把它空谈一阵,束之高阁,并不实行,那末,这种理论再好也是没有意义的。"①换言之,"离开革命实践的理论是空洞的理论,而不以革命理论为指南的实践是盲目的实践"②。从本质要求和根本特征来看,奋斗不仅将实践确立为自己的首要要求和特征,而且将改造世界作为自己理论的直接的伟大使命。"哲学家们只是用不同的方式解释世界,问题在于改变世界。"③科学的奋斗观就是坚持理论与实践的统一,这直接体现了奋斗的使命和本质特征。

纵观党的历史,在处理奋斗理论与实践的关系上,始终存在着两种错误倾向:一种是从本本出发、照搬照抄、盲目行事的教条主义奋斗观;另一种是从狭隘的经验出发、轻视科学理论指导作用的经验主义奋斗观。两者的表现形式虽然不同,但都是以理论和实践相脱节为基本特征的形而上学的错误。如果将科学的奋斗理论和人类奋斗实践相割裂,那样一来,不仅威胁到了奋斗理论的科学性和整体性,而且危害到了人们奋斗实践的创造性和规律性。在整个人类奋斗的进程中,能否具体地、历史地坚持奋斗理论和奋斗实践的统一,是影响奋斗实践正确方向的重大问题。在奋斗的具体形态下,有的人脱离奋斗的实际情境而片面夸大理论因素的作用,而有的人脱离奋斗理论的指导而迁就于单纯的实践,甚至是片面的实践。因此,人类的奋斗史应当是理论和实践的具体的、历史的、统一的过程,唯有如此,才能使整个奋斗的理论体系成为科学的、艺术的整体。要使奋斗的理论指导能够同具体实践结合起来,首先要完整准确地理解和把握奋斗的基本理论,理解和把握贯穿于各个组成部分的标准、原理和方法;其次,对具体的奋斗实践要有全面、深入、透彻的认识和理解;再次,在对奋斗的理论原理和实际情境了解与把握的基础上,还必须使这两个方面结合起来,即运用奋斗的基本原理,特别是运用其观察问题和解决问题的标准、原理和方法,去研究、探寻奋斗实践的内部规律性,并从中找出不断走向胜利的前进道路。

---

① 毛泽东:《毛泽东选集》(第1卷),北京:人民出版社,1991年版,第292页。
② 斯大林:《斯大林选集》(上卷),中共中央马克思、恩格斯、列宁、斯大林著作编译局编译,北京:人民出版社,1979年版,第199-200页。
③ 马克思、恩格斯:《马克思恩格斯选集》(第1卷),中共中央马克思、恩格斯、列宁、斯大林著作编译局编译,北京:人民出版社,1995年版,第57页。

二、历史与现实的统一

奋斗精神是人类的一种传统美德和文化精华,是人类实践取得成功的精神财富,具有重要的历史价值。而这一优良传统是人类在改天换地的伟大实践中形成和发展的。首先,奋斗精神是人类在改造自然、壮大自身的伟大实践中发展起来的。它最生动的体现就是人类不被艰难困苦吓倒,具有敢于排除万难、争取胜利的伟大气势。例如,古代我国人民修建的都江堰水利工程、京杭大运河,现当代人们开挖的苏伊士运河、修造的青藏铁路等宏伟杰作,都是人类改造自然、发展社会的光辉记录。其次,奋斗精神是人们在反抗暴力压迫和追逐自由的艰苦斗争中形成与发展的。它最生动的体现是人们反抗暴政、推动社会进步的英勇气概。例如,斯巴达克起义、太平天国运动等。尽管历史上的群众起义往往成了统治者改朝换代的工具,但它推动历史前进的作用是不能被否认的。再次,奋斗是人类在反抗外来压迫、争取民族独立和富强的斗争中形成与发展的。人类在反抗外来侵略和压迫的斗争中,不畏强暴,不怕牺牲,谱写了一曲曲悲壮的、可歌可泣的历史战歌,才迎来了奋斗的伟大胜利。今天,尽管世界进入了和平、发展和合作的新阶段,但矛盾和斗争依然魅影重重,我们仍然需要大力弘扬艰苦奋斗的民族精神。

奋斗精神在不同的时代、不同的时期有着不同的具体内容和表现形式,它是一个动态的范畴。在洪荒时代,奋斗表现为刀耕火种、饮毛茹血和筚路蓝缕、以启山林这种大无畏的原始奋斗精神。在农业社会阶段,人们养成了开天辟地、"敢教日月换新颜"般的奋斗豪情。鉴真东渡、玄奘西游等正是人们在那一历史时期顽强奋斗、改造大自然、追求理想的真实写照。古人在著述中所留下的"民生在勤,勤则不匮,是勤可以免饥寒也"(《左传·宣公十二年》)、"天道酬勤"与"忧劳可以兴国,逸豫可以亡身"(《新五代史·伶官传序》)等至理名言,对奋斗的必要性和艰巨性给出了科学性论断;在工业时代,奋斗表现为战天斗地这种勇往直前、锐不可当的建设精神。在这一时期所实现的人类社会发展的奇迹,诸如埃菲尔铁塔的建造,阿斯旺大坝、三峡工程的修建,等等,就是其具体体现。总之,奋斗精神古已有之,绵延至今,但在不同时代、不同民族,持有不同世界观、人生观和价值观的人们,其奋斗观也是各异的。然而,不管如何,它都已经深深扎根于人类文化心理结构之中,并成为人类优秀文化结晶的重要成分,为世世代代的仁人志士所遵循与践行。奋斗精神传承不辍,并不断发扬光大。

今天我们正在发展中国特色社会主义,正在进行社会主义市场经济建设,既要尊重客观规律性,又要发挥人的主观能动性,尤其要正确处理好人与自然、人与社会、人与人以及人自身内部的和谐发展。我们所从事的一切奋斗实践,包括个体奋斗、群体奋斗、民族奋斗、社会奋斗,说到底,最后都是为了实现中华民族新的伟大复兴,都是为了构建社会主义和谐社会,都是为了实现高水平的全面小康社会,都是为了走向人的自由而全面的发展。

三、主观与客观的统一

奋斗既是一种精神,又是一种作风。奋斗精神反映了客观物质世界和主观精神世界的统一。事实上,人和动物最根本的区别,就在于人的劳动——实践是一种感性——对象性活动,这种感性——对象性活动是有意识参与其中并受意识支配的,因而是有目的和有计划的,它使物质世界被反映在人的头脑中转化为主观世界,使统一的物质世界分化为主观世界和客观世界。① 世界的统一性在于它的物质性,这就要求我们必须坚持一切从实际出发。奋斗作为一种价值系统,既体现了客观世界的决定性,又蕴含了主观意识的能动性。既然客观决定主观,我们的实践就应当一切从实际出发,高度重视客观的决定作用。② 奋斗作为一种人类意识是能动的主体对被动的客体的反映,是人们认识世界和改造世界的一种必然趋势。因为人类要生存,社会要发展,就得在优化生态环境的前提下不断提高索取物质生活资料的能力与效率,从事各种社会奋斗活动,而有效地进行实践的精神支柱往往就是积极进取的奋斗精神。同时,奋斗一旦作为群体意识而被崇尚,又必然以其强大的推动力反作用于客体。无数事实证明,要认识客观规律,没有坚定的信念和百折不挠的毅力,不付出艰辛的劳动,是根本不可能的。③ 我国自古就有大禹治水、愚

---

① 谢鑫:《艰苦奋斗:新中国建设初期的精神支撑》,湖南大学硕士学位论文,2008年5月,第7页。
② 柳礼泉:《中国共产党对艰苦奋斗精神的升华与发展》,长沙:湖南大学出版社,2008年版,第10页。
③ 刘长明:《关于艰苦奋斗的哲学思考》,《山东师范大学学报(人文社会科学版)》,1999年第5期,第46页。

公移山、精卫填海的传说,这正反映了人们在改造客观世界的实践中表现出来的锲而不舍、不屈不挠的奋斗精神。

奋斗是一个持之以恒的实践过程。只有在实践中,奋斗精神才能得到体现、检验和升华;只有在伴随时代发展和历史的前进中,奋斗精神才能不断充实、完善和发展主观世界。奋斗的关键在于其主体具有积极进取、志存高远的人生态度。奋斗本身也要求其主体通过不懈的拼搏,不断开拓事业的新局面,创造事业的新辉煌。对有志于奋斗的人来说,奋斗的最高目标是人类的共同富裕和人的全面而自由的发展,如果缺乏开拓进取、勇往直前的奋斗精神,这个目标是很难实现的。只有将目标的合理性、能力的现实性、奋斗的开拓性三者结合起来,对奋斗的理解才是完整的。奋斗作为一种精神,它随着时代的发展,必然会不断地被充实并显现出新的时代内容。

四、手段与目标的统一

人类的奋斗史表明,奋斗既是人类改造世界、改变命运的手段,又是人类追寻幸福、价值自证的目标,可以说,奋斗精神体现了"手段"和"目标"双重价值的统一。人既是自身手段的目的,也是自身目的的手段。无论在人与自然的关系上,还是在人与人的关系上,人既是目的又是手段,是目的和手段的统一。① 有志之士应当把全人类的解放和幸福作为自己为之奋斗的崇高事业,这正是作为一个奋斗者的意义、价值之所在,也是其人格值得人们尊重之所在。这也正如德国古典哲学家康德所倡导的:"你要这样行动,永远都把你的人格中的人性以及每个他人的人格中的人性同时用作目的,而绝不只是用作手段。"②

任何人劳动的目的都是为了满足自身与他人生活的需要,任何人生活需要的满足都必须通过自己的劳动来实现。因此,每一个人既是自己目的的手段,又是自己手段的目的,每一个人都是目的和手段的统一。每一个人是如此,整个社会也是如此。③ 从根本上讲,建设一个生态平衡、文化存续、社会和谐、政治昌明的世界是人类奋斗的目的。既然奋斗是实现人类目标的手段,

---

① 楚克松:《人是人自身的目的和手段》,《经济研究导刊》,2008 年第 13 期,第 220 页。
② [德]康德:《道德形而上学原理》,苗力田译,上海:上海人民出版社,2002 年版,第 47 页。
③ 楚克松:《人是人自身的目的和手段》,《经济研究导刊》,2008 年第 13 期,第 221 页。

那我们在号召人们发扬奋斗精神的时候,就一定要尽一切可能为人们创造优良的学习、生活和工作环境,将奋斗精神的引导与物质利益的关照结合起来;既然奋斗是一种手段,我们就应当重视用奋斗的成果来教育大众,奋斗所创造的文明和幸福,就是进行言传的最具凝聚力和说服力的形象化教材;既然奋斗是一种手段,就要教育人们尽可能提高奋斗的效率。奋斗并不是盲目的,奋斗是为了社会的全面进步,奋斗是为了人的自由而全面的发展。

因而,在进行奋斗精神教育时,一定要提倡苦干加巧干,避免蛮干和瞎干。作为组织,要关注民生、爱惜民力,提倡用组织创新和制度创新来增加财富,力求事半功倍,用奋斗的质量和效益来提高人们奋斗的积极性。作为个人,也要不断地进行奋斗观念的更新,尽量应用现代科技的力量去创造财富。

奋斗作为手段的价值,还在于促进历史责任的承载。每个人都应该在奋斗的进程中承载历史责任,反思主观的缺点和差距,从而服务于社会的进步和民族的振兴。奋斗也是我们应当提倡的一种健康积极、文明向上的生活方式。正是从这个意义上讲,奋斗既是手段,又是目的。抛离了奋斗的目的性,我们就很难判断一个战略、一项决策、一件事情的正确性和真正价值,而且极易陷入头疼医头、脚疼医脚,顾了小局、误了大局的感性决策和人云亦云的泥沼。离开了奋斗的目的性,人们就很难找准自己在奋斗历程中的角色,就会除了沿袭传统便无计可施,就会在僵化恋旧中无谓地争论、徘徊,甚至在其眼中"神马都是浮云"。

第五节 奋斗的历史回溯与前瞻愿景

一、奋斗的历史回溯

奋斗作为人类品质中所共有的一种精神追求、生活理念、价值取向和行为方式,千百年来一直是人类所共同拥有的无形财富和世界各民族所传承的优良传统。以中华民族的奋斗史为例,在漫长的历史长河中,中华民族以勇于奋斗、敢于奋斗、勤于奋斗著称于世。中华民族在数千年的历史长河中历经沧桑而不衰,其依靠的精神支柱之一,就是奋斗精神。我们的祖先在长期的历史进程中,形成了许多褒扬奋斗的寓言,诸如:夸父追日、精卫填海、铁杵磨针、愚公移山、卧薪尝胆等。这些中华民族乃至世界友人耳熟能详的古代寓言，无一不表达着奋斗的精神，是激励我们民族开拓进取的不朽精神动力。中华民族在漫长的发展过程中，提炼出了许多歌颂奋斗的名言警句、诗词，譬如："天行健，君子以自强不息。""艰难困苦，玉汝于成。""居安思危，戒奢以俭。""生于忧患，死于安乐。""先天下之忧而忧，后天下之乐而乐。""富贵不能淫，贫贱不能移，威武不能屈。""忧劳可以兴国，逸豫可以亡身。""穷则独善其身，达则兼济天下。""古之立大事者，不唯有超世之才，亦必有坚忍不拔之志。""滋生骄逸之端，必践危亡之地。"①这些历代警言名句昭示着，奋斗始终是中华民族优良传统文化和精神的集中写照。

毋庸置疑，奋斗是实现成功人生的必由之路。人生就是奋斗，诚如歌德所言："只有这样的人才配得上生活和自由，假如他每天为之而奋斗。"②奋斗着的一生才是无悔的人生！奥斯特洛夫斯基说过："人最宝贵的是生命。生命属于人只有一次。人的一生应该这样度过：他不因虚度年华而悔恨，也不因苟且偷生而愧疚。那么，在生命结束的时候，他就能够说：'我的整个生命和全部精力都已贡献给世界上最美好的事业——为人类的解放而奋斗。'"③成功是奋斗的结果，奋斗是成功的必经之路。所以，成功只青睐那些奋斗着的勇士！只有加倍地发奋努力，才能最终获得成功。成功源于奋斗，奋斗给成功带来了勇气和胆量，也给成功带来了机会和希望。如果没有奋斗，仅有三根手指会动的霍金，怎么能在轮椅上完成他的伟大著作《时间简史》，成为物理学界的巨人！如果没有奋斗，贝多芬如何能够在双耳失聪后，还可以谱写出不朽名作《第九交响曲》的铿锵旋律！奋斗向历史昭示着人的尊严和伟大：成功不是靠金钱、权力、地位和美貌，它需要的是敢于奋斗的意志、永不言弃的执着。在漫长而又短暂的人生道路上，必须永不停歇地奋斗前行，只要不断去拼搏，总有一天会收获成功，即便没有达到理想的目标，你也是成功的。正如诗人汪国真所说：也许你永远达不到那个目标，但因为这一路风风

---

① 唐永进：《加快建设灾后美好新家园必须弘扬艰苦奋斗精神》，《天府新论》，2009 年第 3 期，第 1 页。
② 魏晓莉：《奋斗——让生命与梦想接轨》，北京：华艺出版社，2008 年版，第 2 页。
③ ［苏］尼·奥斯特洛夫斯基：《钢铁是怎样炼成的》，张江南、张豫鄂译，武汉：长江文艺出版社，2007 年版，第 246 页。

雨雨,使你的人生变得灿烂无比,使你的人生变得充实无比。还有一位作家这样说:"重要的不是成功,而是奋斗。当你感到满足的那一刻,最令人骄傲的应该是为之奋斗的艰苦历程。成功只属于那些敢于拼搏的狂者,有拼搏、有奋斗的成功,才是真正意义上的成功。"①

二、奋斗的前瞻愿景

实践会再次毫无争议地证明,奋斗将是人类永远秉承的精神信仰。人类历史上所有的开拓胜利、发明创造、改革复兴、文明开化、富裕幸福都是在奋斗的范式中所取得的;人类在未来的发展进程中将进行的一切知难而进、迎难而上、攻坚克难、再铸辉煌的实践,也都必将在奋斗精神的指引下取得。在社会巨变的当今时代、当今中国,作为社会大家庭中的一分子,每一个人都应当将自己的成败荣辱纳入社会发展进步的大背景中加以考量,通过个体奋斗,不仅实现个人的价值,而且总体上还有益于他人利益、集体利益、民族利益和社会总体利益的增加。奋斗,是人生的最高境界!

奋斗者的人生境界是真、善、美的高度统一。古希腊哲学家苏格拉底说:"人类的幸福和欢乐在于奋斗,而最有价值的是为理想而奋斗。"②奋斗改变命运,奋斗造就幸福,奋斗塑造美好未来!新的时代赋予了每一个人全面发挥智慧和施展才华的平台与空间,让我们解开禁锢,释放激情,勇破藩篱,在奋斗的航程中扬帆起航,向着成功的彼岸不断奋进。

---

① 魏晓莉:《奋斗——让生命与梦想接轨》,北京:华艺出版社,2008年版,第194页。
② 郭正方:《通向成功的人生宝典》,北京:中国社会出版社,2009年版,第89页。

第二章 奋斗的理论基础与思想资源

> 一个民族想要站在科学的最高峰,就一刻也不能没有理论思维。①
> ——[德]恩格斯

奋斗昭示了未来的希望,奋斗凝聚了发展的力量!奋斗对人类社会、民族、群体乃至个体目标的实现,对于实现社会、民族、群体、个体的自由而全面的发展有着重要的作用。古往今来,做出伟大成就的人无不是在追求真理,追求个体、群体、民族乃至社会的价值实现中忘我奋斗的人。他们关于奋斗的论述成为每个时代人们为争取个人、群体、民族、社会的美好未来而不懈奋斗的重要理论基础和宝贵思想资源。

本章对奋斗的思想和理论资源进行全面的总结与梳理,系统地阐述马克思主义经典作家关于奋斗的思想和马克思主义中国化过程中中国共产党人关于奋斗的历程和奋斗的理论,同时,重视对优秀民族传统文化和西方文化中奋斗思想资源的合理借鉴。

第一节 经典马克思主义的奋斗观

经典马克思主义是马克思、恩格斯、列宁等无产阶级革命导师和马克思主义经典作家创立的关于无产阶级思想的科学理论体系,是无产阶级的科学的世界观和方法论,是关于自然、社会和思维发展的普遍规律的学说,是关于资本主义发展和转变为社会主义以及关于社会主义和共产主义发展的普遍规律的学说。

经典马克思主义的产生和发展是资本主义在西欧与俄国发展的必然结

---

① 《马克思恩格斯全集》(第20卷),人民出版社,1971年版,第384页。

果。具体地说,19世纪中后期西欧资本主义经济社会的发展及其矛盾运动,为马克思主义的产生提供了客观条件,无产阶级与资产阶级的斗争对马克思主义的产生提出了现实需求;19世纪末、20世纪初,俄国资本主义的发展以及沙皇俄国封建统治的腐朽和没落为列宁继承和发展马克思主义提供了客观条件。

经典马克思主义的产生是马克思、恩格斯、列宁等人对人类文明成果继承和创新的结果。在马克思主义的创立时期,马克思、恩格斯等在吸收几千年来人类思想和文化发展中的一切优秀成果,尤其是在批判地继承与吸收了德国古典哲学、英国古典政治经济学、法国和英国的空想社会主义合理成分的基础上,在深刻分析资本主义社会的发展趋势和科学总结那个时代工人阶级斗争实践的基础上创立了马克思主义。在马克思主义的发展时期,列宁在继承和捍卫马克思主义基本理论与原则的基础上,结合俄国革命的具体实际,提出了一系列在经济、社会发展比较落后的东方国家进行社会主义革命以及建设社会主义的理论和学说,使得马克思、恩格斯所设想的社会主义社会从理论变成了现实。

可以说,特定的时代背景和思想资源成为经典马克思主义产生与发展的基础。这无疑是十分重要的,没有这样的时代背景和思想基础,就不可能产生马克思主义,就不可能有马克思主义在东方的发展。但是,这些客观条件只是为马克思主义的产生和在东方的发展提供了可能性,而这些可能性只有通过马克思、恩格斯、列宁的革命实践和理论创造才会变成现实。这种革命理论和实践创造的过程就是马克思、恩格斯、列宁等人为了实现无产阶级与全人类的解放,为了实现共产主义的伟大目标而不懈奋斗的过程。在长期的奋斗过程中,马克思、恩格斯、列宁形成了丰富的关于奋斗的思想。这些思想成为今天指导和推动我们建设中国特色社会主义,为把我国建设成为富强、民主、文明、和谐的社会主义国家,实现中华民族新的伟大复兴而奋斗的重要理论基础和宝贵精神财富。

一、马克思、恩格斯的奋斗观

马克思、恩格斯是无产阶级革命的伟大导师和领袖,他们的一生是为无产阶级和全人类的解放而不懈奋斗的一生。马克思、恩格斯在长期的共同奋斗过程中,虽然并没有专门就奋斗问题做出论述,但是从他们汗牛充栋的著作中,从他们为共产主义事业不懈奋斗的伟大生命历程中,我们完全可以体察到闪烁着夺目光芒的奋斗思想。

(一) 个人奋斗和阶级奋斗的关系

马克思、恩格斯在长期为无产阶级解放运动的斗争中,他们的奋斗观首先关注的问题就是个人奋斗和阶级奋斗的关系问题。

1. 马克思、恩格斯注重个人奋斗的伟大意义

马克思说:"我们要走出去,跨入自由的天地,冲决谨小慎微的束缚,为夺取生活的桂冠,为有所作为而奋斗。"①而"只有不畏劳苦沿着陡峭山路攀登的人,才有希望达到光辉的顶点"②。在这里,个人的奋斗是个人有所作为的必要条件,是达到光辉的人生顶峰的必由之路。恩格斯认为,在追求有所作为的过程中,个人能否取得成绩,能否取得不凡的成就,关键在于奋斗。而在奋斗中,勇敢和必胜的信念是至关重要的。

2. 马克思、恩格斯站在无产阶级解放的高度看待奋斗

马克思、恩格斯把无产阶级整体的阶级奋斗看成是无产阶级取得胜利的条件。马克思、恩格斯认为,劳动的过程,实际上就是人类为满足自身需求而奋斗的过程。无产阶级不仅要在劳动中创造丰富的物质产品,更应在劳动中创造出属于自己和全人类的全新的社会形态。而这种新的自由、民主、公正、公平的社会的共和国,也只有在无产阶级作为一个自觉的阶级而不懈整体奋斗的基础上才能诞生。

3. 马克思、恩格斯科学阐明了个人奋斗和无产阶级奋斗的关系

马克思、恩格斯在对个人奋斗和无产阶级阶级奋斗深刻认识的基础上,科学地阐明了两者的关系。首先,无产阶级的阶级奋斗是无产阶级实现个人奋斗目标的基础。"只有在集体中,个人才能获得全面发展其才能的手段,也就是说,只有在集体中才可能有个人自由……在真实的集体的条件下,各个

---

① 马克思、恩格斯:《马克思恩格斯全集》(第41卷),中共中央马克思、恩格斯、列宁、斯大林著作编译局编译,北京:人民出版社,1982年版,第142页。

② 马克思、恩格斯:《马克思恩格斯全集》(第44卷),中共中央马克思、恩格斯、列宁、斯大林著作编译局编译,北京:人民出版社,2001年版,第24页。

个人在自己的联合中并通过这种联合获得自由。"①集体,具体到无产阶级争取解放的斗争中就是阶级,它成为个人奋斗取得成功的组织基础。没有这个基础,个人的奋斗只能是无源之水、无本之木。其次,个人奋斗只有在集体奋斗中才能彰显其价值。在马克思、恩格斯的视野里,真正的人应该是为了最大多数人的利益而工作,为争取人类的解放而斗争的。个人只有投入这场伟大的斗争中,同千千万万革命者一起向不平等的旧社会宣战,才会成为一个真正完善、真正伟大的人。而正是在这种为大多数人工作而得到的幸福感中,人才能达到自身的完善,同时实现个人奋斗的目标。

(二) 奋斗的目标

在深入分析个人奋斗和阶级奋斗关系的基础上,马克思、恩格斯对奋斗的目标进行了科学的阐述。

1. 无论是个人奋斗还是阶级奋斗,最直接、最现实的目标在于争取利益以满足某些方面的需要

利益,在本质上属于社会关系范畴。人们通过人与自然的关系和社会关系表现出来不同的需要。由于人的需要是多方面的,因此人有多种多样的利益。基于生产关系体系中的地位而形成的对物质产品的占有关系,是物质利益,也称经济利益。除此之外,还有政治利益和精神生活方面的利益。通常讲的利益主要是指物质利益。从不同的角度还可以对利益进行不同的区分,例如,从利益主体的角度,可以把利益区分为阶级利益、民族利益、国家利益和个人利益;从整体与部分的角度,可以把利益区分为整体利益和局部利益;从时间的角度,可以把利益区分为长远利益和眼前利益;等等。

历史上,各个社会阶级与集团通过政治纲领表现出来的政治利益和与此相联系的意识形态斗争,都以经济利益即物质利益为基础。物质利益不管能否被人们自觉地意识到,它本身都是客观存在的,它的产生和实现并不取决于主体对某一需要的意识,而是受着与生产力的发展相应的生产关系的制约。恩格斯说:"每一个既定社会的经济关系首先表现为利益。"②人们的社

---

① 马克思、恩格斯:《马克思恩格斯全集》(第3卷),中共中央马克思、恩格斯、列宁、斯大林著作编译局编译,北京:人民出版社,1960年版,第84页。
② 马克思、恩格斯:《马克思恩格斯文集》(第3卷),中共中央马克思、恩格斯、列宁、斯大林著作编译局编译,北京:人民出版社,2009年版,第320页。

会地位、在生产关系体系中的地位决定人们的利益及其满足程度。

对利益的追求,形成人们的动机,成为推动人们活动的动因。物质利益不仅是人们发展生产力的刺激因素,而且是推动人们改造社会、改革与生产力发展要求不相适应的社会制度的直接动因。在阶级社会中,作为社会发展动力的阶级斗争根植于各个阶级的物质利益之中。不能离开各个阶级的经济地位以及由此产生的物质利益,而从政治思想和道德观念出发去探究阶级斗争的根源。故此,马克思明确指出:"人们为之奋斗的一切,都同他们的利益有关。"①

2. 无产阶级的奋斗目标是建立共产主义社会

马克思、恩格斯在《共产党宣言》中高度评价了资本主义社会在近百年的时间里所创造的巨大成就,肯定了资产阶级在历史上起到的进步作用。"资产阶级用来推翻封建制度的武器,现在却对准资产阶级自己了。但是,资产阶级不仅锻造了置自身于死地的武器;它还产生了将要运用这种武器的人——现代的工人,即无产者。"②"无产阶级的运动是绝大多数人的、为绝大多数人谋利益的独立的运动。"③马克思、恩格斯在批驳了种种对无产阶级革命的指责之后,指出:"工人革命的第一步就是使无产阶级上升为统治阶级,争得民主。"④然后利用自己的政治统治,尽可能地增加生产力的总量,最终达到共产主义社会。"代替那存在着阶级和阶级对立的资产阶级旧社会的,将是这样一个联合体,在那里,每个人的自由发展是一切人的自由发展的条件。"⑤

---

① 马克思、恩格斯:《马克思恩格恩全集》(第 1 卷),中共中央马克思、恩格斯、列宁、斯大林著作编译局编译,北京:人民出版社,1995 年版,第 187 页。
② 马克思、恩格斯:《马克思恩格恩选集》(第 1 卷),中共中央马克思、恩格斯、列宁、斯大林著作编译局编译,北京:人民出版社,1995 版,第 278 页。
③ 马克思、恩格斯:《马克思恩格恩选集》(第 1 卷),中共中央马克思、恩格斯、列宁、斯大林著作编译局编译,北京:人民出版社,1995 版,第 283 页。
④ 马克思、恩格斯:《马克思恩格恩选集》(第 1 卷),中共中央马克思、恩格斯、列宁、斯大林著作编译局编译,北京:人民出版社,1995 版,第 293 页。
⑤ 马克思、恩格斯:《马克思恩格恩选集》(第 1 卷),中共中央马克思、恩格斯、列宁、斯大林著作编译局编译,北京:人民出版社,1995 版,第 294 页。

3. 马克思、恩格斯认为,个人奋斗的目标应与无产阶级和全人类解放的奋斗目标相一致

按照马克思、恩格斯的说法,如果一个人选择了为了他人、为了大家、为了全人类的解放和进步事业,他的人生就变得更有价值、更有意义,也就是说,一个人把个人的价值实现与集体的、民族的、社会的,乃至全人类的价值实现相结合,才是最高尚的,他在服务社会、献身人类的同时自己也会得到莫大的幸福感。而只顾个人一点点私利的人,则是有限的、渺小的、可怜的。所以马克思、恩格斯指出,要想实现有意义的人生价值,就必须使自己的个人目标与无产阶级和全人类解放的奋斗目标一致。

(三) 奋斗的主体力量

作为无产阶级革命的伟大导师和领袖,马克思、恩格斯更多的是从作为整体的无产阶级为反对资产阶级、建立共产主义的意义上来看待奋斗的。从这个视角,马克思、恩格斯对无产阶级为共产主义奋斗过程中的主体力量进行了科学和深入的分析。

1. 无产阶级和全人类的解放应该依靠全世界无产阶级的联合奋斗

马克思、恩格斯在《共产党宣言》中响彻全球的口号:"全世界无产者,联合起来!"①这是阶级解放、社会解放、人类解放思想的集中表现。在《共产党宣言》里,马克思、恩格斯从人类历史发展规律出发考察资本主义社会的矛盾运动,科学地指出了无产阶级的伟大使命:"随着大工业的发展,资产阶级赖以生产和占有产品的基础本身也就从它的脚下被挖掉了。它首先生产的是它自身的掘墓人。资产阶级的灭亡和无产阶级的胜利是同样不可避免的。"②因此,"共产党人不屑于隐瞒自己的观点和意图。他们公开宣布:他们的目的只有用暴力推翻全部现存的社会制度才能达到。让统治阶级在共产主义革命面前发抖吧。无产者在这个革命中失去的只是锁链。他们获得的将是整个世界"③。无产阶级争取同资产阶级斗争胜利的过程,实际上就是

---

① 马克思、恩格斯:《马克思恩格斯选集》(第4卷),中共中央马克思、恩格斯、列宁、斯大林著作编译局编译,北京:人民出版社,1995版,第201页。
② 马克思、恩格斯:《马克思恩格斯选集》(第1卷),中共中央马克思、恩格斯、列宁、斯大林著作编译局编译,北京:人民出版社,1995年版,第284页。
③ 马克思、恩格斯:《马克思恩格斯选集》(第1卷),中共中央马克思、恩格斯、列宁、斯大林著作编译局编译,北京:人民出版社,1995年版,第307页。

无产阶级争取自身解放的过程。在这个过程中,无产阶级必须团结起来,努力奋斗。因为"工人阶级的解放应当是工人阶级自己的事情"①。

2. 无产阶级的奋斗应该由无产阶级政党领导

无产阶级为争取自由解放而斗争,这种斗争不同于以往任何被压迫阶级的反抗。其根本点在于,无产阶级的斗争是由无产阶级政党领导的。马克思、恩格斯对无产阶级政党在无产阶级反对资产阶级斗争中的伟大作用有独特而充分的认识。1889年,恩格斯在致特利尔的信中写道:"要使无产阶级在决定关头强大到足以取得胜利,无产阶级必须(马克思和我从1847年以来就坚持这种立场)组成一个不同于其他所有政党并与它们对立的特殊政党,一个自觉的阶级政党。"②无产阶级的政党是以新的科学的世界观作为理论基础的。"共产党人不是同其他工人政党相对立的特殊政党;他们没有任何同整个无产阶级的利益不同的利益;他们不提出任何特殊的原则,用以塑造无产阶级的运动。""因此,在实践方面,共产党人是各国工人政党中最坚决的、始终起推动作用的部分;在理论方面,他们胜过其余无产阶级群众的地方在于他们了解无产阶级运动的条件、进程和一般结果。"③正是由于共产党的这种先进性,因此"共产党人为工人阶级的最近的目的和利益而斗争,但是他们在当前的运动中同时代表运动的未来"④。

3. 马克思、恩格斯从来不认为仅靠无产阶级的奋斗就可以取得反对资本主义的胜利

在《哥达纲领批判》中,马克思批评了那种把除工人阶级以外的一切阶级当作"反动的一帮"的论调。他说:"所以,从这个观点看来,说什么对工人阶级说来,中间等级'同资产阶级一起'并且加上封建主'只组成反动的一帮',

---

① 马克思、恩格斯:《马克思恩格斯选集》(第1卷),中共中央马克思、恩格斯、列宁、斯大林著作编译局编译,北京:人民出版社,1995年版,第257页。
② 马克思、恩格斯:《马克思恩格斯选集》(第4卷),中共中央马克思、恩格斯、列宁、斯大林著作编译局编译,北京:人民出版社,1995年版,第685页。
③ 马克思、恩格斯:《马克思恩格斯选集》(第4卷),中共中央马克思、恩格斯、列宁、斯大林著作编译局编译,北京:人民出版社,1995年版,第181页。
④ 马克思、恩格斯:《马克思恩格斯选集》(第1卷),中共中央马克思、恩格斯、列宁、斯大林著作编译局编译,北京:人民出版社,1995年版,第306页。

这也是荒谬的。"①可见,马克思十分注重无产阶级与其他进步阶级的联合。这些进步阶级成为无产阶级斗争的重要依靠力量。马克思认为:"在政治上为了一定的目的,甚至可以同魔鬼结成联盟,只是必须肯定,是你领着魔鬼走而不是魔鬼领着你走。"②因此,在论及德国革命的时候,马克思、恩格斯特别指出:"在德国,只要资产阶级采取革命的行动,共产党就同它一起去反对专制君主制、封建土地所有制和小市民的反动性。"③另外,马克思、恩格斯也看到了知识分子在无产阶级斗争中的作用。恩格斯曾经说道:"如果我们有哲学家和我们一起思考,有工人和我们一起为我们的事业奋斗,那么世界上还有什么力量能阻挡我们前进呢?"④

二、列宁的奋斗观

列宁是马克思、恩格斯之后无产阶级革命的伟大导师和领袖。在列宁的领导下,社会主义从一种科学理论变成了在占地球陆地六分之一的辽阔领土上的火热实践。列宁的一生是为无产阶级解放而不懈奋斗的一生。在列宁卷帙浩繁的著作中,虽然没有专门关于奋斗的论述,但是有关奋斗的思想如晴朗夜空中的繁星,闪烁着永恒的夺目光芒。

(一)奋斗的基础

历史上,俄国是一个经济文化发展较为落后的国家,列宁在长期的革命实践中发现,较低的文化水平和政治素质对俄国革命者取得革命的胜利造成了很大的负面影响。因此,无论是在革命时期,还是在社会主义建设时期,列宁都十分注重学习对无产阶级及其盟友为实现共产主义而奋斗的重要意义,并对如何推进学习进行了深入而系统的论述。

列宁十分重视文化在革命和建设中的重要作用,认为高素质的劳动者是

---

① 马克思、恩格斯:《马克思恩格斯选集》(第3卷),中共中央马克思、恩格斯、列宁、斯大林著作编译局编译,北京:人民出版社,1995年版,第307页。
② 马克思、恩格斯:《马克思恩格斯全集》(第8卷),中共中央马克思、恩格斯、列宁、斯大林著作编译局编译,北京:人民出版社,1961年版,第443页。
③ 马克思、恩格斯:《马克思恩格斯选集》(第4卷),中共中央马克思、恩格斯、列宁、斯大林著作编译局编译,北京:人民出版社,1995年版,第181页。
④ 马克思、恩格斯:《马克思恩格斯全集》(第2卷),中共中央马克思、恩格斯、列宁、斯大林著作编译局编译,北京:人民出版社,1957年版,第595页。

革命和建设取得胜利的根本保证。他说,"文盲是处在政治之外的"①,因而"在一个文盲的国家里是不能建成共产主义社会的"②,劳动者要掌握国家政权,要实现全人类的自由和解放,首先必须提高自己的文化素质。同时,列宁在实践中认识到,人民群众的文化素质偏低是俄国革命和建设的一个重大问题。而在历史同期,德国、瑞士的文盲只占全国人口的1%~2%,瑞典、丹麦已消灭文盲。因此列宁认为,如果说文盲现象同夺取政权的斗争可以相容,那么它同经济建设的任务则是水火不相容的。他在1922年3月23日给莫诺托夫的信中十分焦虑地指出:"我们所缺少的主要的东西就是文化,是管理的本领……新经济政策在经济上和政治上都充分保证我们有可能建立社会主义经济的基础。问题'只'在于无产阶级及其先锋队的文化力量。"③列宁十分担心做管理工作的共产党员缺少文化、不懂管理将会严重阻碍苏维埃社会的经济发展,因而他在《宁肯少些,但要好些》一文中明确指出:"为了革新我们的国家机关,我们一定要给自己提出这样的任务:第一是学习,第二是学习,第三还是学习,然后是检查,使我们学到的东西真正深入血肉,真正地完全地成为生活的组成部分,而不是学而不用,或只会讲些时髦的词句。"④另外,列宁还认识到学习在具体工作中的巨大作用。在列宁的思想里,通过不断的学习,我们才能发现工作中存在的不足,才能及时改进我们的工作。学习对于工作的正确开展有着重要作用。最后,列宁认为"真正建立共产主义社会的任务正是要由青年来担负"⑤,因而他十分注重青年人加强学习的意义。

列宁深刻地阐述了学习对于无产阶级革命和建设的重要意义,还就如何学习提出了富有建设性的意见。首先,他认为强烈的学习意愿是学习能够取

---

① 列宁:《列宁选集》(第4卷),中共中央马克思、恩格斯、列宁、斯大林著作编译局编译,北京:人民出版社,1995年版,第590页。

② 列宁:《列宁专题文集》(论无产阶级政党),中共中央马克思、恩格斯、列宁、斯大林著作编译局编译,北京:人民出版社,2009年版,第290页。

③ 列宁:《列宁专题文集》(论无产阶级政党),中共中央马克思、恩格斯、列宁、斯大林著作编译局编译,北京:人民出版社,2009年版,第335页。

④ 列宁:《列宁专题文集》(论社会主义),中共中央马克思、恩格斯、列宁、斯大林著作编译局编译,北京:人民出版社,2009年版,第368页。

⑤ 列宁:《列宁专题文集》(论无产阶级政党),中共中央马克思、恩格斯、列宁、斯大林著作编译局编译,北京:人民出版社,2009年版,第277页。

得成绩的关键。因此,每一个希望为社会主义建设做出重大贡献的人都应该具有坚定而强烈的学习意愿。其次,列宁认为,学习的一个重要方法就是向书本学习。为此,他特别重视读书的方法。他认为,读书最重要的是专心,并且身体力行。他读起书来,对周围的一切就理会不到了。有一次,他的几个姐妹恶作剧,用6把椅子在他身后搭了一个不稳定的三角塔,只要列宁一动,塔就会倾倒。然而,正专心读书的列宁毫未察觉,纹丝不动。直到半小时后,他读完了预定要读的一章书,才抬起头来,木塔轰然倒塌。同时,他读书时很喜欢在书页的空白处随手写下内容丰富的评论、注释和心得体会。有时还在书的封面上标出最值得注意的观点或材料。一旦读到具有较高学术价值的著作,他还在书的扉页上或封面上写下书目索引,特别注明书中的好见解、好素材及具有代表性的错误论断的所在页码。列宁把做批注视为一种创造性劳动,非常认真地对待,从不马虎草率。再次,列宁虽然注重读书,但并不提倡"读死书"和"死读书",尤其反对死记硬背。他说:"我们不需要死记硬背,但是我们需要用对基本事实的了解来发展和增进每个学习者的思考力。"①最后,列宁还非常重视对一切优秀文化的学习。作为无产阶级革命的伟大领袖,列宁对于资产阶级的文化成果采取了科学的态度,重视对这些文化的学习和借鉴,而不是一味地批判与排斥。他说:"只有了解人类创造的一切财富以丰富自己的头脑,才能成为共产主义者。"②

(二)奋斗的价值

列宁毕生都在为俄国无产阶级的解放而奋斗,较之马克思和恩格斯,列宁奋斗所处的环境更为恶劣,任务更为艰巨,因而列宁对于如何奋斗提出了许多具有指导意义的独到见解。

1. 奋斗必须下真功夫,从小事做起,用行动说话

首先,列宁认为无论是无产阶级的阶级奋斗还是无产阶级革命者和建设者的个人奋斗,都应该诉诸行动,而不是仅仅停留在口头上。口头上的奋斗既不能取得成果,也不是判断和评价一个人的依据。他要求人们"少说些漂

---

① 列宁:《列宁选集》(第4卷),中共中央马克思、恩格斯、列宁、斯大林著作编译局编译,北京:人民出版社,1995年版,第285页。

② 列宁:《列宁选集》(第4卷),中共中央马克思、恩格斯、列宁、斯大林著作编译局编译,北京:人民出版社,1995年版,第285页。

亮话,多做些平凡的日常的工作"①。其次,列宁认为奋斗应该从小事做起,只有做好每一件小事,才能说是在脚踏实地地为了无产阶级的解放而奋斗。而无产阶级解放这样的大事业,其实也正是在每个人完成的点点小事中实现的。所以,列宁特别注意身边的点滴小事的完成情况。他说:"要成就一件大事业,必须从一点一滴做起。"②最后,列宁认为在奋斗中,每一个人都必须下真正的独立的功夫,要不怕艰苦,勇于奋斗。只有通过下功夫去研究问题、分析问题并采取切实行动去解决问题,才能发现真理,才能推动实践的发展,促进无产阶级事业的前进。换句话说,列宁认为,在找出真理的过程中,下功夫是前提性的条件。在下功夫奋斗的时候,列宁非常重视时间的作用。他认为,要实现奋斗目标,取得斗争的胜利,就必须充分利用时间。无论是浪费别人的时间,还是浪费自己的时间,都是不被允许的:浪费别人的时间是谋财害命,浪费自己的时间是慢性自杀。

2. 奋斗必须正确地认识挫折和错误

在长期的革命斗争实践中,列宁饱经挫折,也碰到因为错误而导致工作遭受损失的情况。但是,列宁始终能用正确的态度来对待这些挫折和错误,坚定理想,坚持斗争,最终领导人民取得了革命的胜利。首先,列宁认为,奋斗的目的在于追求真理、实现真理,但是真理本身却是无情的。作为革命者,必须有勇气去面对真理。这是一个革命者能在长期的奋斗中保持旺盛斗志的基础,所以革命者必须做好遇到挫折甚至失败的准备。其次,列宁认为,面对挫折,要勇于战胜自我。列宁在一个漆黑的冬夜要穿越芬兰边境回国领导革命,在路途中,一条冰河横在他面前。河里的冰已经开始融化成许多冰块浮在水面上,踩着冰块过河一点也不能迟疑滞留,否则就可能掉到河里。列宁没有丝毫的胆怯和犹豫,他果断地迅速地踏着浮冰到达了对岸。面对浮冰,过河人要么返回原路,要么像列宁那样毫不犹豫地走过河去。但不管你是退缩还是过河,冰河是不会改变的,而改变的只会是过河人自己。看来,应对挫折的关键在"自我",要战胜挫折,必须首先要战胜"自我"。再次,要科

---

① 列宁:《列宁选集》(第4卷),中共中央马克思、恩格斯、列宁、斯大林著作编译局编译,北京:人民出版社,1995年版,第18页。
② 列宁:《列宁选集》(第4卷),中共中央马克思、恩格斯、列宁、斯大林著作编译局编译,北京:人民出版社,1995年版,第130页。

学地认识挫折与错误。有的人在碰到挫折的时候总是懊悔、灰心,列宁认为这是不必要的。他认为,面对挫折,我们应该看到自己的优势和成绩。同时只要我们在奋斗、在工作,就不可避免地会犯错误。错误并不可怕,重要的是如何正确地认识错误,善于总结,善于学习。他说:"我们的任务是艰难的,很多无用之人和有害分子跑来加入我们的行列,但工作已经开始,如果说我们也犯错误,那么不应该忘记,每个错误都会给人以启迪和教益。"①

(三) 奋斗的力量

作为无产阶级革命的伟大导师和领袖,和马克思、恩格斯一样,列宁对奋斗的论述也并没有局限在狭窄的个人奋斗的领域中,他同样是站在无产阶级革命和解放的高度来看待奋斗的。在列宁这里,奋斗就是无产阶级为取得自由和解放而反对俄国的封建主义、资本主义的伟大斗争,就是俄国人民为建设自由、民主的社会主义社会而进行的伟大斗争。列宁认为,俄国人民的奋斗要取得胜利,就必须依靠党的坚强领导,就必须依靠组织起来的人民的共同奋斗。

1. 奋斗要有党的坚强领导

首先,列宁认为在俄国这样一个经济文化水平比较落后的国家进行革命和建设,必须有党的坚强领导。因为,在这样的国家中,作为革命群众主体部分的农民,具有先天的小资产阶级的倾向,而工人则因为文化素质和觉悟水平的问题也存在着某些缺点。因此,"只有工人阶级的政党,即共产党,才能团结、教育和组织无产阶级和全体劳动群众的先锋队,而只有这个先锋队才能抵制这些群众中不可避免的小资产阶级动摇性,抵制无产阶级中不可避免的种种行业狭隘性或行业偏见的传统和恶习的复发,并领导全体无产阶级的一切联合行动,也就是说在政治上领导无产阶级,并且通过无产阶级领导全体劳动群众。不这样,便不能实现无产阶级专政"②。其次,党的领导是奋斗取得最终胜利的根本保证。"革命的结局将取决于工人阶级是成为在攻击专制制度方面强大有力但在政治上软弱无力的资产阶级助手,还是成为人民革

---

① 列宁:《列宁全集》(第 35 卷),中共中央马克思、恩格斯、列宁、斯大林著作编译局编译,北京:人民出版社,1985 年版,第 74 页。

② 列宁:《列宁选集》(第 4 卷),中共中央马克思、恩格斯、列宁、斯大林著作编译局编译,北京:人民出版社,1995 年版,第 474 页。

命的领导者。"①而工人阶级对人民革命的领导正是通过无产阶级政党来实现的。因为,"只有以先进理论为指南的党,才能实现先进战士的作用"②。再次,列宁还论述了在无产阶级革命胜利后党的领导方式问题。革命胜利后,人民在党的领导下为了巩固和建设社会主义祖国而奋斗,这时要取得更大的成绩,就必须十分注意党的领导方式问题。

2. 奋斗应该依靠人民

人民是一个具体的历史的概念,在革命和建设的不同阶段,人民的外延是不同的。但是无论何时,人民的主体都应该包括直接从事物质生产和生活资料生产的劳动者及其知识分子。而在当时俄国特定的历史情况下,在反对沙皇封建统治的过程中,资产阶级也是包括在人民之中的。列宁在领导俄国革命和建设的过程中,形成了奋斗应该依靠人民的正确观点。具体而言,这一观点包括两个方面的内容。

其一,奋斗要取得胜利,首先必须实现无产阶级的团结和组织。列宁认为,无产阶级的团结和组织对于无产阶级革命的胜利有着关键性的意义。他说:"先进的俄国工人应该尽一切力量把比较落后的工人吸引到运动中来。如果不吸引俄国全体工人群众来为工人的事业奋斗,先进的首都工人即使能迫使自己的厂主让步,也是得不到多少东西的。"③同时,无产阶级的参与应该是有组织的。只有组织起来的工人斗争,才能战胜一切艰难险阻,取得胜利。同时,列宁不仅注重国内无产阶级的团结,还站在国际共产主义事业的高度,关注国际无产阶级的团结与合作。他说:"俄国境内被压迫民族的无产阶级同压迫民族的无产阶级正在并肩奋斗,而且应当并肩奋斗。"④

其二,无产阶级的奋斗要善于同其他劳动阶级甚至资产阶级实行联合。列宁在总结俄国1905年革命失败的经验教训时曾经说:"我国革命发展长期

---

① 列宁:《列宁选集》(第1卷),中共中央马克思、恩格斯、列宁、斯大林著作编译局编译,北京:人民出版社,1995年版,第529页。
② 列宁:《列宁选集》(第1卷),中共中央马克思、恩格斯、列宁、斯大林著作编译局编译,北京:人民出版社,1995年版,第312页。
③ 列宁:《列宁全集》(第2卷),中共中央马克思、恩格斯、列宁、斯大林著作编译局编译,北京:人民出版社,1984年版,第341页。
④ 列宁:《列宁选集》(第2卷),中共中央马克思、恩格斯、列宁、斯大林著作编译局编译,北京:人民出版社,1995年版,第398页。

停顿的原因问题,似乎是社会民主党两派至今还没有发生过分歧的不多的几个问题之一。'无产阶级没有恢复元气',这就是原因。的确,10—12月的斗争几乎完全是由无产阶级一个阶级承担的。只有无产阶级一个阶级经常地、有组织地、不间断地在为全民族而奋斗。在无产阶级占人口比例最小(与欧洲各国相比)的国家中,无产阶级会因进行这样的斗争而弄得精疲力竭。"①因此,无产阶级要注意与其他劳动阶级甚至资产阶级的联合。第一,无产阶级必须注意与农民阶级及其他劳动阶级的共同奋斗。列宁认为,只有当资产阶级退出,而农民群众以积极革命者的资格同无产阶级一起奋斗的时候,俄国革命才会有真正最广大的规模。也只有在农民群众加入无产阶级革命斗争的条件下,无产阶级才能成为战无不胜的民主战士。②无产阶级政党应该在革命中"领导全体人民特别是农民来为充分的自由,为彻底的民主革命,为共和制奋斗!领导一切被剥削的劳动者来为社会主义奋斗!"③列宁将这种共同奋斗看成是革命与建设取得成功的保障和基础。他在总结十月革命的经验时科学地指出:"我们之所以战胜了地主和资本家,是因为红军战士、工人和农民都知道,他们是为自己的切身事业而奋斗的。"④在社会主义建设阶段,面对苏维埃机关出现的官僚主义,列宁号召向官僚主义开战,他同样把胜利的期望寄托于劳动者的共同奋斗。第二,无产阶级的奋斗要取得胜利甚至还可以和资产阶级合作。在反对沙皇统治的斗争中,列宁领导俄国无产阶级为实现民主主义革命的目标而奋斗,在这个时候,列宁认为和资产阶级的合作是必要的。因为,"资产阶级革命在实行民主改革方面愈彻底,这个革命就愈少局限于仅仅有利于资产阶级的范围内。资产阶级革命愈彻底,就愈能保证无产阶级和农民在民主革命中获得利益"⑤。但是在这个联合中,无产阶

---

① 列宁:《列宁全集》(第16卷),中共中央马克思、恩格斯、列宁、斯大林著作编译局编译,北京:人民出版社,1988年版,第28页。

② 列宁:《列宁全集》(第11卷),中共中央马克思、恩格斯、列宁、斯大林著作编译局编译,北京:人民出版社,1987年版,第3页。

③ 列宁:《列宁全集》(第11卷),中共中央马克思、恩格斯、列宁、斯大林著作编译局编译,北京:人民出版社,1987年版,第97页。

④ 列宁:《列宁全集》(第38卷),中共中央马克思、恩格斯、列宁、斯大林著作编译局编译,北京:人民出版社,1986年版,第262页。

⑤ 列宁:《列宁选集》(第1卷),中共中央马克思、恩格斯、列宁、斯大林著作编译局编译,北京:人民出版社,1995年版,第558页。

级必须处于领导地位。

列宁指出:"马克思主义教导无产者不要避开资产阶级革命,不要对资产阶级革命漠不关心,不要把革命中的领导权交给资产阶级,相反地,要尽最大的努力参加革命,最坚决地为彻底的无产阶级民主主义、为把革命进行到底而奋斗。我们不能跳出俄国革命的资产阶级民主的范围,但是我们能够大大扩展这个范围,我们能够而且应当在这个范围内为无产阶级的利益而奋斗,为无产阶级当前的需要、为争取条件积蓄无产阶级的力量以便将来取得完全胜利而奋斗。"①

第二节 中国共产党的奋斗观

中国共产党诞生于灾难深重的旧中国,她从诞生的第一天开始就在不懈地为中国人民的解放,为中华民族的独立自由,为在中国这块古老的东方大地上建设社会主义和为实现共产主义远大理想而奋斗。经过近百年的不懈奋斗,中国共产党先后领导人民建立了中华人民共和国,进行了社会主义建设,进行了波澜壮阔的改革开放,并正在领导中国人民为实现中华民族新的伟大复兴而努力奋斗。中国共产党在长期领导人民奋斗的实践中,逐渐形成了独具特色的奋斗观。

一、中国共产党的奋斗历程

1840年,由于西方列强的侵略,旧中国逐渐沦为一个半殖民主义、半封建主义的国家,中华民族承受着西方帝国主义反动派、国内封建主义旧恶势力的双重摧残和严重压迫。无数仁人志士为了国家和民族的前途与命运,奔走呼号、苦苦求索救国救民的道路,例如太平天国运动、戊戌变法、义和团运动等,但最终都失败了。孙中山先生领导的辛亥革命取得了成功,推翻了两千多年的封建统治,但未能改变旧中国半殖民地半封建的社会性质,也没有彻底改变受尽苦难的中国人民的悲惨境况。

---

① 列宁:《列宁选集》(第1卷),中共中央马克思、恩格斯、列宁、斯大林著作编译局编译,北京:人民出版社,1995年版,第558页。

1917年10月17日俄国爆发了十月革命。十月革命的隆隆炮声,为中国送来了马克思列宁主义。1919年5月4日,中国爆发了五四运动,中国工人阶级开始登上了历史舞台。1921年7月23日,在上海召开了中国共产党的第一次全国代表大会。后因帝国主义巡捕的干扰,会议转移到浙江嘉兴南湖的一只游船上举行,会上诞生了中国共产党。中国历史翻开了崭新的一页。

中国人民在中国共产党的领导下,英勇顽强、百折不挠、艰苦奋斗,取得了一个又一个胜利。中国共产党领导中国人民完成了新民主主义革命的任务,实现了民族独立和人民解放,1949年10月1日,中华人民共和国宣告成立,中国人民从此站起来了!

当然,中国共产党在领导人民进行新民主主义革命、社会主义革命和建设的过程中也曾犯过错误,一些错误甚至还相当严重,例如1958—1960年的"大跃进"、1966—1976年的"文化大革命"。但是,这些错误和人民革命、社会主义建设所取得的伟大成就相比,就像是滔滔大海中泛起的小小浪花。同时也正是中国共产党人自身发现了自己所犯的错误,并清醒地、正确地、及时地纠正了自己所犯的错误。中国共产党在奋斗过程中也在不断克服缺点、改正失误、战胜错误,使得中国革命和社会主义建设以及改革开放取得了一个又一个伟大的胜利!

中国共产党的奋斗史告诉我们,在每一个新的历史节点,越是前路充满困难与挑战,越能激发起中国共产党人无比坚强的奋斗意志和非凡卓越的创造激情。党的十八大是中国共产党奋斗历程中重要的历史节点,是中华民族实现新的历史性跨越的重要标志。从2012年党的十八大提出"全面建成小康社会",到2013年党的十八届三中全会部署"全面深化改革",再到2014年党的十八届四中全会要求"全面依法治国"和党的群众路线教育实践活动总结大会宣示"全面从严治党","四个全面"越来越展现出清晰明确的战略性布局。这一战略布局,统一于民族复兴的伟大梦想,统一于中国特色社会主义的伟大事业,统一于党的建设新的伟大工程,统一于正在进行的具有新的历史特点的伟大斗争,是中国和中国人民实现奋斗目标的战略指引。习近平同志指出:"中华民族迎来了从站起来、富起来到强起来的伟大飞跃是中国人民奋斗出来的!""中国人民在长期奋斗中培育、继承、发展起来的伟大民族精神,为中国发展和人类文明进步提供了强大精神动力。"①

在党的十九大报告中,习近平同志首先肯定改革开放以来党通过奋斗而发生的巨大变化,"改革开放之初,我们党发出了走自己的路、建设中国特色社会主义的伟大号召。从那时以来,我们党团结带领全国各族人民不懈奋斗,推动我国经济实力、科技实力、国防实力、综合国力进入世界前列,推动我国国际地位实现前所未有的提升,党的面貌、国家的面貌、人民的面貌、军队的面貌、中华民族的面貌发生了前所未有的变化,中华民族正以崭新姿态屹立于世界的东方。"②同时,他又肯定了党的十八大以来所取得的成就,"五年来的成就,是党中央坚强领导的结果,更是全党全国各族人民共同奋斗的结果"③。对于党对新时代的奋斗,习近平同志也提出了催人奋进的希望:"这个新时代,是承前启后、继往开来、在新的历史条件下继续夺取中国特色社会主义伟大胜利的时代,是决胜全面建成小康社会、进而全面建设社会主义现代化强国的时代,是全国各族人民团结奋斗、不断创造美好生活、逐步实现全体人民共同富裕的时代,是全体中华儿女勠力同心、奋力实现中华民族伟大复兴中国梦的时代,是我国日益走近世界舞台中央、不断为人类作出更大贡献的时代。"④"在新时代中国特色社会主义的伟大实践中,以党的坚强领导和顽强奋斗,激励全体中华儿女不断奋进,凝聚起同心共筑中国梦的磅礴力量!"⑤新时代,党的奋斗需要新的行动指南。习近平同志指出,"新时代中国特色社会主义思想,是对马克思列宁主义、毛泽东思想、邓小平理论、'三个代表'重要思想、科学发展观的继承和发展,是马克思主义中国化的最新成果,是党和人民实践经验和集体智慧的结晶,是中国特色社会主义理论体系的重要组成部分,是全党全国人民为实现中华民族伟大复兴而奋斗的行动指南,

---

① 习近平:《在第十三届全国人民代表大会第一次会议上的讲话》,《人民日报》,2018 年 3 月 21 日。

② 习近平:《决胜全面建成小康社会 夺取新时代中国特色社会主义伟大胜利——在中国共产党第十九次全国代表大会上的报告》,北京:人民出版社,2017 年版,第 10 页。

③ 习近平:《决胜全面建成小康社会 夺取新时代中国特色社会主义伟大胜利——在中国共产党第十九次全国代表大会上的报告》,北京:人民出版社,2017 年版,第 9 页。

④ 习近平:《决胜全面建成小康社会 夺取新时代中国特色社会主义伟大胜利——在中国共产党第十九次全国代表大会上的报告》,北京:人民出版社,2017 年版,第 10 页。

⑤ 习近平:《决胜全面建成小康社会 夺取新时代中国特色社会主义伟大胜利——在中国共产党第十九次全国代表大会上的报告》,北京:人民出版社,2017 年版,第 17 页。

必须长期坚持并不断发展。"①对新时代的奋斗目标,习近平同志也给出了明确答案:"到建党一百年时建成经济更加发展、民主更加健全、科教更加进步、文化更加繁荣、社会更加和谐、人民生活更加殷实的小康社会。然后再奋斗三十年,到新中国成立一百年时,基本实现现代化,把我国建成社会主义现代化国家。"②"回顾党的奋斗历程可以发现,中国共产党之所以能够历经艰难困苦而不断发展壮大,很重要的一个原因就是我们党始终重视思想建党、理论强党,使全党始终保持统一的思想、坚定的意志、协调的行动、强大的战斗力。"③他强调:"全党要提高战略思维能力,不断增强工作的原则性、系统性、预见性、创造性,按照新要求制定党和国家大政方针,完善发展战略和各项政策,以新的精神状态和奋斗姿态把中国特色社会主义推向前进。"④

二、中国共产党的奋斗理论

在长期的为了民族解放和人民自由,为了实现共产主义伟大理想的奋斗进程中,中国共产党人对于如何在中国这个世界东方古国进行新民主主义革命,对于何为社会主义、怎样建设社会主义、建设一个什么样的党、怎么建设党、什么是发展、怎么发展等一系列关乎党和人民奋斗成败的重大问题进行了深入的思考,形成了深刻的奋斗思想,对于推动党和人民的事业前进并解决前进中的问题起到了至关重要的作用。

(一)奋斗应该把马克思主义基本原理同中国具体实际相结合,走自己的路

中国民主革命和民族革命的历史表明,中国革命和建设必须而且只有以马克思主义为指导,坚持走社会主义道路,才能救中国,才能发展中国。但是,党在长期奋斗实践的过程中深刻地认识到,马克思主义不是教条而是行动指南。

在中国革命的进程中,中国共产党一直受到来自苏联和共产国际的影响

---

① 习近平:《决胜全面建成小康社会 夺取新时代中国特色社会主义伟大胜利——在中国共产党第十九次全国代表大会上的报告》,北京:人民出版社,2017年版,第20页。
② 习近平:《决胜全面建成小康社会 夺取新时代中国特色社会主义伟大胜利——在中国共产党第十九次全国代表大会上的报告》,北京:人民出版社,2017年版,第27页。
③ 习近平:《在纪念马克思诞辰200周年大会上的讲话》,《人民日报》,2018年5月5日。
④ 习近平:《在省部级主要领导干部"学习习近平总书记重要讲话精神,迎接党的十九大"专题研讨班开班式上的讲话》,《人民日报》,2017年7月28日。

与干扰。这些影响和干扰的核心与实质就是一些苏联和共产国际领导人将马克思主义与苏联经验当作教条,企图将其强加于中国革命、中国的社会主义建设和中国共产党;而在中国共产党内部也有一批人将马克思主义教条化、把苏联经验绝对化、神圣化。这两股力量的共同作用,使得在20世纪二三十年代中国革命连续遭遇了两次惨痛的失败和挫折。1935年1月,遵义会议召开以后,确立了毛泽东同志在全党全军的领导地位,中国共产党对来自苏联和共产国际的种种干扰进行了坚决的斗争。

鉴于第一次国内革命战争、土地革命和抗日战争中存在的教条化地对待马克思主义与苏联经验的教训,以毛泽东同志为核心的中共中央1941年发起了著名的延安整风运动。这是中国共产党历史上第一次大规模的整风运动,主要内容是:反对主观主义以整顿学风;反对宗派主义以整顿党风;反对党八股以整顿文风。解决的中心问题是反对教条主义,树立一切从实际出发、理论与实践统一、实事求是的马克思主义的作风。在延安整风的重要文献《改造我们的学习》一文中,毛泽东同志尖锐地批评了党内有些"言必称希腊"的人,说他们"割断历史,只懂得希腊,不懂得中国"[①]。这里所说的"希腊",实际上恐怕就是指苏联。他说:"我们看列宁、斯大林他们是如何把马克思主义的普遍真理和苏联革命的具体实践互相结合又从而发展马克思主义的,就可以知道我们在中国是应该如何地工作了。"[②]在这里,毛泽东同志已经明确地提出了将马克思主义普遍真理与中国革命的具体实践相结合,在实践中发展马克思主义,走自己的路,作为中国共产党的工作路线。

中国革命胜利后,毛泽东同志在对斯大林做出"三七开"的评价("三分错误,七分成绩")时说:"斯大林对中国做了一些错事。第二次国内革命战争后期的王明'左'倾冒险主义,抗日战争初期的王明右倾机会主义,都是从斯大林那里来的。解放战争时期,先是不准革命,说是如果打内战,中华民族有毁灭的危险。仗打起来,对我们半信半疑。仗打胜了,又怀疑我们是铁托式的胜利,一九四九年、一九五〇年两年对我们的压力很大。"[③]周恩来同志也曾说,斯大林有时对中国共产党有不恰当的怀疑,例如他怀疑我们不是真

---

① 毛泽东:《毛泽东选集》(第3卷),北京:人民出版社,1991年版,第799页。
② 毛泽东:《毛泽东选集》(第3卷),北京:人民出版社,1991年版,第803页。
③ 毛泽东:《毛泽东文集》(第7卷),北京:人民出版社,1999年版,第42页。

正的马克思主义者,怀疑我们对于帝国主义不斗争,一到抗美援朝,他的看法就改变了。① 虽然这些怀疑一经实践证明不对,斯大林就改变了自己的看法。但是斯大林的这些怀疑以及由这些怀疑所导致的某些言论和行为对中国共产党所造成的压力是显而易见的。值得庆幸的是,中国共产党已经不是那个尚在襁褓之中的婴幼儿了,她已经长大了、成熟了,形成了以毛泽东同志为核心的坚强的中央领导集体,因而能够坚持一切从实际出发,顶住国外的巨大压力和国内的严峻挑战,开创出了一条以农村包围城市、武装夺取政权的革命之路。这其中,做出主要贡献的是毛泽东同志。正如邓小平同志所说的那样:没有毛主席,至少我们中国人民还要在黑暗中摸索更长的时间。毛主席最伟大的功绩是把马列主义的原理同中国革命的实际结合起来,指出了中国夺取革命胜利的道路。②

中华人民共和国成立后,在社会主义建设过程中,以毛泽东同志为核心的党的第一代中央领导集体开始探索如何在中国这样一个经济文化发展非常落后的国家建设社会主义的道路。在这种艰辛的探索过程中,中国共产党察觉到照搬照抄苏联的做法可能带来的危险,提出要以苏为戒,从中国国情出发来寻找中国自己的建设社会主义的道路。中国共产党对建设社会主义道路的探索是从毛泽东同志发表《论十大关系》和中国共产党的八大一次会议的召开等开始的。虽然在以后的探索中,中国共产党内部"左"倾思想逐步发展,经历了"大跃进""文化大革命"等失误和挫折,使党和人民的事业遭受了严重的损失。但是也要看到,在一个贫穷落后的刚建立起来的新中国建设社会主义是一项前无古人的伟大事业。这些失误和挫折是以毛泽东同志为核心的党中央在为探索一条适合中国国情的社会主义建设道路的过程中造成的失误。失误是一回事,独立探索是另外一回事。失误需要认真总结,造成的损失和灾难需要永远铭记,并从中吸取教训。但是为探索符合中国国情的社会主义建设道路而付出的具有创造性的努力却是值得肯定的。这些努力从正反两个方面都对当代中国共产党人的奋斗具有重要的借鉴意义和指导意义,是当代中国共产党人建设中国特色社会主义的宝贵历史遗产和精神财富。

---

① 周恩来:《周恩来选集》(下),北京:人民出版社,1984 年版,第 302 页。
② 邓小平:《邓小平文选》(第 2 卷),北京:人民出版社,1994 年版,第 345 页。

党的十一届三中全会以后,中国共产党人特别是以邓小平同志为核心的党的第二代中央领导集体坚持把马克思列宁主义基本原理同中国实际和时代特征相结合,在和平与发展成为时代主题的历史条件下,抓住"什么是社会主义、怎样建设社会主义"这个根本问题,对我国社会主义建设的经验教训、其他社会主义国家的兴衰成败、发展中国家谋求发展的利弊得失、发达国家发展的态势和矛盾,都做了科学的判断和概括,第一次比较系统地初步回答了中国社会主义的发展道路、发展阶段、根本任务、发展动力、外部条件、政治保证、战略步骤、党的领导和依靠力量以及祖国统一等一系列基本问题,形成了新的建设中国特色社会主义理论的科学体系,这就是邓小平理论。正是在邓小平理论的指导下,我们党正确认识了社会主义初级阶段的基本国情,制定了党在社会主义初级阶段的基本路线,有力地推动了建设中国特色社会主义事业的蓬勃发展。①

以江泽民同志为核心的党的第三代中央领导集体高举邓小平理论的伟大旗帜,坚持解放思想,实事求是,与时俱进,继续积极探索中国特色社会主义的道路,制定了党在社会主义初级阶段的总路线。在综合分析国际国内形势、中国共产党革命和建设的成功经验以及失败的教训、世界上其他政党执政的经验和教训的基础上,提出了"三个代表"重要思想,标志着中国共产党人探索中国特色社会主义道路达到了一个新视界。

以胡锦涛同志为总书记的党中央,高举中国特色社会主义伟大旗帜,以邓小平理论和"三个代表"重要思想为指导,立足我国实际和社会主义初级阶段的国情,坚持理论创新和实践创新,科学总结我国改革开放和社会发展的实践,合理借鉴国外发展的经验,创立并全面贯彻科学发展观,开创了中国人民团结奋斗的新局面,开创了中国特色社会主义伟大事业建设进程的新局面,开拓了马克思主义中国化的新境界。

党的十八大以来,以习近平同志为核心的党中央深刻分析国内、国际两个大局和经济社会走势,以面向未来、面向世界的雄心韬略,直面问题的政治勇气和智慧,站在关系党的生死存亡、关系国家长治久安的历史高度,谋篇布局社会主义现代化建设新愿景,先后提出了全面建成小康社会、全面深化改革、

---

① 江泽民:《江泽民文选》(第2卷),北京:人民出版社,2006年版,第10—11页。

全面依法治国、全面从严治党,形成了"四个全面"的重大战略思想和重要战略布局。"四个全面"构成有机统一整体。这一战略布局,既有奋斗的目标,也有奋斗的举措,四者之间相辅相成、相互促进、相得益彰。全面建成小康社会,是"两个一百年"奋斗目标中的第一个目标,在"四个全面"中处于统领地位。全面深化改革是实现奋斗目标的根本路径、关键一招和强大动力;全面依法治国是实现奋斗目标的基本方式和可靠保障;全面从严治党是实现前三个"全面"的坚强保证,在实现中华民族伟大复兴进程中,必须充分发挥中国共产党的领导核心作用。习近平同志强调:"我们要全面掌握辩证唯物主义和历史唯物主义的世界观和方法论,深刻认识实现共产主义是由一个一个阶段性目标逐步达成的历史过程,把共产主义远大理想同中国特色社会主义共同理想统一起来、同我们正在做的事情统一起来,坚定中国特色社会主义道路自信、理论自信、制度自信、文化自信,坚守共产党人的理想信念,像马克思那样,为共产主义奋斗终身。"①"中国共产党诞生后,中国共产党人把马克思主义基本原理同中国革命和建设的具体实际结合起来,团结带领人民经过长期奋斗,完成新民主主义革命和社会主义革命,建立起中华人民共和国和社会主义基本制度,进行了社会主义建设的艰辛探索,实现了中华民族从东亚病夫到站起来的伟大飞跃。"②习近平同志指出:"中国人民是具有伟大奋斗精神的人民……中国人民自古就明白,世界上没有坐享其成的好事,要幸福就要奋斗。今天,中国人民拥有的一切,凝聚着中国人的聪明才智,浸透着中国人的辛勤汗水,蕴涵着中国人的巨大牺牲。我相信,只要13亿多中国人民始终发扬这种伟大奋斗精神,我们就一定能够达到创造人民更加美好生活的宏伟目标!"③经过长期努力,中国特色社会主义进入了新时代。在这个新时代,中国共产党人要根据所面临的形势、所具备的条件、所拥有的基础、所处的环境、所追求的目标、所承担的任务、所提出的要求,为全面建设社会主义现代化国家不忘初心,奋斗不止。

总结中国共产党成立以来革命和建设事业胜利与挫折的历史经验及教

---

① 习近平:《在纪念马克思诞辰200周年大会上的讲话》,《人民日报》,2018年5月5日。
② 习近平:《在纪念马克思诞辰200周年大会上的讲话》,《人民日报》,2018年5月5日。
③ 习近平:《在第十三届全国人民代表大会第一次会议上的讲话》,《人民日报》,2018年3月21日。

训,我们发现,中国共产党奋斗的胜利,究其原因,离不开探索和改革,而探索和改革都强调中国特色,走自己的路。正如邓小平同志所言:我们的现代化建设,必须从中国的实际出发。无论是革命还是建设,都要注意学习和借鉴外国经验。但是,照抄照搬别国经验、别国模式,从来不能得到成功,这方面我们有过不少教训。把马克思主义的普遍真理同我国的具体实际结合起来,走自己的道路,建设有中国特色的社会主义,这就是我们总结长期历史经验得出的基本结论。①

(二)奋斗应该实现好、维护好、发展好人民群众的根本利益

共产党人是彻底的唯物主义者,共产党人的奋斗与以往一切政治势力的区别之处就在于:"过去的一切运动,都是少数人的或者为少数人谋利益的运动。无产阶级的运动是绝大多数人的,为绝大多数人谋利益的独立的运动。"②共产党人"没有任何同整个无产阶级的利益不同的利益"③。在为共产主义伟大理想而奋斗的过程中,维护好、实现好、发展好人民群众的根本利益,是中国共产党团结广大人民群众为实现中国特色社会主义建设目标而奋斗的根本保证和坚实基础。

毛泽东同志坚持和发展了马克思主义的人民利益观,特别强调必须把我们党建设成全心全意为人民谋利益的无产阶级政党。人民利益至高无上,是毛泽东同志的人民利益观的核心。在民主革命时期,毛泽东同志就提出党的全部工作应当以一切为了群众,一切为人民谋利益。他告诫共产党人,要取得胜利,就必须取得人民群众的拥护和支持,就必须"关心群众的痛痒,就得真心实意地为群众谋利益"④。他始终把是否关心群众利益作为衡量党的干部工作的尺度,认为"共产党人的一切言论行动,必须以合乎最广大人民群众的最大利益,为最广大人民群众所拥护为最高标准"⑤。中华人民共和国建立后,毛泽东同志不仅把是否维护人民群众的利益作为执政党建设的根本准

---

① 邓小平:《邓小平文选》(第3卷),北京:人民出版社,1993年版,第2—3页。
② 马克思、恩格斯:《马克思恩格斯选集》(第1卷),中共中央马克思、恩格斯、列宁、斯大林著作编译局编译,北京:人民出版社,1995年版,第283页。
③ 马克思、恩格斯:《马克思恩格斯选集》(第1卷),中共中央马克思、恩格斯、列宁、斯大林著作编译局编译,北京:人民出版社,1995年版,第285页。
④ 毛泽东:《毛泽东选集》(第1卷),北京:人民出版社,1991年版,第138页。
⑤ 毛泽东:《毛泽东选集》(第3卷),北京:人民出版社,1991年版,第1096页。

则和宗旨,而且把它同社会主义制度的建立、巩固紧紧联系起来,并作为进行社会主义建设的一个目标。全心全意为人民谋利益,是毛泽东同志人民利益观的最本质的特征。他指出:"共产党是为民族、为人民谋利益的政党,它本身决无私利可图。"①他要求全党树立全心全意为人民服务的思想,并把它写入党章。他在党的七大报告中指出:"我们共产党区别于其他任何政党的又一个显著的标志,就是和最广大的人民群众取得最密切的联系。全心全意地为人民服务,一刻也不脱离群众;一切从人民的利益出发,而不是从个人或小集团的利益出发。"②他反复强调,我们共产党人"要全心全意为人民服务,不要半心半意或者三分之二的心三分之二的意为人民服务"③。

邓小平同志不仅继承了毛泽东同志为人民谋利益的思想,而且在新的历史时期发展了毛泽东同志的人民利益观。他时刻关注最广大人民的利益和愿望,总是把人民拥护不拥护、赞成不赞成、高兴不高兴作为制定党的基本路线与各项方针政策的出发点和归宿。他告诫全党,我们的路线、方针、政策离不开群众利益,是为群众利益服务的,群众利益是党的方针政策的基础和目标,只有符合人民群众意愿,为了人民群众利益,满足人民群众要求,我们的改革才会成功,我们的事业才不会被人民抛弃。他把社会主义现代化建设作为"我们当前最大的政治","因为它代表着人民的最大的利益、最根本的利益"④。这就正确揭示了社会主义初级阶段人民最根本利益的内涵,即建成富强、民主、文明的社会主义现代化强国。邓小平同志在坚持毛泽东同志为人民服务观的基础上,进一步阐明新时期全心全意为人民服务就是要为人民群众多办实事、多谋求利益。他认为,新时期影响全心全意为人民服务的一个重要因素就是有些党员,特别是一些党员领导干部带头以权谋私、搞特殊化。针对党内一些党员公仆意识淡薄、忽视人民利益、贪污腐败等问题,他指出,中国共产党必须继承和发扬全心全意为人民服务的工作作风,广大党员干部,尤其是党和国家的高级领导干部,要以身作则,密切联系群众,关心群众疾苦,倾听群众呼声,为群众排忧解难。邓小平同志把全心全意为人民服

---

① 毛泽东:《毛泽东选集》(第3卷),北京:人民出版社,1991年版,第809页。
② 毛泽东:《毛泽东选集》(第3卷),北京:人民出版社,1991年版,第1094—1095页。
③ 毛泽东:《毛泽东文集》(第7卷),北京:人民出版社,1999年版,第285页。
④ 邓小平:《邓小平文选》(第2卷),北京:人民出版社,1994年版,第163页。

务的思想,深深地熔铸到建设中国特色社会主义的理论和实践中,赢得了人民群众的衷心拥护和鼎力支持。

江泽民同志在新的历史条件下进一步丰富和发展了毛泽东同志、邓小平同志的人民利益观。他在纪念中国共产党建党80周年的"七一"讲话中深刻指出:"全心全意为人民服务,立党为公、执政为民,是我们党同一切剥削阶级政党的根本区别。"①他总结了国内外政党,特别是苏联、东欧各国共产党失去执政地位的惨痛教训,把我们党坚持马克思主义人民利益观的着眼点放在立党为公和执政为民的基点之上,提出我们党一切工作的出发点和落脚点是不断实现好、维护好和发展好最广大人民的根本利益。他认为,在执政条件下的无产阶级政党,要坚持马克思主义的人民利益观,关键是要解决好立党为公和执政为民的问题,使"所有党员干部必须真正代表人民掌好权、用好权,而绝不允许以权谋私,绝不允许形成既得利益集团"②。江泽民同志在"七一讲话"中把邓小平同志关于社会主义初级阶段人民根本利益的基本内涵,进一步具体化为"使人民群众不断获得切实的经济、政治、文化利益"③。这是我们党经历了多次挫折以后得出的符合实际的对人民利益的正确表达。在这些深刻论述的基础上,江泽民同志提出了"三个代表"重要思想,作为党的指导思想。在"三个代表"重要思想中,始终代表最广大人民群众的根本利益成为核心和关键。

在新世纪的征程上,胡锦涛同志创新地坚持和发展了中国共产党的人民利益观。他在总结中国共产党的奋斗史时,提出"权为民所用、情为民所系、利为民所谋"④。2002年12月,胡锦涛同志上任伊始,就与新任中央政治局成员赴河北平山县西柏坡考察学习,并郑重地向全党同志提出要牢记"两个务必"。胡锦涛同志将"权为民所用、情为民所系、利为民所谋"和"三个代表"重要思想结合起来,提出"三个代表"重要思想的本质是立党为公、执政为民;能否牢牢地把握这一本质,"是衡量有没有真正学懂,是不是真心实践'三个

---

① 江泽民:《江泽民文选》(第3卷),北京:人民出版社,2006年版,第279页。
② 江泽民:《江泽民文选》(第3卷),北京:人民出版社,2006年版,第280页。
③ 江泽民:《江泽民文选》(第3卷),北京:人民出版社,2006年版,第279页。
④ 胡锦涛:《在"三个代表"重要思想理论研讨会上的讲话》,《求是》,2003年第13期,第9页。

代表'重要思想最重要的标志"①。以胡锦涛同志为总书记的党中央深刻反思中国30多年改革开放的发展历程,提出了科学发展观。胡锦涛同志在党的十七大报告中指出:"科学发展观,第一要义是发展,核心是以人为本,基本要求是全面协调可持续,根本方法是统筹兼顾。必须坚持以人为本。要始终把实现好、维护好、发展好最广大人民的根本利益作为党和国家一切工作的出发点和落脚点,尊重人民主体地位,发挥人民首创精神,保障人民各项权益,走共同富裕道路,促进人的全面发展,做到发展为了人民、发展依靠人民、发展成果由人民共享。"②

党的十八大以来,习近平同志基于丰富的群众工作实践,继承和创新了中国共产党三代领导人的人民利益观,提出了中国共产党如何为实现中国梦而奋斗的真知灼见。2012年11月15日,刚刚当选党的总书记首次会见记者,习近平同志就向世界庄严宣告了他的"奋斗目标观",他说:"人民对美好生活的向往,就是我们的奋斗目标。"③习近平认为,改善人民生活,人民得到真正实惠是坚持立党为公、执政为民的本质要求,是党和人民事业不断发展的重要保证,也是衡量一切工作成效的终极尺度。不断改善民生,让人民有越来越多的获得感始终是我们奋斗的根本目的,为了人民的好日子,我们不断踏上新的奋斗征程。2012年11月29日,习近平同志在参观《复兴之路》展览时提出了"中国梦"的战略构想。他认为,"实现中国梦必须凝聚中国力量,这就是中国各族人民大团结的力量"④。走中国人民自己选择的道路,是确保梦想成真的正确前提,"只有走中国人民自己选择的道路,走适合中国国情的道路,最终才能走得通、走得好"⑤。实现中国梦符合中华民族的整体利益、根本利益和长远利益,符合海内外全体中华儿女的共同利益,梦想成真是全体中华儿女的共同福祉、共同使命。"中国梦是两岸共同的梦,需要大家一

---

① 胡锦涛:《在"三个代表"重要思想理论研讨会上的讲话》,《求是》,2003年第13期,第8页。
② 胡锦涛:《高举中国特色社会主义伟大旗帜　为夺取全面建设小康社会新胜利而奋斗》,《十七大报告辅导读本》,北京:人民出版社,2007年版,第14-15页。
③ 习近平:《在十八届中共中央政治局常委同中外记者见面时的讲话》,《人民日报》,2012年11月16日。
④ 习近平:《在第十二届全国人民代表大会第一次会议上的讲话》,《人民日报》,2013年3月18日。
⑤ 习近平:《在接受金砖国家媒体联合采访时的答问》,《人民日报》,2013年3月20日。

起来圆梦。"①习近平同志指出:"坚持立党为公、执政为民,深入推进全面从严治党,坚决扫除一切消极腐败现象,始终与人民心心相印、与人民同甘共苦、与人民团结奋斗,永远保持马克思主义执政党本色,永远走在时代前列,永远做中国人民和中华民族的主心骨!"②在全面深化改革进程中,习近平同志不断丰富发展中国特色社会主义人民群众观。全面深化改革必须坚持人民群众是改革开放事业的实践主体。2012年12月7日至11日,他在广东考察工作时强调:"尊重人民首创精神,最大限度集中群众智慧,把党内外一切可以团结的力量广泛团结起来,把国内外一切可以调动的积极因素充分调动起来,汇合成推进改革开放的强大力量。"③任何一项工作要以人民满意为标准,自觉接受群众评议,让群众客观真实地给工作打分,给党员干部画像,切忌自说自话、自弹自唱、自己给自己叫好,"决不能用自我感觉代替群众评价"④。这些论断充分彰显了习近平同志的人民情怀。回顾习近平六年来的新年贺词,"人民"无疑是其中的高频词。2014年的新年贺词中"人民"出现了9次,2015年出现了16次,2016年出现了12次,2017年出现了10次,2018年出现了14次,2019年出现了6次,而党的十九大报告中200多次提到"人民"。这充分说明"人民群众"在习近平同志心中的分量。他强调:"在中国共产党领导下,经过近70年奋斗,我们的人民共和国茁壮成长,正以崭新的姿态屹立于世界东方!新时代属于每一个人,每一个人都是新时代的见证者、开创者、建设者。只要精诚团结、共同奋斗,就没有任何力量能够阻挡中国人民实现梦想的步伐!"⑤"始终同人民在一起,为人民利益而奋斗,是马克思主义政党同其他政党的根本区别。"⑥

总之,中国共产党在其长期的奋斗历程中形成了在奋斗中实现好、维护好、发展好最广大人民群众根本利益的观点。这一观点贯穿于党奋斗过程的

---

① 习近平:《共圆中华民族伟大复兴的中国梦》,人民日报,2014年2月19日。
② 习近平:《在第十三届全国人民代表大会第一次会议上的讲话》,《人民日报》,2018年3月21日。
③ http://theory.people.com.cn/n/2014/0902/c40531-25586798.html,人民网。
④ 习近平:《在河北省委常委班子专题民主生活会上讲话》,新华网,2013年9月25日。
⑤ 习近平:《在第十三届全国人民代表大会第一次会议上的讲话》,《人民日报》,2018年3月21日。
⑥ 习近平:《在纪念马克思诞辰200周年大会上的讲话》,《人民日报》,2018年5月5日。

始终，并在新的历史条件下得以不断创新，使得党始终能代表中国最广大人民的根本利益，得到中国最广大人民的支持和拥护，始终走在时代发展的最前列。

（三）奋斗应该解放思想、实事求是、与时俱进

解放思想、实事求是、与时俱进是马克思主义理论的精髓，是中国共产党的思想路线的本质要求，也是中国共产党人关于奋斗的一个基本观点。江泽民同志指出，要实现党的伟大目标，推动中国特色社会主义事业的发展，就必须坚持解放思想、实事求是、与时俱进，从理论和实践的结合上不断研究新情况、解决新问题，做到"自觉地把思想认识从那些不合时宜的观念、做法和体制中解放出来，从对马克思主义的错误的和教条式的理解中解放出来，从主观主义和形而上学的桎梏中解放出来"①。这是对马克思主义发展史基本经验的总结，也是对中国共产党奋斗历程基本经验的总结。

马克思主义科学地揭示了人类社会发展的规律。马克思主义认为，客观事物总是不断变化和发展的，人类的社会实践也总是不断向前发展的。与此相适应，人类对客观事物的规律和人类实践的规律的认识也是不断深化与发展的。只有用发展着的马克思主义指导新的实践，才能使马克思主义始终保持旺盛的生命力。②

正是由于在奋斗道路上坚持解放思想、实事求是、与时俱进的思想路线和工作路线，中国共产党才能在奋斗中始终保持党的先进性，始终体现"三个代表"的要求，走在时代潮流的前列，引领着中国人民同心同德为实现中华民族新的伟大复兴，为建立一个富强、民主、文明、和谐的社会主义现代化国家而奋斗。

在中国共产党的发展史上，毛泽东、邓小平、江泽民、胡锦涛、习近平等人先后对解放思想、实事求是、与时俱进都有着精彩的论述。回顾他们的这些论述，对于深刻理解中国共产党的奋斗观有着重要的历史意义和现实意义。

作为中国共产党第一代中央领导集体核心的毛泽东同志，在党内首先提出了解放思想、实事求是、与时并进的问题。1942年5月19日，毛泽东同志

---

① 江泽民：《江泽民文选》（第3卷），北京：人民出版社，2006年版，第284页。
② 江泽民：《在中国共产党成立八十一周年上的讲话》，2002年。

在《改造我们的学习》一文中对"实事求是"第一次进行了辩证唯物主义的解释。毛泽东同志指出:"'实事'就是客观存在着的一切事物,'是'就是客观事物的内部联系,即规律性,'求'就是我们去研究。我们要从国内外、省内外、县内外、区内外的实际情况出发,从其中引出其固有的而不是臆造的规律性,即找出周围事变的内部联系,作为我们行动的向导。"①1945年,毛泽东同志又提出了解放思想的问题。他说:"全世界自古以来,没有任何学问、任何东西是完全的,是再不向前发展的。地球是在发展的,太阳是在发展的,这就是世界。停止了发展就不是世界。"②1958年3月,毛泽东同志《在成都会议上的讲话》中对解放思想做了进一步的论述。他指出:"事物总是有始有终的,只有两个无限,时间和空间无限。无限是由有限构成的,各种东西都是逐步发展、逐步变动的。""讲这些,是为了解放思想,把思想活泼一下。脑子一固定,就很危险。要教育干部,中央、省、地、县四级干部很重要,包括各个系统,有几十万人。要多想,不要死背经典著作,而要开动脑筋,使思想活泼起来。"③毛泽东同志提出与时并进是在1947年。当年10月22日,毛泽东同志登上陕西省佳县白云山,观看了佳县晋剧团演出的《三观排宴》;10月29日他再次登上白云山观看了晋剧《反徐州》。看过之后,毛泽东同志走上戏楼与演员们一一握手致谢,还赞扬说:这戏还好,是反封建的,这就是革命嘛!如果把反徐州改成徐州革命就更好喽!随后,毛泽东同志亲题"与时并进"四个字,然后委托任弼时将写有"与时并进"的锦旗赠送给了佳县晋剧团。"与时并进"和"与时俱进"的意思是完全相同的。

邓小平同志同样十分重视解放思想、实事求是、与时俱进。在改革开放的大背景下,邓小平同志在坚持实事求是的同时,特别强调了解放思想的重要性。1978年,在《解放思想,实事求是,团结一致向前看》的讲话中,邓小平同志说:"实事求是,是无产阶级世界观的基础,是马克思主义的思想基础。过去我们搞革命所取得的一切胜利,是靠实事求是;现在我们要实现四个现代化,同样要靠实事求是。不但中央、省委、地委、县委、公社党委,就是一个工厂、一个机关、一个学校、一个商店、一个生产队,也都要实事求是,都要解

---

① 毛泽东:《毛泽东选集》(第3卷),北京:人民出版社,1991年版,第801页。
② 毛泽东:《毛泽东文集》(第3卷),北京:人民出版社,1996年版,第299页。
③ 毛泽东:《毛泽东文集》(第7卷),北京:人民出版社,1999年版,第375页。

放思想,开动脑筋想问题、办事情。"①他说:"解放思想,开动脑筋,实事求是,团结一致向前看,首先是解放思想。只有思想解放了,我们才能正确地以马列主义、毛泽东思想为指导,解决过去遗留的问题,解决新出现的一系列问题,正确地改革同生产力迅速发展不相适应的生产关系和上层建筑,根据我国的实际情况,确定实现四个现代化的具体道路、方针、方法和措施。"②"一个党,一个国家,一个民族,如果一切从本本出发,思想僵化,迷信盛行,那它就不能前进,它的生机就停止了,就要亡党亡国。这是毛泽东同志在整风运动中反复讲过的。只有解放思想,坚持实事求是,一切从实际出发,理论联系实际,我们的社会主义现代化建设才能顺利进行,我们党的马列主义、毛泽东思想的理论也才能顺利发展。从这个意义上说,关于真理标准问题的争论,的确是个思想路线问题,是个政治问题,是个关系到党和国家的前途和命运的问题。"③

后来,邓小平同志又对解放思想做了进一步的阐述。他说:"在党内和人民群众中,肯动脑筋、肯想问题的人愈多,对我们的事业就愈有利。干革命、搞建设,都要有一批勇于思考、勇于探索、勇于创新的闯将。没有这样一大批闯将,我们就无法摆脱贫穷落后的状况,就无法赶上更谈不到超过国际先进水平。我们希望各级党委和每个党支部,都来鼓励、支持党员和群众勇于思考、勇于探索、勇于创新,都来做促进群众解放思想、开动脑筋的工作。"④"我们搞四个现代化,不开动脑筋、不解放思想不行。什么叫解放思想?我们讲解放思想,是指在马克思主义指导下打破习惯势力和主观偏见的束缚,研究新情况,解决新问题。解放思想决不能够偏离四项基本原则的轨道,不能损害安定团结、生动活泼的政治局面。全党对这个问题要有一个统一的认识。"⑤

江泽民同志继承和发展了毛泽东同志、邓小平同志关于解放思想、实事求是的思想,并结合时代发展实际给中国特色社会主义建设提出的挑战,着

---

① 邓小平:《邓小平文选》(第2卷),北京:人民出版社,1994年版,第143页。
② 邓小平:《邓小平文选》(第2卷),北京:人民出版社,1994年版,第141页。
③ 邓小平:《邓小平文选》(第2卷),北京:人民出版社,1994年版,第143页。
④ 邓小平:《邓小平文选》(第2卷),北京:人民出版社,1994年版,第143-144页。
⑤ 邓小平:《邓小平文选》(第2卷),北京:人民出版社,1994年版,第279页。

重强调与时俱进。1992年,江泽民同志指出,解放思想、实事求是,是建设中国特色社会主义理论的精髓,是保证我们党永葆蓬勃生机的法宝。解放思想同实事求是是统一的,就是要求我们的思想认识符合客观实际,在马克思主义指导下,冲破落后的传统观念和主观偏见的束缚,改变因循守旧、不接受新事物的精神状态。各级领导机关和领导干部要在改革和建设的实践中,把党的路线方针政策同本地区本部门的具体情况结合起来,勇于探索,大胆试验,及时总结经验,创造性地开展工作。① 2000年,他又强调,在新的历史时期,全党必须继续坚持解放思想、实事求是的思想路线,继续抓住社会主义的本质这个根本问题,大胆探索、实践、创造,这是坚持党的基本路线、建设中国特色社会主义的思想保证。②

在长期的奋斗实践中,江泽民同志认识到了与时俱进的重要意义。2001年8月,他语重心长地指出:"我深深感到,当今世界和我们所处的时代,同过去相比发生了很多深刻变化。无论从国际还是从国内看,我们都面临着许多新情况新问题,必须从理论上、实践上作出回答并加以解决,否则我们就不能更好地前进。我们必须与时俱进,继续丰富和发展马克思主义。如果因循守旧、停滞不前,我们就会落伍,我们党就有丧失先进性和领导资格的危险。"③ 2003年3月,江泽民同志又指出:"解放思想、实事求是、与时俱进,是党和国家事业不断发展的重要思想保证。搞改革开放,发展社会主义市场经济,建设中国特色社会主义,本身就是解放思想、实事求是、与时俱进的产物。要推进党和国家事业的不断发展,必须继续坚持与时俱进。当今世界,形势逼人,不进则退。我们的思想一定要跟上时代前进的步伐,善于实践,勇于探索,坚持做到发展要有新思路,改革要有新突破,开放要有新局面,各项工作要有新举措。"④

在新世纪,以胡锦涛同志为总书记的党中央领导集体同样十分重视解放思想、实事求是、与时俱进。胡锦涛同志指出:"解放思想、实事求是、与时俱

---

① 江泽民:《江泽民文选》(第1卷),北京:人民出版社,2006年版,第246页。
② 江泽民:《江泽民文选》(第3卷),北京:人民出版社,2006年版,第130页。
③ 江泽民:《江泽民文选》(第3卷),北京:人民出版社,2006年版,第335页。
④ 江泽民:《坚持与时俱进,全面审视形势,紧紧抓住机遇,大力推进创新》,http://www.people.com.cn/GB/shizheng/252/10307/10314/20030307/938777.html。

进,是马克思主义活的灵魂,是我们适应新形势、认识新事物、完成新任务的根本思想武器。"①而"解放思想,是党的思想路线的本质要求,是我们应对前进道路上各种新情况新问题、不断开创事业新局面的一大法宝,必须坚定不移地加以坚持"②。他号召:"实践永无止境,创新永无止境。全党同志要倍加珍惜、长期坚持和不断发展党历经艰辛开创的中国特色社会主义道路和中国特色社会主义理论体系,坚持解放思想、实事求是、与时俱进,勇于变革、勇于创新,永不僵化、永不停滞,不为任何风险所惧,不被任何干扰所惑,使中国特色社会主义道路越走越宽广,让当代中国马克思主义放射出更加灿烂的真理光芒。"③

　　党的十八大以来,习近平同志在不同场合多次阐述解放思想、实事求是和与时俱进对中国共产党实现奋斗目标的重要性。2012年12月7日至11日,习近平同志在广东考察时强调:"我国改革已经进入攻坚期和深水区,我们必须以更大的政治勇气和智慧,不失时机深化重要领域改革。实践发展永无止境,解放思想永无止境,改革开放也永无止境,停顿和倒退没有出路。"④ 2013年7月21日至23日,习近平同志在湖北调研深化改革和经济运行情况时强调:"必须从纷繁复杂的事物表象中把准改革脉搏,把握全面深化改革的内在规律,特别是要把握全面深化改革的重大关系,处理好解放思想和实事求是的关系、整体推进和重点突破的关系、顶层设计和摸着石头过河的关系、胆子要大和步子要稳的关系、改革发展稳定的关系。"⑤ 2012年5月16日,习近平同志在中央党校春季学期第二批入学学员开学典礼上讲话的主题就是实事求是,重点论述了实事求是的重大意义、基本要求以及党员干部如何践行实事求是。此讲话以《坚持实事求是的思想路线》为题目,发表在2012年5月28日的《学习时报》。2013年5月4日,习近平同志在同各界优秀青年代表座谈时指出:"广大青年要有敢为人先的锐气,勇于解放思想、与时俱进,敢于上下求索、开拓进取,树立在继承前人的基础上超越前人的雄心壮志,

---

① 胡锦涛:《在学习〈江泽民文选〉报告会上的讲话》,《求是》,2006年第16期,第6页。
② 胡锦涛:《在中央党校省部级干部进修班上讲话》(2007年6月25日)。
③ 胡锦涛:《高举中国特色社会主义伟大旗帜　为夺取全面建设小康社会新胜利而奋斗》,《十七大报告辅导读本》,北京:人民出版社,2007年版,第12页。
④ 习近平:《在广东考察时的讲话》,《人民日报》,2012年12月12日。
⑤ 习近平:《在湖北考察改革发展工作时的讲话》,《人民日报》,2013年7月24日。

'以青春之我……,创建青春之国家,青春之民族'。"①2014年8月29日下午,中央政治局就世界军事发展新趋势和推进我军军事创新进行第十七次集体学习,习近平同志指出:"面对世界新军事革命的严峻挑战和难得机遇,只有与时俱进、大力推进军事创新,才能尽快缩小差距、实现新的跨越。"②。

（四）艰苦奋斗是中国共产党人的政治本色、精神追求和工作作风

在中国这样一个此前曾经一度相对落后的东方古国进行新民主主义革命和社会主义革命,进行社会主义建设,进行改革开放和发展社会主义市场经济,没有奋斗精神肯定不行。同时,落后也意味着奋斗所需的各种物资技术条件的不足甚至匮乏,也意味着奋斗过程中的艰难困苦要大大超过马克思主义经典作家的设想。这一切都要求,在一个贫穷落后的东方国家进行革命和社会主义建设,必须有在艰难困苦条件下,竭尽全力为实现理想而斗争的精神。正因为如此,中国共产党人根据自己的实际情况,在使用"奋斗"一词的时候,常常把它同"艰苦"连在一起,表示这种不怕艰难困苦条件、坚持英勇斗争的精神。这种精神从伦理角度讲是一种美德,要求人们勤俭节约、奋发向上、自立自强、艰苦创业;从价值角度讲,它是一种动力,鼓舞人们百折不挠、不畏艰难地去奋斗、争取和创造;从历史观角度讲,艰苦奋斗精神还是一种忧患意识,它反映了历史发展总趋势中包含的曲折性和复杂性,说明我们的理想必须经过长期的、克服无数艰难险阻的奋斗才能最终实现。③ 中国共产党成立近100年来,在异常艰难的革命和建设事业中,艰苦奋斗成为党的政治本色和精神追求,成为推动一代又一代中国共产党人献身人民解放和中华民族伟大复兴的不竭精神动力;而艰苦奋斗本身也成了中国共产党人奋斗精神和奋斗观最鲜明的特色。

1. 艰苦奋斗是中国共产党的政治本色

从国际共产主义运动发展史来看,中国共产党领导中国革命和建设的过程是异常艰难的。中国共产党之所以能在革命和建设中取得举世瞩目的成就,其原因就在于中国共产党一直将艰苦奋斗作为自己的政治本色。对于这

---

① 习近平:《在同各界优秀青年代表座谈时的讲话》,《人民日报》,2013年5月5日。
② 习近平:《在中共中央政治局第十七次集体学习时的讲话》,《人民日报》,2018年8月31日。
③ 李俊伟:《艰苦奋斗的文化蕴涵、时代特征与弘扬传承》,《石油政工研究》,2008年第4期,第49页。

一点,中国共产党人有着清醒的认识。

在土地革命斗争中,正是靠着无数共产党人艰苦奋斗的精神,中国共产党建立了遍及全国的红色根据地,在国民党的严酷封锁下,开展了卓有成效的根据地建设。毛泽东同志指出:"中国共产党以自己艰苦奋斗的经历,以几十万英勇党员和几万英勇干部的流血牺牲,在全民族几万万人中间起了伟大的教育作用。"①

在抗日战争进入相持阶段,中国共产党和敌后根据地的军民受到国民党军的残酷掠夺和包围,受到日伪军的疯狂进攻,加上自然灾害,敌后抗日根据地进入了极其艰苦的时期。中国共产党发出了"自己动手、丰衣足食、艰苦奋斗、克服困难"的号召,根据地的全体军民掀起了一场大生产运动。正是靠着这种艰苦奋斗精神,最终克服了各方面的困难,才迎来了抗日战争的最后胜利。

解放战争时期,中国共产党人发扬艰苦奋斗精神,创造了小米加步枪战胜飞机加大炮的世界军事奇迹。就在革命即将胜利时召开的中共七届二次全会上,毛泽东同志提醒全党:"夺取全国胜利,这只是万里长征走完了第一步。如果这一步也值得骄傲,那是比较渺小的,更值得骄傲的还在后头。在过了几十年之后来看中国人民民主革命的胜利,就会使人们感觉那好像只是一出长剧的一个短小的序幕。剧是必须从序幕开始的,但序幕还不是高潮。中国的革命是伟大的,但革命以后的路程更长,工作更伟大,更艰苦。这一点现在就必须向党内讲明白,务必使同志们继续地保持谦虚、谨慎、不骄、不躁的作风,务必使同志们继续地保持艰苦奋斗的作风。"②

中华人民共和国成立以后,在一穷二白的条件下,正是在艰苦奋斗精神的激励下,中国共产党领导人民群众焕发出了敢教日月换新天的无穷斗志,为建设一个强大的社会主义国家而奋斗。这种奋斗精神和奉献精神迅速发挥了效应,中国迅速地由一个积贫积弱的农业国变成了初步繁荣昌盛的社会主义国家。毛泽东同志在1956年党的八届二中全会上说:"一九四九年在这个地方开会的时候,我们有一位将军主张军队要增加薪水,有许多同志赞成,

---

① 毛泽东:《毛泽东选集》(第1卷),北京:人民出版社,1991年版,第184—185页。
② 毛泽东:《毛泽东选集》(第4卷),北京:人民出版社,1991年版,第1438—1439页。

我就反对。他举的例子是资本家吃饭五个碗,解放军吃饭是盐水加一点酸菜,他说这不行。我说这恰恰是好事。你是五个碗,我们吃酸菜。这个酸菜里面就出政治,就出模范。解放军得人心就是这个酸菜,当然,还有别的。现在部队的伙食改善了,已经比专吃酸菜有所不同了。但根本的是我们要提倡艰苦奋斗,艰苦奋斗是我们的政治本色。"①这个总结是深刻独到的,揭示了中国共产党同剥削阶级政党的区别,也揭示了中国共产党领导人民从胜利走向胜利的原因所在。

党的十一届三中全会以来,党领导人民改革开放,经过40余年的艰苦奋斗,取得了举世瞩目的伟大成就,这正是中国共产党发扬艰苦奋斗政治本色的过程。邓小平同志指出,要实现艰苦创业,"首先要我们党员、干部,特别是高级干部带头……我们的党员、干部,特别是高级干部,一定要努力恢复延安的光荣传统,努力学习周恩来等同志的榜样,在艰苦创业方面起模范作用"②。在这里,邓小平同志把艰苦奋斗作为一种光荣传统、一种政治本色来理解,是在新形势下对毛泽东同志艰苦奋斗观的继承和发展。江泽民同志同样把艰苦奋斗作为党的政治本色来看待,他说:"党的性质和肩负的历史使命,决定了我们艰苦奋斗的本色。实现党的崇高理想需要经过长时间的奋斗,广大党员、干部无论在什么情况下都要发扬艰苦奋斗精神,永不停步地前进。"③胡锦涛同志上任伊始就率领中央政治局成员赴西柏坡参观学习,重温毛泽东同志提出的"两个务必",他指出:"艰苦奋斗作为我们党的优良传统和作风,作为我们马克思主义政党的政治本色,是凝聚党心民心、激励全党和全体人民为实现国家富强、民族振兴共同奋斗的强大精神力量,是我们党保持同人民群众血肉联系的一个重要法宝。"④

党的十八大以来,习近平同志多次阐述艰苦奋斗是中国共产党的政治本色,强调艰苦奋斗的政治本色永远不能改。2013年1月22日,在第十八届中央纪律检查委员会第二次全体会议上,习近平同志指出:"勤俭是我们的传家

---

① 毛泽东:《毛泽东文集》(第7卷),北京:人民出版社,1999年版,第162页。
② 邓小平:《邓小平文选》(第2卷),北京:人民出版社,1994年版,第260页。
③ 江泽民:《江泽民文选》(第1卷),北京:人民出版社,2006年版,第618-619页。
④ 胡锦涛:《坚持发扬艰苦奋斗的优良作风 努力实现全面建设小康社会的宏伟目标》,《求是》,2003年第1期,第6页。

宝,什么时候都不能丢掉。要大力弘扬中华民族勤俭节约的优秀传统,大力宣传节约光荣、浪费可耻的思想观念,努力使厉行节约、反对浪费在全社会蔚然成风。"① 2014 年 5 月 8 日,习近平同志视察中办并同中办各单位班子成员和干部职工代表座谈,他强调:"没有理想和信仰,不可能为党、为国家、为人民作出牺牲,共产党员应该为理想而奋不顾身去拼搏、去奋斗、去牺牲。同样,奉献有小奉献,也有大奉献。现在,有些人觉得自己当公务员收入不高,约束又多,同在企业工作或下海经商相比牺牲了很多,认为这就是奉献了。客观地说,这也是奉献,但这种奉献只是站在个人角度来认识的。我们共产党人讲奉献,就要有一颗为党为人民矢志奋斗的心,有了这颗心,就会'痛并快乐着',再怎么艰苦也是美的、再怎么付出也是甜的,就不会患得患失。这才是符合党和人民要求的大奉献。"②这就是说,艰苦奋斗作为党永葆青春的政治本色,有其特殊的政治地位和政治价值,是党保持和人民群众血肉联系、拒腐防变的一个重要法宝。

综上所述,把艰苦奋斗作为党的政治本色在中国共产党的历史上是一以贯之的,正是由于始终坚持了艰苦奋斗的政治本色,中国共产党才能不断引领中国革命和建设的历史巨轮始终航行在时代大潮的前头,不断地从胜利走向胜利。

2. 艰苦奋斗是中国共产党人的精神追求

中国共产党不仅把艰苦奋斗作为区别自己和其他一切剥削阶级政党的政治本色,还把艰苦奋斗作为中国共产党人的精神追求。对于这一点,从毛泽东到邓小平、江泽民,再到胡锦涛、习近平,都有深刻的论述。

毛泽东同志在 1957 年曾指出:"我们要保持过去革命战争时期的那么一股劲,那么一股革命热情,那么一种拼命精神,把革命工作做到底。我们从前干革命,就是有一种拼命精神。只要你还能工作就多多少少应当工作。而工作的时候就要有一股革命热情,就要有一种拼命精神。有些同志缺乏这种热情,缺乏这种精神,停滞下来了。这种现象不好,应当对这些同志进行教育。"③毛泽东同志在这里所讲的拼命精神,实际上就是在面临各种艰难困苦

---

① http://theory.people.com.cn/n/2014/0603/c385524-25097802.html,人民网。
② http://theory.people.com.cn/n/2015/0121/c392503-26425740.html,人民网。
③ 毛泽东:《毛泽东文集》(第 7 卷),北京:人民出版社,1999 年版,第 285-286 页。

的条件下,拼命工作的艰苦奋斗精神。正是靠着这种革命热情和拼命精神,中国共产党领导人民取得了革命战争的胜利,而社会主义建设的胜利同样要靠这种精神。毛泽东同志敏锐地察觉到,和平建设时期,较为平稳的生活,较为优厚的物质条件让有的同志缺乏这种精神,因此他提出应该对这些同志进行艰苦奋斗精神教育。毛泽东同志还特别注重教育青年人要懂得艰苦奋斗精神的意义,他说:"要使全体青年们懂得,我们的国家现在还是一个很穷的国家,并且不可能在短时间内根本改变这种状态,全靠青年和全体人民在几十年时间内,团结奋斗,用自己的双手创造出一个富强的国家。社会主义制度的建立给我们开辟了一条到达理想境界的道路,而理想境界的实现还要靠我们的辛勤劳动。有些青年人以为到了社会主义社会就应当什么都好了,就可以不费气力享受现成的幸福生活了,这是一种不实际的想法。"①在毛泽东同志眼里,青年是社会主义建设的希望所在,要实现伟大的社会主义理想,必须依靠青年。而青年要担负起这一伟大的历史使命,就必须有艰苦奋斗的思想准备和精神作风。企图不劳而获、贪图安逸享乐,是实现不了社会主义的。

邓小平同志在领导中国改革开放和社会主义现代化建设的过程中,同样十分重视艰苦奋斗精神。他认为艰苦奋斗的创业精神,是在中国这样一个贫穷落后的国家进行社会主义建设所必需的。因而,他强调:"要有艰苦奋斗的创业精神。我们要搞中国式的现代化,我们还很穷,就是要老老实实地创业,就是要吃点苦,否则不可能有今后的甜。人民生活只有随着生产的不断发展,才能得到逐步改善。"②他进一步地把是否具备这种艰苦奋斗的精神作为衡量一个合格党员的标志。他说:"毛泽东同志说过,人是要有一点精神的。搞社会主义建设,实现四个现代化,同样要在党中央的正确领导下,大大发扬这些精神。如果一个共产党员没有这些精神,就决不能算是一个合格的共产党员。"③

江泽民同志担任党的总书记的13年,是国际风云激荡的13年,也是我国改革开放事业在逆境中不断发展的13年。从1989年春夏之交的政治风波到1997年的亚洲金融危机,再到1998年的大洪水,中国共产党领导人民发扬艰苦奋

---

① 毛泽东:《毛泽东文集》(第7卷),北京:人民出版社,1999年版,第226页。
② 邓小平:《邓小平思想年谱(1975—1997)》,北京:中央文献出版社,1998年版,第141页。
③ 邓小平:《邓小平文选》(第2卷),北京:人民出版社,1994年版,第327页。

斗精神,战胜了一次又一次挑战,取得了一个又一个胜利。正是在这种背景下,江泽民同志对于艰苦奋斗精神有着较为深入的论述。他认为,艰苦奋斗的精神风貌是中国共产党取得胜利的重要原因,"中国共产党是马克思主义真理的坚定实践者,也是中华民族优良传统的真正继承者。在领导我国革命和建设的长期斗争当中,我们党一直保持着艰苦奋斗、自强不息的精神风貌,历尽艰险、饱受磨难而不坠革命之志,这是夺取一个又一个胜利的重要原因"①。正因为如此,在和平建设时期,保持艰苦奋斗的精神风貌就显得尤为必要。因此,江泽民同志特别重视各级党员领导干部艰苦奋斗精神的培育。对此,江泽民同志认为,艰苦奋斗的精神作风集中地表现在党员领导干部的生活作风方面。针对现实中出现的一些领导干部贪图享乐、革命精神退化的情况,他指出:"坚持谦虚谨慎、戒骄戒躁、艰苦奋斗,反对享乐主义,要作为当前加强和改进党的作风建设的一项重要内容。"他告诫全党:"领导干部的生活作风不是小事。他们的生活作风如何,实质上是他们的世界观、人生观、价值观和权力观、地位观、利益观的体现。"②进而,他要求全党同志特别是党员领导干部要发扬艰苦奋斗的优良传统,保持共产党人的高尚节操,他深刻地指出:"各级领导干部要坚持发扬吃苦在前、享受在后的精神,要有'先天下之忧而忧,后天下之乐而乐'的思想觉悟和精神境界。全党同志特别是领导干部,一定要树立和保持共产党人的高尚情操和革命气节,追求积极向上的生活情趣,养成共产党人的高风亮节。"③

　　胡锦涛同志继承了此前三代中央领导集体关于艰苦奋斗精神的认识,并将其结合中国特色社会主义建设的实际做了进一步的深化。进入21世纪,中国的经济实力得到了空前发展,人民群众的生活水平得到了空前的提高,面对这种情况,有些人认为艰苦奋斗的精神已经过时。一些党员领导干部贪图安逸、追求享乐的倾向进一步发展起来。胡锦涛同志对这些观点和不良行为进行了严厉的批评。2002年12月6日,他在西柏坡发表讲话,提出全党同志要牢记"两个务必"的要求,树立艰苦奋斗的精神。他说:"历史和现实都表明,一个没有艰苦奋斗精神作支撑的民族,是难以自立自强的;一个没有艰

---

① 江泽民:《江泽民文选》(第1卷),北京:人民出版社,2006年版,第620页。
② 江泽民:《江泽民文选》(第3卷),北京:人民出版社,2006年版,第329页。
③ 江泽民:《江泽民文选》(第3卷),北京:人民出版社,2006年版,第330页。

苦奋斗精神作支撑的国家,是难以发展进步的;一个没有艰苦奋斗精神作支撑的政党,是难以兴旺发达的。在我们党80多年的历程中,艰苦奋斗作为强大的精神力量始终激励着我们顽强进取、百折不挠,在各种困难和考验面前巍然屹立、敢于胜利。……越是改革开放和发展社会主义市场经济,越要弘扬艰苦奋斗的精神。即使将来我们的国家发达了,人民的生活富裕了,艰苦奋斗的精神也不能丢。"①他将艰苦奋斗精神作为战胜前进道路上一切艰难险阻的最为宝贵的精神财富。在2006年7月1日青藏铁路通车仪式上,胡锦涛同志说道:"必须大力弘扬艰苦奋斗、自强不息的精神,坚韧不拔地创造历史伟业。艰苦奋斗、自强不息的精神,是几千年来中华民族生生不息、发展壮大的重要精神支撑。青藏铁路建设者表现出来的挑战极限、勇创一流的精神,就是这种伟大精神的生动体现。这一事实再一次充分说明,只要我们大力发扬艰苦奋斗、自强不息的精神,我们就一定能够战胜前进道路上的任何艰难险阻,不断开创中国特色社会主义事业新局面。"②

　　习近平同志结合全面建成小康社会,多次论述艰苦奋斗是中国共产党人的精神追求。2013年2月22日,在《人民日报》刊载的《专家学者对遏制公款吃喝的分析和建议》等材料上,习近平同志的批示是:"中央要求厉行勤俭节约、反对铺张浪费,得到了广大干部群众衷心拥护。后续工作要不断跟上,坚决防止走过场、一阵风,切实做到一抓到底、善始善终。抓而不紧,抓而不实,抓而不常,等于白抓。一段时间以来,社会各方面就此积极建言献策,不少意见值得重视。要梳理采纳合理意见,总结我们自己的经验教训,借鉴国内外的有益做法。下一步,关键是要抓住制度建设这个重点,以完善公务接待、财务预算和审计、考核问责、监督保障等制度为抓手,努力建立健全立体式、全方位的制度体系,以刚性的制度约束、严格的制度执行、强有力的监督检查、严厉的惩戒机制,切实遏制公款消费中的各种违规违纪违法现象。"③他指出:"我们的国家,我们的民族,从积贫积弱一步一步走到今天的发展繁荣,靠的就是一代又一代人的顽强拼搏,靠的就是中华民族自强不息的奋斗

---

① 胡锦涛:《坚持发扬艰苦奋斗的优良作风　努力实现全面建设小康社会的宏伟目标》,《求是》,2003年第1期,第6页。
② 胡锦涛:《在青藏铁路通车庆祝大会上的讲话》,《中国铁路》,2006年第7期,第2页。
③ http://cpc.people.com.cn/xuexi/n/2014/1226/c385475-26279099.html,人民网。

精神。"①他强调:"我们党已经走过了95年的历程,但我们要永远保持建党时中国共产党人的奋斗精神,永远保持对人民的赤子之心。"②2013年1月22日,在十八届中央纪律检查委员会第二次全体会议上,习近平同志指出:"抓改进工作作风,各项工作都很重要,但最根本的是要坚持和发扬艰苦奋斗精神。唐代诗人李商隐在《咏史》一诗中写道:'历览前贤国与家,成由勤俭破由奢。'能不能坚守艰苦奋斗精神,是关系党和人民事业兴衰成败的大事。"③

3. 艰苦奋斗是中国共产党的工作作风

作为彻底的唯物主义者,中国共产党人不仅在思想上将艰苦奋斗作为自己的政治本色和精神追求,还将艰苦奋斗体现在为实现中华民族的伟大复兴而奋斗的每一件具体工作上,使得艰苦奋斗成为中国共产党人的工作作风。

早在民主革命期间,毛泽东同志就指出:"我们民族历来有一种艰苦奋斗的作风,我们要把它发扬起来。……坚定正确的政治方向,是与艰苦奋斗的工作作风不能脱离的,没有坚定正确的政治方向,就不能激发艰苦奋斗的工作作风;没有艰苦奋斗的工作作风,也就不能执行坚定正确的政治方向。"④这种艰苦奋斗的工作作风并不是空泛的,它具体地体现在现实工作中,表现为在工作中坚持艰苦奋斗、勤俭节约,反对贪图享乐、奢侈浪费。在革命战争年代,面对党和人民军队所面临的重重困难,毛泽东同志特别强调了艰苦奋斗工作作风的意义。他在主持中央苏区政府工作的时候就指出:"财政的支出,应该根据节省的方针。应该使一切政府工作人员明白,贪污和浪费是极大的犯罪。反对贪污和浪费的斗争,过去有了些成绩,以后还应用力。节省每一个铜板为着战争和革命事业,为着我们的经济建设,是我们会计制度的原则。"⑤毛泽东同志并没有因为革命取得伟大胜利而被冲昏头脑,而是将保持艰苦奋斗的工作作风摆在了更为突出的位置。他说:"要使全体干部和全体人民经常想到我国是一个社会主义的大国,但又是一个经济落后的穷国,这是一个很大的矛盾。要使我国富强起来,需要几十年艰苦奋斗的时间,其

---

① 习近平:《在同各界优秀青年代表座谈时的讲话》,《人民日报》,2013年5月5日。
② 习近平:《在庆祝中国共产党成立95周年大会上的讲话》,《人民日报》,2016年7月2日。
③ http://theory.people.com.cn/n/2014/0603/c385524-25097802.html,人民网。
④ 毛泽东:《国民精神总动员的政治方向》,《新中华报》,1939年5月10日。
⑤ 毛泽东:《毛泽东选集》(第1卷),北京:人民出版社,1991年版,第134页。

中包括执行厉行节约、反对浪费这样一个勤俭建国的方针。"①为了落实勤俭建国的方针,毛泽东同志对一些具体工作做了一些指示,他指出:"在企业、事业和行政开支方面,必须反对铺张浪费,提倡艰苦朴素作风,厉行节约。在生产和基本建设方面,必须节约原材料,适当降低成本和造价,厉行节约。"②而他本人也在实际工作中以身作则,时刻践行着艰苦奋斗的工作作风。

邓小平同志在改革开放的新时期,主要是在反思改革中出现的消极腐败问题教训的时候,强调继续保持艰苦奋斗的工作作风。随着改革开放事业的推进,我国国民经济快速发展,与此相伴随,各种贪污腐化行为也蔓延开来。邓小平同志在对这些现象进行反思的时候,曾深有感触地说:"提倡艰苦创业精神,也有助于克服腐败现象。建国以来,我们一直在讲艰苦创业,后来日子稍微好一点,就提倡高消费,于是,各方面的浪费现象蔓延,加上思想政治工作薄弱,法制不健全,什么违法乱纪和腐败现象等等,都出来了。"③"我们经过冷静的考虑,认为这方面的失误比通货膨胀等问题更大。最重要的一条是,在经济得到可喜发展、人民生活水平得到改善的情况下,没有告诉人民,包括共产党员在内,应该保持艰苦奋斗的传统。坚持这个传统,才能抗住腐败现象。所以要加强对人民进行思想政治工作,提倡艰苦奋斗。这是中国从几十年的建设中得出的经验。"④

在江泽民同志担任党的总书记期间,随着改革开放的扩大和深入,国家经济得到了迅速发展,而一些党员领导干部忽视自身世界观和人生观的改造,工作中的奢侈浪费现象在一些地区和部门蔓延。对此,江泽民同志深感忧虑,高度重视,他严肃指出:"党的十一届三中全会以来,党中央和邓小平同志一直强调,领导干部必须艰苦奋斗,密切联系群众,崇尚节俭,厉行节约,反对铺张浪费。但是,这个问题没有引起普遍重视,许多地方和部门抓得不够,以至奢侈浪费成风。奢侈浪费既是消极颓废的表现,也是腐败问题得以产生和蔓延的温床。如果现在再不引起大家高度重视,不坚决加以整治,后果不

---

① 毛泽东:《毛泽东文集》(第7卷),北京:人民出版社,1999年版,第240页。
② 毛泽东:《毛泽东文集》(第7卷),北京:人民出版社,1999年版,第160页。
③ 邓小平:《邓小平文选》(第3卷),北京:人民出版社,1993年版,第306页。
④ 邓小平:《邓小平文选》(第3卷),北京:人民出版社,1993年版,第290页。

堪设想。"①正是基于对这种不堪设想的后果的忧虑,江泽民同志将是不是具有艰苦奋斗的工作作风当作对领导干部政治立场、观点和鉴别力的考验,提出要大力提倡艰苦奋斗的作风。他说:"要在全党全社会大力提倡高尚的社会主义思想道德和中华民族的优良传统,以艰苦奋斗、勤俭朴素为荣,以铺张浪费、奢侈挥霍为耻。对于共产党员和各级干部来说,这也是对政治立场、政治观点、政治鉴别力的一种考验。"②

进入21世纪,中国的发展日新月异。市场经济的迅速发展深刻地影响着人们的价值观和荣辱观。一些腐朽落后的弥漫着享乐主义气氛的思潮进一步在人们特别是在一些党员领导干部中蔓延。社会生活中,贪图享乐、奢侈浪费、相互攀比在一些地方竟然成为时尚。面对这种状况,胡锦涛同志切合实际地提出了"八荣八耻"的社会主义荣辱观,其中,"以辛勤劳动为荣、以好逸恶劳为耻","以艰苦奋斗为荣、以骄奢淫逸为耻",正是艰苦奋斗工作作风的核心要求。

党的十八大以来,习近平同志十分强调艰苦奋斗是中国共产党的工作作风。2012年12月15日,他在中央经济工作会议上强调:"古人说:'国奢则用费,用费则民贫。'……各级政府要有过紧日子的思想准备,厉行节约,严格控制一般性支出,加大对薄弱环节和重点领域的支持力度,把钱用在刀刃上。""要切实改进工作作风,牢固树立艰苦奋斗、勤俭节约的思想,深入实际、深入基层、深入群众,力戒奢靡之风,坚决反对大手大脚、铺张浪费,以实际行动践行全心全意为人民服务的根本宗旨。"③在第十八届中央纪律检查委员会第二次全体会议上,习近平同志指出:"我们的财力是不断增加了,但决不能大手大脚糟蹋浪费!要坚持勤俭办一切事业,坚决反对讲排场比阔气,坚决抵制享乐主义和奢靡之风。各级领导干部要时刻把群众的安危冷暖放在心上,多想想困难群众,多想想贫困地区,多做一些雪中送炭、急人之困的工作,少做些锦上添花、花上垒花的虚功。在我们社会主义国家,决不能发生旧社会那种'朱门酒肉臭,路有冻死骨'的现象。"④在党的十九大报告中,习近

---

① 江泽民:《江泽民文选》(第1卷),北京:人民出版社,2006年版,第617页。
② 江泽民:《江泽民文选》(第1卷),北京:人民出版社,2006年版,第621页。
③ http://www.xinhuanet.com/politics/2012-2/16/c_114044452.htm,新华网。
④ http://theory.people.com.cn/n/2015/0121/c392503-26425628.html,人民网。

平同志指出:"全党一定要保持艰苦奋斗、戒骄戒躁的作风,以时不我待、只争朝夕的精神,奋力走好新时代的长征路。"①在他看来,艰苦奋斗不仅是一种生活理念,一种精神状态,更是一种工作作风。

第三节 民族传统文化中奋斗思想资源的开发

五千多年的中华文明史创造了辉煌灿烂的民族传统文化,她跨越数千年的历史沧桑,浸润在每一个华夏儿女的心中,成为现代中国人在喧嚣纷扰的现代社会的精神家园。几千年来,正是无数志士仁人用他们的奋斗使得中华文明在筚路蓝缕中得以草创,在一次次劫难中不绝如缕,在中华民族伟大复兴的历史进程中发扬光大。一部中国传统文化的发展史,就是一部中华民族的奋斗史。奋斗,也因此成为中国传统文化的一种精神气质和中华民族文化的一种重要特质。

一、舍生取义

"义"是中国传统文化的一个核心概念,是某种特定的伦理规范、道德原则,是儒者们心中至高无上的道义。在个体的社会活动中,义既是一种道德规范和价值评价标准,也是一种个人道德行为的驱动力量。与义相对立的是利。董仲舒说,义是一种能滋养人心的精神,而利则对人的身体有好处。人们把各种能直接满足某种物质需要的利益作为"利"。而关于义与利关系的思想和观点,就成为中国所特有的义利观。

在中国传统文化中,义与利都是人之为人所不可缺少的。《荀子·大略》曰:"义与利者,人之所两有也。虽尧、舜不能去民之欲利,然而能使其欲利不克其好义也;虽桀、纣亦不能去民之好义,然而能使其好义不胜其欲利也。"董仲舒在《春秋繁露·身之养重于义》中也肯定了义与利相互依存的关系:"天之生人也,使人生义与利。利以养其体,义以养其心。心不得义不能乐,体不得利不能安。"在儒家义利观中,讲利与否并不是最重要的问题,而义与利的

---

① 习近平:《决胜全面建成小康社会 夺取新时代中国特色社会主义伟大胜利——在中国共产党第十九次全国代表大会上的报告》,北京:人民出版社,2017年版,第69页。

关系,即二者孰轻孰重,才是义利观的核心所在。故此,作为奋斗的道德规范和价值评价标准的重"义"并非绝对排斥人的物质利益需要,而是表现为一套完整的以"义"为核心的价值标准和行为规范。这套价值标准和行为规范对于个体奋斗起着重要的约束作用,也是评价个体奋斗性质的标准。

(一) 日常生活中应重义轻利

首先,中国传统文化特别是儒家文化从根本上来说是重义轻利的,是在贫乏的物质生活中强调道德追求。孔子对弟子颜回赞赏有加。他说:"贤哉,回也!一箪食,一瓢饮,在陋巷,人不堪其忧,回也不改其乐。"(《论语·雍也》)而对其做生意的弟子子贡却是经常破口大骂。其次,儒家就是讲利也要落在义上。孔子说:"富与贵,是人之所欲也,不以其道得之,不处也;贫与贱,是人之所恶也,不得其道得之,不去也。"(《论语·里仁》)要求人们见利思义、见得思义,以义导利、以义去恶,强调人的主体利益追求要与社会的价值取向一致。

(二) 当义与利发生矛盾而必须从中选择时,应舍利取义

在中国传统文化的视野里,义与利不是独立的关系,而是一种价值选择关系。孟子关于鱼和熊掌的比喻就很能说明这种价值选择。《孟子·告子上》曰:"鱼,我所欲也;熊掌,亦我所欲也。二者不可得兼,舍鱼而取熊掌者也。生亦我所欲也;义亦我所欲也。二者不可得兼,舍生而取义者也。生亦我所欲,所欲有甚于生者,故不为苟得也;死亦我所恶,所恶有甚于死者,故患有所不辟也。"在此,孟子极力强调了义的重要性,在义与利的选择中,义是具有毋庸置疑的优先地位的,生命都可以舍去,更不用说区区物质之利了。董仲舒的儒家思想要求人们超越功利,保持道义和人格上的完满。朱熹极力宣扬在义与利的选择上,强调利永远在义后,选择义,淡化对物欲的追求,取得道德上的满足感。王夫之认为,人生因行义而可贵,也可为义舍去生命,是对孟子"舍生取义"精神的继承和发扬,将义的重要性提到生死的高度。在中国传统文化中,义具有重要的价值意义,成为人们的道德追求。而社会是复杂的,在追求义的道路上,总会有各种障碍。面对这些障碍,中国传统文化特别是儒家学说认为,为了实现义,人们应勇于斗争,甚至献出自己的生命也在所不惜。《孟子·公孙丑上》曰:"自反而缩,虽千万人吾往矣。"意思是:反躬自问,如果正义确实在我手里,就算对方有千军万马,我也要勇往直前。这就是

一种为了实现正义而视死如归的精神,一种舍生取义的精神。

二、志存高远

"志",是中国传统文化关于奋斗的一个重要概念。朱熹认为:"志者,心之所之。之犹向也,谓心之正面全向那里去。如志于道,是心全向于道;志于学,是心全向于学。一直去求讨要,必得这个物事,便是志。若中间有作辍或退转底意,便不谓之志。"(陈淳:《北溪字义·志》)换言之,所谓志,就是目标、愿望和理想,往往是必须经过一定的努力奋斗才可能实现的。而所谓立志,则是确立人生的目标、愿望和理想的过程。远大的志向一旦树立起来,往往就会成为人们不畏艰苦、向前奋进的强大精神动力。

(一)立志的意义

中国古人重视立志对于人的重要意义。首先,志是人之为人的根本特征之一。《论语·子罕》曰:"三军可夺帅也,匹夫不可夺志也。"在这里,志是作为人之为人的一种基本要素来理解的。在等级森严的古代社会里,志并没有被当成统治阶级"君子"的专利,反过来,就连普通老百姓都有其自己的志向,不能被强迫改变。可见,对于人来说,志向之重,重于三军。任何一个人,无论贫富贵贱,都应该有自己的志向,能在各种艰难困苦面前,始终坚持自己的志向,毫不动摇。其次,远大的志向是成就事业的必要条件。一个人要通过奋斗取得成绩,实现自己的目标,就必须有坚韧不拔的志向。志向是成就事业的重要条件,"有志者,事竟成"。如果说这样的表述多少有点唯意志论色彩的话,那么著名文学家苏轼在《晁错论》中的表述就显得较为理性,他说:"古之立大事者,不唯有超世之才,亦必有坚忍不拔之志。"在苏轼眼中,超世之才只是成功的必要条件,具备超世之才,并不一定能成功,成功的取得还必须有坚韧不拔的志向。这个观点是很容易理解的,因为在为理想奋斗的过程中,不可避免地会遭遇挫折,面对挫折,没有超世之才是无法战而胜之的,可仅有超世之才,而无坚韧不拔的志向和毅力,也是无法在遭遇一次次挫折后重新振作起来,鼓起勇气向前奋进的。

(二)立志应高达宏远

志向是人的理想、信念和目标。志向一旦确立,人就会为实现自己的志向而奋斗。因此,人能成就多大事业,在很大程度上取决于一个人树立多大的志向。正因为如此,中国传统文化特别注重志向的高大宏远。《墨子·修身》说:"志不强者智不达,言不信者行不果。"意思是,一个人没有强烈的达到某种理想的志向,那么他的智慧就不会充分发挥出来。著名学者黄宗羲在《宋元学案》中说:"志小则易足,易足则无由进。"意思是志向不高,就容易满足于现状;而容易满足现状,就不易取得进步。在张载看来,一个人要有所进步,就必须树立远大的志向。这种观点在中国古代可以说是被普遍接受的。此前司马迁在《史记》关于陈胜的记载中,为中国第一位著名的农民起义领袖准备了这样的对白:"燕雀安知鸿鹄之志哉!"其意思在于,陈胜之所以能成就大事业,是因为他有鸿鹄之志。而著名政治家、军事家诸葛亮也认为,一个人要成就事业就必须胸怀天下、志存高远。

(三)立志应淡泊名利

伦理文化在中国传统文化中居于核心地位。如前所述,在中国传统文化中,重义轻利是一种行为标准和伦理准则,这一准则对于人的全部行为起着指导和规范作用。在立志这一问题上,同样如此。中国传统文化认为,人要树立高大宏远的志向,必须淡泊名利。如果说前面两个问题说的是树什么样的志的话,那么,这个问题就是关于怎么立志。《论语·里仁》曰:"士志于道,而耻恶衣恶食者,未足与议也。"也就是说,一个人如果声称自己有志于追求做人做事、齐家治国的道理,但是对简朴的生活感到羞耻,这样的人是没有必要和他谈论道的。在儒家看来,既然志于道,就要有道之不行而不惜以身殉道的志向和节操,那么物质享受等身外之物就是可以等闲视之的。诸葛亮发扬了儒家的思想,他在《诫子书》中说:"非淡泊无以明志,非宁静无以致远。"只有淡泊名利,才能更加坚定自己的志向,才不会因现实的名利而迷失方向。

三、见贤思齐

"见贤思齐",出自《论语·里仁》:"见贤思齐焉,见不贤而内自省也。"见贤思齐是儒家修身养性的座右铭,也成为指导人们为最大限度实现个人价值而奋斗的重要思想指导。对见贤思齐这个成语在奋斗中的意义,应该根据《论语》原文来进行全面的理解,孔子原话的意思是看到贤人就向他学习,希望能和他一样;看到不贤的人就要反省自己,看看自己有没有跟他相似的毛病。从孔子的讲话中，我们可以看出，在主体为实现一定目标而奋斗的过程中，实际上要做好两方面的工作：其一是明辨贤与不贤，这是人们下一步行动的前提。要明辨贤与不贤，就必须端正自己的世界观、人生观、价值观，增长自己的知识和才干，摒弃偏见、自私、愚昧，尊重公正、无私、文明。只有这样，才能在错综复杂的人类实践中去辨别形形色色的行为者是德才兼备的贤才，还是有德无才或有才无德，甚至无德无才的不肖之徒。只有自身端正，才能对别人准确定性，才可能从别人那里得到教益或者教训。其二是做好内省。明辨别人的是非贤愚，只是做到了见贤和见不贤，这固然对主体的奋斗有着重要意义，但更重要的应该是通过对别人的认识来不断提升自己。这就需要思齐和内省的工夫。所谓思齐是对照贤者，反思自己，确定向贤者学习的方向和路径；所谓内省，是对照不贤者，深刻反省自身，看自己有没有类似的存在问题，有则改之，无则加勉。无论思齐还是内省，都是一个自我反思、自我鞭策、自我发展的内省性思维过程。通过这个思维过程，奋斗者能从他人身上获得教益和教训，从而使自己未来的奋斗能取得更好的成绩。

四、勤劳勇敢

在长期的奋斗过程中，中国人民形成了勤劳勇敢的生活态度和精神风貌，这是中华民族得以屹立于世界民族之林的坚实基础，也是每一个中华儿女需要继续发扬光大的宝贵精神财富。

在中国传统文化中，勤劳和节俭是紧密联系在一起的，因此就有了"勤俭"一词。在中国，勤劳和节俭首先是一种价值标准。《左传·庄公二十四年》中说："俭，德之共也；侈，恶之大也。"也就是说，勤俭是所有美德的共同点，而奢侈浪费则是所有恶行中最为严重的。正是这种价值理念，使勤俭在中国又演绎成为一种同情劳动者、珍惜财物的美好情感。唐代李绅在《悯农》中写道："锄禾日当午，汗滴禾下土。谁知盘中餐，粒粒皆辛苦。"清朝朱柏庐在《治家格言》中说："一粥一饭，当思来处不易；半丝半缕，恒念物力维艰。"这些正是对这种美好情感的最好表达。其次，勤劳与节俭也是国家兴亡之道和个人成败之路。《左传·宣公十二年》中说："民生在勤，勤则不匮。"无论是对国家还是对个人来说，只有勤俭，才能免于物质匮乏之困，才能做到国富民强，才能有所发展、有所成就。而国家衰亡、家庭衰弱，乃至个人失败，也往往是因为背离勤俭走向奢侈而引起的。唐代李商隐在《咏史》中入木三分地指出:"历览前贤国与家,成由勤俭破由奢。"宋代欧阳修在《新五代史·伶官传序》中深刻剖析了后唐庄宗李存勖成败兴亡的教训,深刻地指出:"忧劳可以兴国,逸豫可以亡身。"

中国传统文化在强调奋斗必须坚持勤劳节俭原则的同时,十分注重奋斗者勇敢品质的培育。所谓勇敢,是指在奋斗中有勇气、有胆量,敢于直面困境、敢为人先。人们在奋斗过程中常常会碰到这样那样的困难,会遇到形形色色的敌人,此时,要取得胜利,就必须有勇敢的精神风貌,敢于承担责任,敢于去争取胜利。自古所有成大事者,无不是敢作敢为之人。勇敢意味着不畏艰难险阻、不畏强敌,这需要具有超人的胆识。弦高在秦军入侵之际,在强大的秦国军中虚与委蛇,为郑国争取到了宝贵的时间;唐雎面对强秦不卑不亢,维护了国家尊严,正是这种超人胆识的体现。勇敢还意味着敢于斗争,毛遂在国家危难之际,敢于挺身而出;项羽在形势不利的情况下,破釜沉舟、背水一战等都是这种勇敢斗争精神的体现。另外,勇敢还意味着百折不挠的精神气质。奋斗的道路并不是一帆风顺的,只要有奋斗就会有失败,就会有牺牲。面对失败,面对牺牲,坚韧不拔,百折不回,同样是一种勇敢。正是因为具有这种勇敢,越王勾践才能卧薪尝胆,十年生聚十年坚忍,终于"三千越甲可吞吴"。也正是因为这种勇敢,中国共产党领导的新民主主义革命才会在经历一次次挫折后"天翻地覆慨而慷"。总而言之,勇敢,意味着为了追求和实现奋斗的目标,为了追寻中国人所珍爱的"道"与"义",不畏强敌,不怕失败,勇于斗争,敢于胜利的大无畏英雄气概。千百年来,正是无数仁人志士不畏强敌,敢于斗争,使得勇于向前、敢于任事成为中华民族不可磨灭的精神气质。而也正是因为具有这种民族精神,中华文明才会战胜一次又一次的危机,躲过了一场又一场浩劫,存续至今并且繁荣昌盛。

五、慎始敬终

中国传统文化虽然强调"义"在奋斗中的重要性,但从来不认为在奋斗过程中,只要掌握了"义"就一定能取得成功。奋斗者要取得成功,还必须有"慎始敬终"的奋斗态度。所谓慎始敬终,就是为某种理想而奋斗的过程中,仔细、谨慎地开始着手工作,自始至终毫不怠慢,才不会在工作中陷于窘境,才能取得好的工作业绩。慎始敬终的观点对于奋斗者来说具有重要的实践意义。

（一）慎始

所谓慎始，是指在着手某项工作之前要仔细、谨慎地准备，工作从一开始就要谨慎行事、一丝不苟、严肃认真。慎始，既是一种工作态度，又是一种工作方法。要做到慎始，首先应该做到对自己能力的准确认知，量力而行。正确认识和把握自己，对自己的能力有正确和充分的估计，这是我们做好任何工作的前提。正因为如此，中国古代著名军事家孙子将"知己"作为战争取得胜利的重要保证。但是，仅仅"知己"还是远远不够的，认真谨慎的工作态度还要求我们对所有的工作必须量力而行，一切从实际出发，不能好大喜功、好高骛远。其次，慎始还要求我们对客体情况要有准确、真实、全面的了解，这就是"知彼"的工夫。只有"知彼"，全方位地把握工作对象的准确情况，我们才能因势利导、因敌而动，制定和选择正确的战略战术，才能在战争或者其他工作中取得胜利。再次，慎始还要求我们在工作中要事先做好谋划。"凡事预则立，不预则废。"只有一开始有周密的计划，工作才能更加主动、才能更加容易成功。而在谋划工作时，要开阔眼界，要创新思路，不能只盯着当前，而看不到长远和未来发展的趋势，要充分估计到工作过程中可能出现的各种意外情况，从而达到深谋远虑的理想境界。

（二）敬终

慎始，是人们在工作准备阶段和工作刚开始时应具有的态度，那么在为实现理想和目标而奋斗的过程中，就应该秉持务实奋斗的科学精神，毫不懈怠地去完成工作。这种科学精神和毫不懈怠的态度，就是"敬终"。首先，要有"不入虎穴，焉得虎子"的胆识和勇气，在工作中勇于任事，敢于担责。著名文学家苏轼曾说：一个行事稳重的人，在尚未开始行事的时候，显出担心害怕的样子，但是一旦行起事来，就会勇敢向前。在工作开始之前，彷徨胆怯往往是不可避免的，但是一旦投入工作之中，就应该有一往无前的勇气，就要具有压倒一切敌人和困难而不被其所吓倒的决心和气势，不能瞻前顾后，更不能忧谗畏讥。只有这样，才能在工作中激发出永不懈怠的精神和斗志，我们的工作才能取得成功，奋斗的目标才能达到。其次，要做到敬终，就必须善于"御物"。敬终不仅表示一种拼命工作的勇气和姿态，而且也表示一种科学工作的态度。这种科学工作的态度在中国传统文化中集中体现为对于"御物"的认识上。荀子认为:"君子生非异也,善假于物也。"(《荀子·劝学》)意思是说,君子之所以比平常人显得聪明,并不是因为他们个性特殊,而是因为他们懂得借助物力来达到自己的目标。正所谓"工欲善其事,必先利其器"。要想使奋斗目标早日实现,就必须善于借用各种物力。

总而言之,慎始敬终既是一种对奋斗所需态度的要求,也包含了对奋斗方法的规定。这一观点,成为我们今天研究奋斗、实践奋斗的重要思想资源。

六、自强不息

"自强不息",出自《周易·乾》,意思是自觉地、永不松懈地努力向上,使自己变得强大。在中国传统文化中,自强不息是君子的重要品质,而君子则是为人的杰出境界。因此,人想要有所成就,想要成为杰出的人才,就必须自强不息。同时,对于集体、组织乃至民族、国家而言,要自立于世,要获得尊严和荣誉,也必须自强不息。千百年来,中华民族正是秉承自强不息的民族精神,才使得华夏文明在无数的历史风浪中傲然挺立,传承至今并且不断发扬光大。

首先,自强不息是一种积极的人生态度、人生追求和人生境界,是对人生意义的一种深刻认识和理解。一个人、一个集体乃至一个民族和国家的奋斗往往都不可能一帆风顺,随时会遭遇到坎坷和挫折,面对这些艰难困苦,关键是要将这些坎坷、挫折、磨炼当作对自我内心精神的修炼,使自己信仰坚定、意志坚强。一个人只有对生活充满热情和信心,才能将艰难困苦化为生命不息、奋斗不止的精神动力。一个民族、一个国家只有对自己所从事的事业、对民族的繁荣、对国家的富强充满信心,才能战胜前进道路上的各种艰难险阻,从挫折、失败中不断地站立起来,去迎接民族和国家美好的未来!

其次,自强不息是一种开拓创新的精神,它要求人们不断地有新的追求、不断汲取新的知识和技能、不断地创造出新的业绩。只有不断地追求新的创造、新的发展,才能获得新的进步,也只有在新的人生追求中,人们的生活才更有意义,才能备感人生的幸福和快乐!

再次,自强不息要求人们要经常反躬自省,要明白自己的不足,这样才会有自强的方向与动力。而反躬自省,最重要的就是要做到时时关照己过,经常内省,及时发现自己的不足。这其实也是修身的工夫,是自强的基础。人们在奋斗实践中往往不可避免地会犯下各种错误。在民族传统文化看来,知过改过是一种生活的大智慧,是一种斗争的大勇气,同时也是修身的基本功。李觏在《易论第九》中说:"过而不能知,是不智也;知而不能改,是不勇也。"而"改身之过,迁(发扬)身之善,谓之'修身'"。正是知过之智和改过之勇,使得人能改己过、迁己善,达到修身养性的境界。也只有修身,才能真正做到自强不息。很难想象一个连自身弱点都不清楚的人或一个明知自身缺点却不去改正的人能做到自强不息。

最后,自强不息要求人们不断地学习。如前所述,自强不息意味着自我提升,意味着开拓创新,而无论是个人品质和能力的提升,还是发展道路上的开拓创新,都一刻也离不开学习。自强者必是好学者。唯有好学,才能不断地充实自己,拓宽自己的视野,增长自己的技能和才干。而好学意味着一种追求知识、追求真善美的积极向上的人生品格。《论语·里仁》曰"朝闻道,夕死可矣",正是这种好学精神的最好表达。自强者必是勤学者。而勤奋学习最重要的是珍惜时间。时间是人生最宝贵的资源,光阴流逝如白驹过隙。因此,中国民族传统文化对珍惜时间、勤奋学习有特别的认知。汉乐府诗集《长歌行》告诫人们:"百川东到海,何时复西归。少壮不努力,老大徒伤悲。"陶渊明在《杂诗八首》中写道:"盛年不重来,一日难再晨。及时当勉励,岁月不待人。"要求人们要时刻注意勉励自己,岁月易逝,应该奋发向上。南宋名将岳飞在《满江红》中发出"莫等闲,白了少年头,空悲切"的感慨。朱熹在《劝学》中说:"少年易老学难成,一寸光阴不可轻。"钱福在《明日歌》中更是针对现实中一些人浪费时间、寄望于明日的极端错误思想指出:"明日复明日,明日何其多!我生待明日,万事成蹉跎。"

总而言之,辉煌灿烂、历史悠久的中国民族传统文化是我们研究和实践奋斗取之不尽、用之不竭的宝贵精神财富。对人类优秀文明成果的收集、整理、传承、开发和发扬光大应该是我们一代又一代中华儿女义不容辞的、光荣而神圣的责任。

第四节 西方文化中奋斗思想资源的借鉴

西方文化源远流长,它发源于古希腊古罗马时代,经过两千多年的发展,已经成为当代世界的主流文化体系。西方文化是世界文明成果的一个重要组成部分,是人类共同的精神财富,其中蕴含了极为丰富的奋斗思想资源。从思想政治教育的视角看,西方文化中的信仰宗教、高扬理性、励志奋斗等奋斗的思想资源,很值得我们在建设中国特色社会主义的伟大事业和实现中华民族新的伟大复兴中学习与借鉴。

一、信仰宗教

与宗教意识相对薄弱的东方社会相比,宗教对西方社会和文化的影响要深刻得多。与宗教观念相对淡薄的中国人不同,绝大多数西方人是相信上帝的。在西方社会,绝大多数人信仰上帝,这意味着绝大多数西方人对其生存环境的自觉。他们认为,人是有限的,要从自身之外寻找他力,以弥补人类的不足,追求崇高,告别卑微。以上帝为桥梁,沟通人类与世界,变有限为无限。

对自身有限性的自觉,西方人是从两个方面展开的:一是对人性之恶的自觉;二是对人之无知的自觉。对人性之恶的自觉,使得西方人笃信上帝,运用现世的善行来为原罪赎罪;而对人之无知的自觉,则使西方人不断放大人类的理性,运用和发展科学去认识世界。

西方的宗教信仰从古希腊时代就已开始,并从那时起对世俗的人就产生了极为重要的影响。西方占主导地位的宗教信仰,应该是在16世纪宗教改革运动后发展起来的新教。由德国马丁·路德发起的宗教改革,实际上是一次震撼了全世界的思想解放运动,他提出,每个人在世上完成了他应该完成的任务,他就尽了天职。之后,瑞士加尔文又对宗教进行了改革,他提出了"上帝选民"的概念。由此,就形成了一种新的宗教伦理,其提出上帝把人分为"弃民"和"选民","弃民"会被上帝抛弃,而"选民"会得到上帝的拯救。新的宗教伦理的现实意义就在于将上帝的天国与现实的尘世联系起来,使人们在现实生活和奋斗中找到了精神支柱。这种新教伦理观提倡积极的人生观,其认为只有积极地努力工作才是正确的人生目标。

而这一切都是因为人性是恶的,人在上帝面前是犯有原罪的,因此人只有用现世的善行,以发扬自身的道德良知来赎罪。人们努力奋斗,追求利润实际上就是在赎罪。今天从思想政治教育的角度看来,这里面其实包含了相当多的奋斗思想。在西方宗教文化中,奋斗的目标在于赎罪。笃信宗教的人们认为人自从吃了禁果之后,就犯下了原罪。在西方文化看来,人们在现实生活中的努力奋斗,其实就是在赎罪。这样,个人的奋斗就打上了天国的色彩,天国与个人紧密地联系在了一起。只要心中的天国还在,那么奋斗就将永无止境!因而,宗教为奋斗提供目标的同时,也提供了这种奋斗得以可持续发展的基础和保证。

对基督教义的信仰,对人性原罪的信仰,使得西方人在奋斗中一方面借助自己的道德实践,当然这种实践是来自神的启示;另一方面则借助于身外之物——制度来抑制在奋斗过程中可能出现的因恶的本性而导致的种种恶行。因为人性为恶,如果没有约束,就随时可能为了一己私利而出现恶行,因此西方文化认为需要用完善的制度来约束人的行为。关键要约束权力。这样,和人们奋斗有关的各种制度就得以产生。宗教信仰为社会的制度化建设提供了精神基础。近几百年来,西方文化发展最突出的表现就在于以民主法制为核心的制度的建立。这些制度一经建立起来,就成为每个人奋斗所必须遵守的行为规范。因为,它被认为是人与人之间普遍达成的契约。作为社会的一分子,遵守契约不仅仅是一种义务,更是一种责任。而对契约的遵守反过来会使得个体奋斗从中受益。奋斗的行为受到制度的严格保护,奋斗的结果得到制度的充分认同。因而,制度在一定程度上构成了对奋斗的制约,它要求奋斗必须遵循一定的规则,同时制度也保障了奋斗的自由生发。

在相信人性本恶的社会里,制度的出现在于发扬善行、限制恶行。而对制度的遵守,则是人们出于对受到惩罚的恐惧而采取的被动的行为。但是,制度的功用不仅在于限制,更在于社会化。对制度的遵守会使得人们逐渐领会制度的精神,而制度的精神是善的,那么当人们充分地领会了制度的精神实质之后,遵守制度就不再是被迫的,而是一种道德自觉。这样,就出现了一种在宣称人性为恶的国度里,道德却是高尚的现象。而这种高尚的道德,对于人们的奋斗来说,又是一种更大的推动力量!

这里需要特别说明的是,以上是西方文化中信仰宗教的优秀文化成分,我们可以合理借鉴。但是,西方宗教文化也有糟粕的一面,例如利用宗教麻痹人民,鼓吹极端个人主义,宣扬命中注定、逆来顺受的宿命思想,等等,这些是我们必须批判和扬弃的。

二、高扬理性

西方文化对人之无知的自觉则使其不断放大人类的理性,运用和发展科学去认识世界。两千多年来,西方人一直将理性地认识世界奉为人生准则,就连中世纪的基督教亦对之没有异议,且将其作为信仰的理性根据。理性是一个历史性范畴,是一个变项。在人类历史发展的各个阶段,理性的内涵大不一样。比如在原始社会被视为理性的,在文明社会或许根本就谈不上理性;在文明社会亦有如此现象。但是这并不等于说理性完全是相对主义、没有它的确定性的。人既然是理性的动物,理性是它的本质规定,那么作为人之为人的共通性,就决定着理性也是有其确定性的。也就是说,作为人,不管他们所处的时代和地域如何相异,均有着理性的一致性。本书认为,人类共同拥有的理性至少有以下几个方面:

(一)时空观念

我们之所以将时空观念看作是人类的理性,就在于它既是人的概念的基本定义,即与动物的本质区别之一,又是人类趋于理想生活的保障。从表面上看,时空观属于知性范畴,似乎与理性不沾边,但它实际上却是人类理性的主要内涵。一个人或一个社会能否理性地求得发展,实质上也取决于他(或它)能否正确地看待时间和空间。

(二)符号观念

卡西尔曾将人定义为"符号的动物",认为"动物具有实践的想象力和智慧,而只有人才发展了一种新的形式:符号化的想象力和智慧"[①]。符号的发明和运用,一方面意味着人与动物的分开;另一方面则意味着人的知性的开启和发展。有了符号观念,人才能对世界予以认知,才能同外部事物之间建立起一种可把握的联系,并在能指与所指之间形成知识体系。

---

① [德]恩斯特·卡西尔:《人论》,甘阳译,上海:上海译文出版社,2004年版,第42页。

(三) 因果观念

因果观念属于逻辑思维,是文明人思考事物的能力。但强调因果观念对于理性的意义,并非仅在于它的思维方式,更重要的是在于它认识事物和完善人类自身的可能性条件。理性的人看待世界,世界既不是孤立的,也不是杂乱无章的,而是有秩序、有结构并可以认识和加以分析的。于是,世界的可知性得以强调,人的主体性地位得以体现。

(四) 价值观念

人有价值观,同样是人区别于动物的标志之一。将价值观念作为理性的内涵之一,就是因为价值世界是宁静的,是关注灵魂而非注重肉体或曰关注未来而非仅仅注重当下的人的居所。在这里不需要激情和冲动,不需要歇斯底里和盲目奔走,需要的是健康的人格和心态,以及三思而后行的生活方式。

(五) 社会意识

马克思认为:"人的本质不是单个人所固有的抽象物,在其现实性上,它是一切社会关系的总和。"①在社会交往中,人与人之间会因为追求的利益不同而产生矛盾,甚至产生斗争。但是人类的社会性又决定着个体之间必须构建起一种相对和谐的关系,强者必须有所抑制,弱者必须做出适当的让步或牺牲。然而,人类如何才能做到这一点?一种什么样的力量可以使强者与弱者、强者与强者或弱者与弱者之间达到一种相对的动态平衡?这种力量就是理性,或者说是社会意识。个体的人必须意识到自己是具有社会性的,他既离不开社会,亦不能损害社会。他必须把自己置于社会中的恰当位置,必须对自己的欲望有所抑制。只有这样做,他才能既有益于他人和社会,亦有利于他自己。因为任何对自我过分强调的行为,既是对社会和他人的损害,也是对他自己的损害。他是社会中的人,社会的兴衰荣辱,直接决定他这一个体的祸福哀乐。这样的思考和行为是理性的,是人类社会得以健康发展和延续的前提。反之,如果不是从社会出发,而是一切为了个体的一己之私,其结果必然既损害了社会和他人,又损害了自己。

(六) 自我意识

自我意识,是相对于三个方面而言的。一是相对于自然的力量或事物;

---

① 马克思、恩格斯:《马克思恩格斯选集》(第1卷),中共中央马克思、恩格斯、列宁、斯大林著作编译局编译,北京:人民出版社,1995年版,第56页。

二是相对于被人所认识的(包括被神秘化的)自然规律或宇宙的最高原则;三是相对于作为社会化的群体或曰共同体,特别是共同体利益的体现者即国家。自我意识所意识到的是作为人的主体性,因而所涉及的乃是主体与客体的关系问题。

人们由此可得出这样的结论:理性既是一种认知方式,又是一种生活态度,更是一种精神面貌。就认知方式而言,它注重的是将世界做主客对立式的把握,既重经验,又重推理,而不是对世界愚昧无知,或仅仅停留于感官知觉上;就生活态度而言,它既注重社会伦理,又注重个体的人格与利益,或者说将两者做一理想的对待;就精神面貌而言,它注重的是清醒、明智和积极向上,而不是迷糊、愚蠢和消极颓废。

基于此,从思想政治教育的视野看,西方文化所高扬的理性概念对于奋斗有着重要的借鉴意义。

第一,理性为奋斗提供了认知世界的最为重要的方式。当人们为了实现理想而奋斗的时候,不管这种理想是形而上的终极关怀,还是形而下的物质追求,都需要认识他周围的世界。只有认识,才谈得上改造,才谈得上奋斗。理性,为正确的认识提供了可能。理性的认识不满足于纯经验的感悟,而进一步要求对认识对象相关信息的科学加工整理,并由此发展出概念、判断、推理等认识形式。通过一个富有逻辑性的认识过程,形成科学的认识。这种科学的认识正是奋斗所需要的。

第二,理性为奋斗提供了正确的立身行事的生活态度和工作作风。理性对人性不持一种天真的理想化的"善"的假定,而是现实地将人性看作是"恶"的。人性本恶,故而社会需要外在制度强制性的规范;也需要道德的内在约束。对外,要遵守法律天平;对内,要坚守道德底线。这是人们的立身之道。同时,理性坚持个性解放和个体人格独立,不讳言个体利益,强调要不断拓展个性发展的空间。正因为有了理性,个体才不会泯灭于虚幻的人类共同体,或者冰冷残酷的外在自然界中。

第三,理性所追求的积极向上的精神状态也正是奋斗所需要的。精神状态对人的行为具有一定的影响力。积极向上的精神状态对人的行为具有鼓励、激励和催化剂的作用;不思进取的精神状态对人的行为具有消极、打击和阻碍作用。而奋斗正需要高扬理性,正需要积极向上的精神状态来策应和激励。

三、励志奋斗

个人主义是西方文明的核心价值,因此在奋斗的问题上,西方文化更多地强调的是作为个体奋斗者的个人奋斗。因而,在西方文化语境下,鼓励个人奋斗成为奋斗的基本方式。

(一) 个人奋斗的思想基础:个人主义

个人主义是西方文化价值观的核心。个人主义,其实是作为一个外来词引入中国的。长期以来受到国人的许多误解,常常把它看成是以自我为中心、自私自利、损人利己的同义词。原因是在中国群体主义和天人合一的传统文化背景之下,人们头脑中是没有表示人和事物个体性质的抽象观念的。由于东西方文化的差异性,所以,当英文词语 individual 引入中国被翻译成"个人"后,几乎便成了一个贬义词。

但是,在西方文化视域中其内涵则与我们汉语的解释大相径庭。英文词语 individualism(个人主义)源于拉丁文 individuum(个体、不可分割的东西)。该词由法国社会学家托克维尔(Alexis de Tocqueville,1805—1895)最早使用。它在英语中的意思是:主张个人正直与经济上的独立,强调个人主动性、行为与兴趣的理论,以及由这种理论指导的实践活动。①

在西方,个人主义的含义甚广。

作为哲学,认为个人价值至高无上。根据洛克的观点:生物的个体是自然的基本单位,他认为,人们既然都是平等和独立的,任何人就不得侵害他人的生命、健康、自由或财产。②

作为伦理原则,强调个人至上。西方个人主义反对对个人的任何支配行为。

作为价值体系,西方个人主义主张个人本身具有最高价值。

作为一种西方价值观、一种西方社会制度和意识形态,我们对个人主义、利己主义要旗帜鲜明地给予彻底否定。但它所包含的一些合理的积极的成

---

① Webster's Ninth New collegiate dictionary. M. A: Merriam-Webster, Inc. 1984, P. 615.
② [英]洛克:《政府论》(下篇),叶启芳等译,北京:商务印书馆,1981 年版,第 6 页。

分,我们应给予肯定和合理借鉴,如尊重个人价值、个人自由、个人利益、个人生命、个人享乐、个性发挥、自我支配、自我控制、个人财产、个人权利、个人自信、个人自主、个人奋斗等;但对其中的糟粕要理直气壮地给予批评和反对,如唯利是图,见利忘义,信奉无政府主义、反对国家和政府,个人追求极度享乐而不管他人、国家和社会等。

(二) 个人主义文化语境中奋斗的基本方式——个人奋斗

在深刻的西方个人主义文化背景下,西方社会奋斗的最基本方式是个人奋斗。西方文化认为,在个人奋斗的过程中应该遵循以下原则:

1. 人人生而平等

西方的个人主义文化传统让人深信:每个人生而平等,没有差别,都有成功的机会。在这一点上,美国人表现得最为明显。美国人对机会均等有着深刻的认识,许多人移民来到这里都是因为不堪自己国家种族问题、等级制度等多方面的不平等。而来到美国的所有人都深深相信在这片土地上,只要通过自己勤劳的双手就能实现自己的梦想,不管你是黑皮肤还是黄皮肤,也不管你是聪明的还是像阿甘那样,只要你努力工作,成功就在等待着你。①

2. 勤奋努力获取成功

在西方人的文化视野中,工作不仅是谋生的手段,而且还是人们的天职。《圣经》里说:工作本身就是一件好事。以美国人为代表的西方人对勤奋努力的理解:第一,做点儿事情比闲着要强百倍。因此,西方人特别是新教传统下的西方人将浪费时间视为一种罪恶,主张积极参加世事,勤勉地从事各种职业劳动。第二,勤奋努力会带来成功。西方人认为,人是大自然的主人,人可以认识自然、改造自然。只要在理性的关照下,只要坚持不懈地努力,人就会取得成功,就会掌握自己的命运。② 因此,爱迪生在谈到其成功时曾说:天才是99%的汗水加1%的灵感。

3. 成功需要抓住机遇

机遇就是契机、时机或机会,通常被理解为有利的条件和环境。机遇是每一个奋斗者所必须重视和把握的。没有机遇,奋斗者即使能力再强也不可

---

① 《电影与西方文化》,http://corner.youth.cn/background/200908/t20090817_992825_2.htm。
② 朱漱珍:《电影〈阿甘正传〉与美国文化》,《唐都学刊》,2007年第5期。

能取得成功。西方文化特别强调机遇对于奋斗者的意义。拉罗什富科将人们奋斗的成果完全归结为机遇。这样的说法未免有些偏激,却显示了在西方人的思维中,机遇对于奋斗的特殊意义。正因为机遇如此重要,西方文化对抓住机遇、推动奋斗成功有着深刻的体悟。狄斯累利将抓住机遇看作是生活中最重要的一件事情。歌德曾说,之所以抓住机遇这么重要,是因为机会稍纵即逝,时不再来。机遇并不是那只撞死在树桩上的兔子,人们只能被动地等待它的来临;机遇需要人们去创造!创造机遇的最好办法就是始终不渝、坚持不懈地朝着一个方向勤奋工作、努力奋斗。正如巴尔扎克所言,人们要是持之以恒地认真地做一件事情,总是会有机会的。而这也是普通人和成大事者的最大区别。

综上所述,西方文化中不论是虔诚的宗教信仰,还是深邃的人类理性,或者是脚踏实地的个人主义奋斗,都包含着丰富的奋斗思想资源。当然也要看到,西方文化中有关奋斗的一些观点和主张明显有着社会历史的局限性。例如过分强调个人奋斗,而忽视群体奋斗、民族奋斗、社会奋斗,归根到底,这与西方的资本主义制度即生产资料私有制有关。西方文化从本质上看可以说是个体文化,具有个体性特征,它强调个体自由度的发挥,忽视了整体文化,弱化了群体功能、大众功能、民族功能、社会功能的发挥。

事实上,在经济全球化、政治多极化、文化多样化的当今世界,东西方文化中优秀的成分是全人类共同的宝贵精神财富,应相互学习,取长补短,相互融合。东方文化应主动吸收西方文化中积极的、合理的、有益的营养成分,西方文化也应积极借鉴东方文化中有利的宝贵之处,共同促进人类的和平、发展与合作,维护世界的繁荣、安宁与稳定。因此,对于西方文化中奋斗的思想资源,我们应该正确扬弃,合理借鉴。

第三章 奋斗的真理性与价值准则

> 当精神走向思想之路,弃绝虚浮,保持着追求真理的意志和勇气时,就会立即发现,只有正确的方法才能规范和指导思想去把握实质,并保持于实质中。①
>
> ——[德]黑格尔

在人类社会发展史上,马克思明确提出社会发展有外在和内在二重尺度,并主张二重尺度的有机统一。马克思指出:"动物只是按照它所属的那个种的尺度和需要来建造,而人懂得按照任何一个种的尺度来进行生产,并且懂得处处都把内在的尺度运用于对象;因此,人也按照美的规律来构造。"②这段话深刻地揭示了——人类既可以通过理性的方式把握客观对象的外在尺度,又可以将内在尺度与外在尺度有机统一于人类的社会历史活动之中,以此创造出能满足人的需要的世界。总而言之,奋斗是人类认识世界和从事实践的必由之路,是人类社会生存所需的优良品质,是先进文化的重要组成部分,是优秀的世界观、人生观、价值观的重要表现,体现着真理性和价值性的统一。奋斗精神是一个真理性与价值性相统一的科学思想体系,它描绘的人的自由而全面发展的美好图景,是世界上最宏伟的蓝图,也是人类社会发展的美好愿景。然而,我们应该清醒地看到,社会现实中也存在着对奋斗及奋斗精神的认知混乱,甚至存在许多认知误区:一些人尚没有真正理解奋斗和奋斗精神的文化内涵,仅把奋斗当成美丽的说教词语;另一些人则忽视了奋斗所隐喻的价值准则,将奋斗精神的理解片面化、狭隘化;还有一些人把奋

---

① [德]黑格尔:《小逻辑》,贺麟译,北京:商务印书馆,1980年版,"第2版序言"第5页。
② 马克思、恩格斯:《马克思恩格斯选集》(第1卷),中共中央马克思、恩格斯、列宁、斯大林著作编译局编译,北京:人民出版社,1995年版,第47页。

斗当作时态性政治理念加以拒斥。①正确理解奋斗的真理性内涵和奋斗所隐喻的价值准则,是提高人们的人文素质和衡量其世界观、人生观、价值观教育成效的关键。

第一节 奋斗的真理性

我们可以这样理解有关"真理性"命题的论断:真理是标志主观同客观相符合的哲学范畴,是人们对客观事物及其规律的正确认识。真理尺度与真理标准是基本同义的,人们的实践活动不能脱离客观世界,而要依赖于客观世界。② 符合客观规律是奋斗精神具有真理性的题中之意。奋斗是为实现既定的理想与目标而勇于克服艰难困苦、坚持真理、自强不息、贫贱不移、富贵不淫、威武不屈的精神和行动。奋斗是远大理想和顽强意志的有机统一,是科学的世界观、人生观和价值观的具体体现,是一切进步力量和有志之士的进取之路,是一切人才的成长之路,也是成就一切事业的必经之路。③尽管奋斗的具体内容和要求在不同时代、不同时期有着不同的表现形式,但它的精神实质——真理性,在任何时候都是不变的。我们在倡导奋斗精神之时,既要审慎理解奋斗的科学含义,又要从根本上把握奋斗的真理性实质,还要善于根据不同时代、不同时期奋斗的特点注入新的内容和要求。笔者以为,奋斗的真理性集中体现在奋斗的人民性、奋斗的时代性、奋斗的实践性和奋斗的科学性四个方面。

一、奋斗的人民性

在人类进入文明时代,"人民"这一概念始终引领着人类文明的进程。早在农耕时代,我国古代思想家就提出"民唯邦本,本固邦宁"和"天地之间,莫贵于人",强调要利民、裕民、养民、惠民。中国古代的民本思想,体现了朴素

---

① 米如群:《关于艰苦奋斗精神内涵的文化释读》,《学海》,2006 年第 6 期,第 15 页。
② 马永:《"发展才是硬道理":发展理念真理性与价值性的辩证统一》,《内蒙古农业大学学报(社会科学版)》,2008 年第 4 期,第 258 页。
③ 徐海涛:《对如何艰苦奋斗的思考》,《才智》,2005 年第 3 期,第 38 页。

的重民价值取向。①西方学者布丹、霍布斯、斯宾诺莎、洛克、卢梭和康德等,以自然法和契约论为基础充分阐述了"人民主权"思想,给其思想打上了"人民性"的烙印。马克思主义在揭示人类社会发展规律的过程中,指明了人民群众是历史的真正创造者,第一次真正科学地阐述了人民的性质、地位和作用,第一次把人民性的思想建立在唯物史观的基础上,成为指导人们认识世界、改造世界的一个重要思想武器。对于一种影响人类发展和进步的精神财富与价值体系,检验其是否具有人民性的重要标准就是——这个理论体系能否体现"以人为本、不断实现最广大人民的根本利益、促进人的全面发展,是以人为前提、以人为核心、以人为归宿"②。奋斗精神是人类共同维系的实践成果,是人类社会最珍贵的精神财富,是全体人民团结拼搏的共同思想基础,是扎根于历史的力量之源。人民性是奋斗最鲜明的精神特征。

人类的奋斗史证明,人民性贯穿于奋斗精神与奋斗理论体系的各个发展形态,是奋斗最鲜明的特征。主要体现在那些不屈不挠、顽强拼搏的奋斗者始终代表着最广大人民的根本利益;体现在奋斗的根本宗旨是全心全意为人民服务;体现在奋斗的理念是一切为了人民、一切依靠人民、一切奋斗成果由人民共享;体现在关心人、发展人、爱护人、尊重人的以人为本的奋斗行动中;体现在最终为实现人的自由而全面发展的奋斗实践中。奋斗精神坚持和发展了人类历史进程中的积极进取、顽强拼搏的优秀文化传统,凝结了历代英雄才俊带领人民不懈探索的智慧和心血,是人类最宝贵的实践和精神财富,是世界各国人民奋斗的共同思想基础。故而,正确理解和牢牢把握奋斗的人民性特征,对于深入践行奋斗理念,坚持用奋斗精神引领人民、武装人民、教育人民,不断提高他们的思想境界和实践水平,具有特别重要的意义。

人民性贯穿于奋斗的始终,深刻地体现着人类团结奋斗的共同价值取向,是奋斗精神最丰富的思想内涵。

(一)人民利益高于一切,是奋斗精神的根本点和出发点

历史上的无数奋斗者为了人民的幸福安康、为了社会的发展进步建立了

---

① 黄莉:《论人民性是中国特色社会主义理论体系最鲜明的特征》,《社会科学研究》,2009 年第 3 期,第 104 页。

② 黄莉:《试论中国特色社会主义理论体系的鲜明特征》,《毛泽东思想研究》,2008 年第 5 期,第 82－83 页。

卓越功勋。我国改革开放的总设计师邓小平同志把自己的一生都献给了祖国和人民,他饱含深情地说:"我是中国人民的儿子。我深情地爱着我的祖国和人民。"他为了中国新民主主义革命的胜利和中国特色社会主义伟大事业以及改革开放的伟大实践呕心沥血、奋斗不止,建立了不可磨灭的历史功勋,实现了他为祖国、为人民奋斗终生的伟大理想。

(二)代表最广大人民的根本利益,是奋斗思想的核心价值

奋斗者要始终代表最广大人民的根本利益,要时刻把最广大人民的根本利益放在心上,落实在行动上,一切要依靠人民,一切为了人民,一切成果由人民共享。切实维护和代表最广大人民的根本利益,是我们一切工作的出发点和归宿。代表最广大人民的根本利益是奋斗思想的核心价值。奋斗者要创造出人民所需的丰富的物质文明、精神文明和政治文明成果,从而促进人的自由而全面的发展。

(三)以人为本,是奋斗观的核心

在人与奋斗的关系上,奋斗是人的奋斗,人是奋斗的主体;同时,奋斗又是为人的,人又是奋斗的目的。人与奋斗两者是相互依存、相辅相成的。奋斗是通过人这个主体来展开实践的,而人又是奋斗实践的最终目的,实现好既定的为人的目标,又能推进新的奋斗的展开,新的奋斗又为实现人的目的提供新的动力。人民性贯穿于奋斗始终,奋斗主体在奋斗实践中始终坚持人民利益高于一切,始终坚持以代表最广大人民的根本利益为出发点和归宿,这与科学发展观所倡导的以人为本的理念是一致的。科学发展观强调的以人为本,是人民性的集中体现,是社会进步的本质要求,是奋斗观的核心所在。

(四)人民性是奋斗以人民的根本利益为归依的政治价值取向

马克思和恩格斯指出:"无产阶级的运动是绝大多数人的,为绝大多数人谋利益的独立的运动。"① 奋斗的人民性教育我们,要把全心全意为人民谋利益作为奋斗的根本宗旨和行为准则,尤其是在利益纷争频繁、社会局势复杂多变的今天,要充分激发人民群众的奋斗精神,切实保障人民群众的各项权

---

① 马克思、恩格斯:《马克思恩格斯选集》(第1卷),中共中央马克思、恩格斯、列宁、斯大林著作编译局编译,北京:人民出版社,1995年版,第283页。

利,走共同奋斗的道路,促进人的自由而全面的发展。因此,尽管奋斗是有志之士的生命本色,我们强调并发扬这一精神,但绝不能把它仅仅看作是一个人的生活态度和品质,奋斗的关键是其体现着人民性的品质。这就是说,既要讲奋斗,更要讲奋斗的导向性,即奋斗要在人民性的指引下,通过奋斗去改善人民群众的物质文化生活条件,将个体奋斗与群体奋斗、民族奋斗、社会奋斗统一起来,为人类社会的全面、协调、可持续发展贡献自己的全部青春、智慧和力量。

二、奋斗的时代性

牢牢把握奋斗的时代性要求,需要做到三点:第一,要正确把握奋斗的时代主题。奋斗的时代性要求不同时期、不同阶段的奋斗精神和奋斗思想,必须针对不同时代确立相应的时代主题。要正确判断所处时代的历史方位、所担当的时代责任、未来发展的基本趋势,紧紧抓住影响时代发展的思想意识、体制机制进行集中破除和解决。只有牢牢把握好时代主题,破除不适应、不符合时代要求的思想观念,解决影响和制约社会发展、时代进步的体制机制障碍,才能适应时代要求,不断研究新情况、解决新问题、形成新认识、开辟新境界。第二,要正确把握奋斗的根本原则。思想天性崇尚自由,但现实往往有诸多限制。科学理性和社会理性的统一,是任何一个负责任的志士仁人的明智选择。这要求奋斗在不同时代、不同时期都有所主导、有所统一。坚持在奋斗中最大限度地形成社会共识,凝聚力量、鼓舞士气是奋斗精神的真谛所在。只有这样,奋斗才能既达到激发斗志,又防止多走弯路,才能真正推动社会发展,为人民造福。坚持奋斗,应当在科学奋斗理论体系的指导之下,把思想和力量凝聚到实现时代的核心任务上来,更加自觉地走科学奋斗的道路。第三,要正确把握奋斗的发展性常态。唯物辩证法告诉我们:世界不是既成事物的集合体,而是过程的集合体。一切都处于永恒的发展变化之中,从来不存在什么终极状态和终极真理。①奋斗的过程是一个实践、认识、再实践、再认识的过程,是一个递进、渐进、奋进的过程,是一个由表及里、由浅及深、由此及彼的过程。这就决定了奋斗不可能是静态的、临时性的,而是动态

---

① 边祥慧:《论解放思想的时代性、科学性和实践性》,《新远见》,2009年第4期,第29页。

的、持续性的,不可能一蹴而就、一劳永逸。因此,奋斗是一个永恒的主题,一定要防止和克服对奋斗的厌烦情绪、急躁情绪,防止和克服认为奋斗是临时性的、突击性的思想误区,真正让奋斗成为一种思维习惯、一种工作常态、一项行动指南,并一以贯之地坚持下去。同时还要做到以下几点:

(一)奋斗必须与时俱进

辩证唯物主义认为,客观世界是不断发展变化的,人们的思想与意识必须随着客观世界的发展变化而变化,做到与时俱进。经济在发展,社会在进步,人民的需求在改变,各种新情况、新问题层出不穷,人们的思想意识必须与之相适应、相符合。当一种脱离时代的虚幻理想或落后于现实的僵化思想影响着人们并丧失对社会前进的指导作用时,历史就会一次又一次地呼唤变革现实的思想意识,从而使上层建筑与经济基础相适应,推动社会前进。①否则,就会带来严重后果。这体现在马克思主义认识论中,就是根据一定历史条件得出的科学认识必须同具体的实践活动结合起来。因此,对于奋斗问题同样应该运用其中所体现的辩证法的观点来正确对待。根据马克思主义的基本原理,奋斗精神在实践与应用中,在不同的历史时期,都会被赋予不同的内容、不同的发展。言下之意,奋斗及其理论并非永恒不变、绝对普适的,它具有鲜明的时代性特征。奋斗思想作为人类文明形态的优秀文化,体现了思想观念的实质性更新、思维方式的科学性变革、精神状态的振奋性改变,必然会打上时代的烙印。因此,奋斗及奋斗精神只有把握时代性,才能紧扣时代脉搏,回应时代呼唤,引领时代潮流,推进时代发展。

(二)奋斗的广泛性要求

马克思主义辩证法不承认任何永恒的和终极的真理,不承认任何不变的、绝对的和神圣的东西。②任何形式的奋斗,任何表述方式的奋斗观,都不是抽象的,都是现实社会生活的客观反映,有什么样的社会生活就有什么样的奋斗和奋斗观,不能超越历史发展阶段,去凭空杜撰某种奋斗观。从人类社会的发展过程观察,我们不仅看到了社会生活的变化、社会制度的更替,同时也看到了人们奋斗观念的变化,这种变化与人类社会的进步和人类文明的发

---

① 边祥慧:《论解放思想的时代性、科学性和实践性》,《新远见》,2009年第4期,第28页。
② 朱广荣、刘邦凡:《论马克思主义生产力理论的真理性和发展性》,《生产力研究》,2008年第24期,第61页。

展是相吻合的。由此可见,奋斗都是一定时代的奋斗,反映一定时代的诉求,适应一定时代的需要,并且随着时代的变化而变化,随着时代的发展而发展。奋斗的时代性要求奋斗必须贴切所对应的时代特征,结合相应的生产力发展水平,在合乎历史发展规律以及进行科学的目标设定的前提下进行,并要接受实践的检验和历史的考验,而不能脱离时代的实际情况而成为僵化顽固的教条或不切实际的空谈。历史给我们留下的奋斗观、奋斗精神和奋斗理论是我们弥足珍贵的思想财富,它汲取了传统奋斗观的精华,具有很强的启发性、规范性和实践性。

(三) 奋斗的先进性要求

21世纪的奋斗是一个有主导价值取向,反映多层次、多方面要求的完整的理论体系,既有适应社会现实广泛性要求的内容,又有高于现实的先进性要求的内容。先进性要求与广泛性要求相统一的奋斗观,既适应当前生产力发展水平和人们的思想觉悟程度,保证社会大多数成员能够接受和做到,又高于这个时代的现实,弘扬超越世俗意识的奋斗精神。这既是时代的要求,也是社会的呼唤。

毋庸置疑,正确把握奋斗的时代性对人类的奋斗实践有着非常重要的指导意义,只有科学地把握奋斗的时代性,才能科学地把握奋斗规律,为规定人类奋斗实践的内容提供必要的前提,才能使奋斗切实成为激发人民群众积极向上、奋发图强的精神动力,也才能实现奋斗精神在社会发展进步中的积极作用。

三、奋斗的实践性

马克思、恩格斯曾把自己所创立的哲学称为"实践的唯物主义"[①]。奋斗作为人类主观见之于客观的能动性活动之一,是人类在一定动机的指引下,为实现某种价值满足,而发挥主观能动性去改造周围环境的创造性活动。因而,奋斗完全具备了实践的一切特征,符合实践性的一切要件,实践性是奋斗的鲜明特征。事实上,我们如果从思想政治教育的价值创造这个视角来探究

---

① 马克思、恩格斯:《马克思恩格斯选集》(第1卷),中共中央马克思、恩格斯、列宁、斯大林著作编译局编译,北京:人民出版社,1995年版,第75页。

奋斗主体的品质,本身就是奋斗主体性的一种表现。正如马克思在谈到人的有目的的活动与动物的本能活动的区别时所指出的:"最蹩脚的建筑师从一开始就比最灵巧的蜜蜂高明的地方,是他在用蜂蜡建筑蜂房以前,已经在自己的头脑中把它建成了。劳动过程结束时得到的结果,在这个过程开始时就已经在劳动者的表象中存在着,即已经观念地存在着。他不仅使自然物发生形式变化,同时他还在自然物中实现自己的目的,这个目的是他所知道的,是作为规律决定着他的活动的方式和方法的,他必须使他的意志服从这个目的。"①这说明,作为主体的人的奋斗实践是在自己目的支配下的自觉活动。表明实践过程和实践结果的统一,是奋斗的实践性的真正体现。

奋斗的源动力来自实践需要,人们只有根据变化了的社会实践,把诸多的经验、创造和积累,经过总结、归纳、概括,升华为理论,用以研究新问题,总结新经验,确立新思路,探索新方法,并在新实践的不断向前发展中得到进一步检验和丰富,如此循环往复,以至无穷,思想就会永不懈怠,奋斗就会不断开创新局面,取得新成效,推动新发展。奋斗的实践性,决定了我们在推进奋斗实践的过程中要重点在以下三个方面下功夫:

(一)要尊重人民群众在奋斗实践中的首创精神

人民群众是社会实践的主体,是社会发展的决定力量,是社会财富的创造者。人民群众的实践是我们获得正确认识的源泉,是奋斗最重要的基础。历史无数次证明,奋斗的成功和伟大的变革均源于生动的社会实践,源于群众的首创精神。从这个意义上说,人民群众的意愿、要求、建议和创造,是推进奋斗的原动力。因此,我们的奋斗不是少数人的奋斗,而是广大人民群众的奋斗,离开了人民群众的理解和参与,任何奋斗都会相形见绌,就无法形成改变历史的宏大力量。在新时代的奋斗过程中,必须充分相信群众,正确引导群众,深入发动群众,虚心听取群众意见,认真倾听群众呼声,细心体察群众情绪,善于汲取群众智慧,充分尊重群众实践,及时总结群众创造,真正把群众的积极性、主动性和创造性调动起来,把群众的智慧和力量凝聚到新时代的奋斗实践上来。

---

① 马克思、恩格斯:《马克思恩格斯全集》(第23卷),中共中央马克思、恩格斯、列宁、斯大林著作编译局编译,北京:人民出版社,1972年版,第202页。

(二)要勇于创新奋斗的实践样式

奋斗的实质是突破、是创新。创新是奋斗的本质要求。创新必然会和保守观念发生摩擦,引发矛盾,甚至招致传统力量的抵制。创新往往会带来挫折与失败,引来非议和嘲弄,甚至可能引火烧身。这就需要有勇担责任、敢拼敢打的冲劲,有不畏首畏尾、不打退堂鼓的勇气,有敢于超越、敢为人先的志气,真正从过时的条条框框的阻碍中解放出来,从习惯思维、狭隘视界的羁绊中超脱出来,从以往成功经验模式的局限中超越出来,发扬奋发图强、敢作敢为的奋斗精神,创新奋斗理念,创新奋斗思路,创新奋斗举措,创新奋斗方法,努力开创更加广阔的奋斗前景。

(三)要注重奋斗的实践检验

人类认识的历史告诉我们,通过奋斗获得的新观念、新认识只有经过实践的检验才能彰显其真伪,只有解决实际问题才能显示其价值。人类的奋斗是通过破解一个个发展难题或突破一个个领域而揭示规律、找出对策、解决问题等一系列生动鲜活的实践活动来实现的。人类历史上的伟大实践之所以能够推动社会发展的大跨越,主要是因为奋斗理论没有停留在口号与概念层面上,而是始终面向实践、关照现实并以实际问题为中心。人类奋斗史的功绩可谓震古烁今、彪炳史册,但新问题、新矛盾也不少。牢固树立好字优先、又好又快的奋斗理念,坚持速度与结构、质量与效益相统一,坚持多方建设协调发展,努力把科学奋斗转化为衡量工作的标杆、破解难题的利器、谋划工作的指南和推进奋斗的举措。这样才能把奋斗的过程变成体现实践性的过程,推进社会经济又好又快地发展。

总之,人们把握了奋斗的实践性,就很容易理解个体奋斗、群体奋斗、民族奋斗、社会奋斗以及社会进步之间的内在规律性。

四、奋斗的科学性

人们对于"科学"概念的理解历来众说纷纭,如科学学的创始人贝尔纳所说:"科学史的研究表明,科学不是个能用定义一劳永逸的固定下来的单一体。科学是一种有待研究和叙述的程序,是一种人类活动,而联系到所有其他种种人类活动,而且不断和它们相互作用着。"①尽管学术界关于科学的概念说法不一,但明晰概念是学术研究的逻辑起点,我们必须以明确的概念认知作为学术研究的出发点。通俗地讲,所谓科学,通常是指由建立在经验和逻辑基础之上的关于整个自然界与人类社会的各种现象及其相互关系的普遍性和精确性陈述构成的有组织的知识体系。②随即,人们引入"科学性"这一术语,以表明某一科学或科学理论对于人类实践和社会生活的重要影响。具体地说,以下就是人们通常认为科学或科学理论所具有的一些基本准则,它们集中表明了科学性的基本内涵:其一,客观性原则。科学以独立存在的物质世界作为直接研究对象,而且科学研究应排除一切主观因素的影响。其二,普遍性原则。任何真正的科学认识都不应该停留在对特定对象或状态的描述上,而需要由特殊上升到一般,即用普遍的、抽象的原理去对各个特殊的现象进行解释,而这往往意味着由现象深入本质。其三,实证的精神。这既是指对经验方法的高度重视,也反映了对科学知识真理性的确信。其四,理性的精神。即指科学是一种理性的事业,它既有一定的合理性,又是一项推动人类进步的伟大事业。

历史经验告诉我们,检验某一理论是否具有科学性,应从以下三个方面进行考量:其一,该理论要具有科学、合理的内在价值。其二,该理论的产生要具有必要的客观条件。具体而言,要具有民众基础、技术推动、经济力量和思想解放四大力量的推动。其三,该理论要被实践证明是具有科学性的理论。③在人类千百年的奋斗史中,人们经过世代传承和整理、保存,形成了一套完整、系统、积极的奋斗科学,有益地指导了人类的奋斗实践。时至今日,为实现中国特色社会主义而奋斗已经成为引领人们实现伟业的一面旗帜。

当代马克思主义的奋斗观是当代人类科学的奋斗指南,它的科学性主要体现在:第一,它是人类进行社会建设和奋斗实践的经验总结,是对人类发展全局高瞻远瞩的把握,是历史上积极的价值观;第二,它一方面博采了全人类奋斗理论的精华,另一方面又根植于世情民意,形成科学化的奋斗观;第三,

---

① [英]J. D. 贝尔纳:《历史上的科学》,伍况甫等译,北京:科学出版社,1984年版,第684页。
② 辛敬良:《马克思主义哲学导论》,上海:复旦大学出版社,1991年版,第391-392页。
③ 赵永春:《民主理论的科学性与民主政治建设的价值取向》,《黑龙江社会科学》,2009年第2期,第47页。

它遵循否定之否定规律,既是对人类传统奋斗观的继承和发展,又是对传统奋斗理论的扬弃和创新,是辩证唯物主义的奋斗观;第四,它不拘泥于已有的历史结论,而是紧跟时代步伐,蕴含着深邃的理性思考,彰显出鲜明的时代特征,是历史、现实与理论的辩证统一,是与时俱进的奋斗观;第五,它突破了奋斗的传统思维,强调发展的全面性、协调性和可持续性,极大地丰富了奋斗的内涵,它是迄今为止人类发展史上最科学、最全面的奋斗观。

因此,奋斗作为人类一个不断推陈出新的永恒命题,科学性是其本质要求。我们所讲的奋斗,不是虚无主义的解构,而是以真理性认识为基础的实践创新;我们所倡导的奋斗,不是随心所欲的标新立异、无所顾忌的胡思乱想、蛮闯蛮干、狭隘自私的功利行为,而是尊重发展规律、尊重科学知识、尊重社会实践、尊重社会规范、尊重人民意志的意识自觉与行为示范。奋斗的科学性特征决定了我们在奋斗实践中,必须遵循一些基本规则,这也是人类奋斗能否取得成功的关键所在。

(一)要坚持实事求是的科学奋斗精神

奋斗和实事求是是辩证统一的,只有奋斗,才能达到实事求是;只有实事求是,才能真正实现奋斗的目标。要在奋斗中做到实事求是,就必须准确地把握人类所处的历史方位,克服超越阶段的错误观点。特别要克服主观主义和形式主义,做到求真务实,实干兴邦。在奋斗的过程中,既要防止把实事求是解释为谨小慎微、按老框框办事,并以此为由否定奋斗的必要性、重要性的倾向;又要防止把奋斗理解为随心所欲、纯粹凭主观热情办事、想怎么说就怎么说、想怎么做就怎么做,进而抛开实事求是的倾向。

(二)要遵循奋斗的科学规律

认识规律、把握规律、遵循和运用规律,是马克思主义实践观的基本立场,也是奋斗的重要前提和内在要求。人类的奋斗实践证明:什么时候尊重科学规律,什么时候奋斗就顺利;什么时候违背科学规律,什么时候奋斗就会遭遇挫折。奋斗不是胡乱作为,不是投机取巧,不是不计后果的个人英雄主义。随着历史的巨轮驶入改革开放的深水区,发展进入关键期,遇到的问题就会更加敏感,面对的矛盾就会更加尖锐,涉及的社会关系就会更加复杂。越是在这种情况下,就越要按科学规律办事,绝不能借奋斗之名、行违背规律之实。

(三）要树立科学的奋斗理念

科学奋斗观强调的是运用科学的思想和方法，研究解决现实问题，努力实现社会事业欣欣向荣地向前发展。要以时代赋予的新使命、新命题为奋斗契机，进一步深刻体察奋斗的时代背景、科学内涵、精神实质和根本要求，着力转变不适应、不符合奋斗科学性要求的观念，着力破除奋斗方式、方法方面存在的突出问题。在推动奋斗的进程中，坚持以人为本，把服务人民作为根本，促进人的自由和全面发展；树立科学的奋斗理念，不唯眼前利益论英雄，不搞实用主义、机会主义，探索科学的、文明的、务实的、和谐的奋斗道路；在运用根本方式方法方面，要充分利用好、保护好人民的积极性和首创精神，统筹全局，激发动力，冲破藩篱，开辟出焕然一新的奋斗道路。

(四）要积极投身社会实践

奋斗是理论与实践的桥梁，实践是目的，是归宿，奋斗只有投身火热的社会实践活动，才能充分体现其价值，才能彰显理论的指导意义，也才能检验理论的成效和奋斗的实效。以奋斗的姿态投身社会实践，首先，要有奋斗的激情。特别是推进社会的创新发展，要求很高，任务很重，唯有激情奋斗，才能创造出后发先至的显著业绩。在这样一个充满激情与压力、希望与挑战的时代，尤其需要我们各级党组织与广大党员干部以更加昂扬向上的拼搏斗志来激励和带领广大人民群众攻坚克难，阔步前进；尤其需要全体人民团结拼搏，求真务实，苦干争先。广大党员干部要珍惜时光、爱岗敬业、抢抓机遇，要把激情奋斗作为人生的座右铭，时刻不忘组织的重托，时刻不忘人民的期盼，时刻不忘肩负的使命，用激情奋斗来书写无悔的人生。其次，以激情奋斗的姿态来投身社会实践，更要在实践中善于创新。要加强对创新发展必要性、可能性和紧迫性的认识，以创新来拓展更大的空间、赢得更大的发展优势。要潜心研究，认真谋划，理性探索，创造性地推进科学发展，为开创社会发展的崭新局面而努力奋斗。

通过亲身实践，可以深化奋斗精神，积极塑造奋发向上的人格和素质，使奋斗真正内化为不怕吃苦、甘于奉献的献身精神。只有社会实践才能更好地将奋斗的理论教育与奋斗的国情、民情、社情教育紧密结合起来，人们勇于到艰苦的地方去、到祖国和人民最需要的地方去，用科学知识和自身的聪明才智为最广大的人民群众谋福祉，更好地服务祖国、服务社会、服务人民。社会实践活动磨炼了人的意志,也培养了人的理论与实践相结合的能力、团队合作的精神,有助于实现在奋斗中服务社会、在社会服务中实现奋斗的目标,真正做到双赢、共赢。对当今时代来讲,无论是何种范式的奋斗,只有投身到中国特色社会主义伟大事业的实践中来,投身到振兴中华民族新的伟大复兴的实践中来,奋斗才能轰轰烈烈,才能与时代同步伐、与祖国共命运、与人民齐呼吸,才能受到广大人民群众的拥护和赞成,也才能真正体现当代奋斗观的价值所在!

第二节　奋斗的价值准则

价值,是标志客体与主体特定关系的范畴。它既具有客观性,也有主观性,一方面反映了人类的需要,另一方面反映了客观事物的性质。人们在奋斗实践活动中需要遵从外在尺度和内在尺度。马克思所说的人的行为要"遵循外在尺度",就是说的符合真理的问题;"遵循内在尺度"就是说的符合价值的问题。①因此,价值尺度或价值准则,主要是看客体属性满足主体需要的方面。奋斗的价值性主要涉及它是否符合人们的需要和目的。符合人们的需要和目的,是奋斗具有价值性的前提。至于奋斗的价值评判问题,奋斗精神(文化)不但要促进社会生产力的不断发展(生产力评价标准),而且要保证人类社会存在公平和友爱(道德评价标准)。这两个方面标准相辅相成,缺一不可,共同支撑着人类对奋斗的价值选择。中西方文化虽然对奋斗的评价标准问题尚未达成共识,但也有其共同认知之处,都视奋斗为先进的、积极的价值内容。

一、奋斗的自我选择

(一)人的一生是在不断选择中度过的,选择对任何人来说,都意味着人生价值是否能够实现

人生价值的实现是一个复杂的过程,在这个过程中需要主体能够把握或

---

① 马永:《"发展才是硬道理":发展理念真理性与价值性的辩证统一》,《内蒙古农业大学学报(社会科学版)》,2008年第4期,第258-259页。

者较大程度上把握个人的意志和行为,而自我选择是尤为基本和重要的主观条件。自我选择的方向和自我选择是否能够实现,既关系到每个人自我价值的实现问题,也关系到社会价值的实现问题。①每个人都希望自己的人生富有意义,通过不断的努力实现自己的人生价值。"在社会历史领域内进行活动的,是具有意识的、经过思虑或凭激情行动的、追求某种目的的人。"②"人们总是通过每一个人追求他自己的、自觉预期的目的来创造他们的历史。"③实现人生价值,实际意味着实现了人生的自我选择,人们为自己树立了一个又一个的价值目标,正是在追求这些价值目标的过程中,不断创造着自己的人生价值。选择是人的主观能动性的必然反映,自我选择是有意识、有准备的选择。人生价值的实现之所以强调人生自觉的选择意识,这是因为人的生命历程对每个人来说只有一次,每个人在人生道路上面临的问题和障碍、机会和可能性是不一样的,具有自觉、科学的选择意识就能使人在纷繁复杂的多种可能性中做出比较积极和主动的选择,在充满诱惑的现实中牢牢地把握住自己追求的目标,发挥自己的优势。因此,选择体现了人的理性自觉。社会发展程度越高,人的选择就越具有自我性,人们选择的范围就越广,人生的价值也就越能顺利实现。

（二）人生价值是人通过实践活动奋斗创造的,人生价值是一个具体的社会历史范畴,并随着历史的发展而发展

人生价值必须从具体的社会关系中去把握,不能离开具体的社会关系来讨论人生价值。任何人都是在一定的社会历史条件下生活的现实的、具体的人。人们既以自己创造的成果满足社会和自身的需要,又得到他人和社会对自身需要的满足,这种满足构成了人生之所以有价值的必要条件。人们创造人生价值的活动是在一定社会关系的影响和制约下进行的,人生价值不能不打上特定社会关系的烙印。自我选择的正确与否,关系到创造人生价值实践活动的成败,并最终决定一个人生活的意义。有了正确的人生选择并为之

---

① 谢菊兰:《在社会实践中实现自我选择》,《兰州工业高等专科学校学报》,2006年第4期,第74页。

② 马克思、恩格斯:《马克思恩格斯选集》(第4卷),中共中央马克思、恩格斯、列宁、斯大林著作编译局编译,北京:人民出版社,1995年版,第247页。

③ 马克思、恩格斯:《马克思恩格斯选集》(第4卷),中共中央马克思、恩格斯、列宁、斯大林著作编译局编译,北京:人民出版社,1995年版,第248页。

努力,一个人的生活就会过得充实而有意义;选择失误或不正确,那就会事与愿违,自食恶果;朝着虚幻的人生价值目标前进,只能是徒劳无功、虚度年华。① 创造价值的人生奋斗是在社会中进行的,奋斗的内容、方式以及实现程度绝不是个人主观随意确定的,而根本上是由社会决定的。选择人生价值目标要与社会的基本状况相适应,符合社会发展规律,这是进行自我选择最重要的客观依据。人生活在一个不以个人意志为转移的社会系统(包括社会制度、社会结构、社会关系和规范等)当中,在这个意义上看,个人对社会是不可能选择的。在每一个确定的社会条件下,正确的人生价值目标是确定的。社会基本的价值导向在客观上制约着个体的价值取向,对个体来说,社会价值目标是一种定向的规定,个体价值目标必须符合社会基本的价值目标。具体地说,奋斗是个人对社会与他人的奉献和贡献。从个体追求人生价值的角度来说,这个定向是不可以颠倒的。个体对此认识越自觉、越深刻,自我选择就会越确定,人生价值的追求就会越主动,奋斗成功的可能性就会越大。

(三)奋斗是正确地实现人生价值的自我选择

在日常生活中,"人们通过选择来反映自我,使个体把自我扩展到占有性上,人们喜欢代表个人身份地位的占有、支配、发表意见、进行评价等行为"②。诚如英国哲学家密尔(J. S. Mill)向世人的发问,他问人们是愿意做一头快乐的猪,还是愿意做痛苦的苏格拉底。苏格拉底固然痛苦,经常思考认识自己及"我是谁"这样的问题。但对于一个心智健全的人来说,这种痛苦是有尊严的痛苦,是有志者为追求真理和求证个人价值而选择的痛苦。所以,人的自我意识是使一个人出乎其类、拔乎其萃的最主要依据。③无论是成功的组织还是个人,往往都有一部奋斗史,其成功的背后都包含才智、信念和奋斗。而那些丧失了奋斗意志的人,最终的结果将导致颓败和堕落。在现实生活中,人们常常深刻感受到在成功背后蕴含着一种奋斗精神。中国社会主义新农村的先进典型江苏省江阴市华西村党委前任书记吴仁宝同志在谈到

---

① 谢菊兰:《在社会实践中实现自我选择》,《兰州工业高等专科学校学报》,2006年第4期,第75页。
② 曹文、陈红、高笑:《选择、自我表达与选择扩散效应》,《心理学报》,2009年第8期,第754页。
③ 傅佩荣:《听傅佩荣讲人生问题》,上海:上海三联书店,2008年版,第19页。

财富观时,经常教育华西人,要不断创造财富,才能拥有财富。①吴仁宝的财富观,可以说是真正建立在奋斗思想基础上的。其实,国际上许多成功的企业家也是靠奋斗才取得成就的。从34岁起进入通用电气公司的日本普通经纪人藤森义明,奋斗了16年才被任命为该公司亚洲区总裁兼首席执行官。他追求的目标就是挖掘新的业务发展机会,他的聪明才智和不懈奋斗,则是他成功的关键。无数事实说明,离开奋斗则将一事无成。也许存在特殊的人物、特殊的情况,起初并非经过自己的奋斗而得到了某种地位和利益,但如果把奋斗这个基本生活态度丢掉了,把这种可贵的精神财富完全抛弃了,其最后的结局也一定是悲剧性的。中国古代的皇帝,除了因参加革命或农民起义而成功之外,大多是世袭制。例如清王朝,刚入关建立清政权时,也曾创造了康乾盛世,但随着长期世袭执政,当权者丢掉了奋斗的生活态度,丧失了奋斗精神,最终导致了清王朝的覆灭,还给老百姓造成了深重的灾难。只有坚定信念,保持奋斗的意志和品格,才能更好地履行肩负的重任,为人类的崇高事业和社会的根本利益而不懈努力。丧失了奋斗这一根本性的精神,就是背叛,就会沉沦,就会堕落。

（四）要做出正确的自我选择

诚然,自我选择在人的价值实现中有着重要意义,但自我选择不能超越奋斗所能达到的水平和个人所处的奋斗环境,归根到底是由奋斗的实践决定的。那么,如何在奋斗的历程中做出正确的自我选择呢?

1. 确立奋斗的自我选择观念

自我选择观念的确立,指导着奋斗动机和奋斗行为。自我选择观应建立在个人能力的基础上。在进行自我选择时,必须从思想认识上排除一些固有的观念和不切实际的误区,目标定得过高或过低对实现自我价值都是不利的。

2. 要在理解奋斗的过程中寻找自我定位

这其中有两个关键点:一是奋斗处在不断发展的过程中,因此对奋斗的认识要在动态过程中去把握,在变化、发展了的奋斗中找到自我的位置。二

---

① 杨明、邓咏梅:《略论艰苦奋斗是兴旺发达的支撑力量》,《贵州大学学报（社会科学版）》,2004年第5期,第14页。

是主动寻找正确的自我定位。正常情况下,一个人都必然与周围世界、各类人群紧密相连而产生一定的社会关系,无不与他人合作和竞争。凡是能自觉地认识自我、自觉地调节自我、自觉地发挥自己各方面优势的人,就能成为社会的强者,就能主动寻找正确的自我定位;反之,被动从众,随波逐流,就很难推动自我奋斗健康地向前发展。

3. 全面合理的比较是做出奋斗的自我选择的基础

选择存在的前提,就是因为资源的稀缺性。"我们面对的社会与环境是公共的,个人之生存与发展也都是在一个激烈竞争的状态之内。当你获得了什么,也就意味着他人或社会要失去什么,资源的稀缺性使我们的选择不能随心所欲,不能怎样选择都行。"①这时,我们必须头脑冷静,有一个正确的比较,选取一个最佳的方案,使我们的主要目标可以用最好的方式实现。

4. 要在认识社会奋斗的主流中不断调整自己

我们要按照奋斗的主旋律不断净化、充实和调整自己,使自己步入个体良性发展之中,否则就会陷入惰性,就会自觉或不自觉地对自我和社会进行双重否定。我们绝不要奢望只要奋斗就会成功,就一定能达到预期的目的和效果。因为我们要清醒地认识到,奋斗的成功受许多内因、外因的影响,例如机遇、环境等的影响十分重要,但我们要有弃旧图新的选择奋斗的勇气和毅力。我们要明白一个基本道理,那就是——不进行奋斗的自我选择无疑就是人生停滞不前;选择有可能失灵,奋斗有可能失败,但不选择、不奋斗便永远不会成功!

二、奋斗的集体认同

认同,原本是哲学、社会学和心理学等学科的概念,是指某一社会行为体的自我同一性和个性,是本社会行为体区别于他社会行为体的规定性,或者说是社会行为体之所以为"我"而非"他"的规定性。②在思想政治教育的视域中,认同是思想政治教育受众对思想政治教育工作者所灌输、宣传、表达的思想理论、政策、法律、法规等的认可、同意和赞许。认同的形成是社会建构的

---

① 郑晓江:《论人生的选择》,《求实》,2001年第6期,第20页。
② 郭树永:《建构主义的"共同体和平论"》,《欧洲》,2001年第2期,第18页。

结果。个体从他者的眼中获知自我的身份,身份"存在于和他者的关系之中"①。温特认为:"完全的认同是很难产生的……但是,认同总是涉及扩展自我的边界使其包含他者。"②认同跨越行为体的知识边界,从自我延伸到他者,将他者纳入自我的身份界定中,建立更为广泛的身份共同体、利益同心圆。这种跨越是自我身份社会化的过程,其结果是群体化的集体认同的出现。集体认同是一个价值中立的概念,既可以表示行为体对相互间朋友身份的积极认同,也可以指对敌对关系的消极认同,基于集体认同建构的人际关系、组织间关系,既可以是冲突性的,也可以是合作性的。积极的认同关系使行为体在认知上把他者看成是自我的延伸。③集体认同的建构是一个不断演变的动态过程,结构变动的核心在于文化观念的变动。温特认为,社会结构形成和存在的条件是行为体社会实践的结果:行为体之间的互动造就了社会结构,这种互动的过程是社会结构存在的基本条件。行为体可以建构一种结构,也可以分解这种结构,并建立另外一种结构,新的结构是由完全不同的文化观念构成的。构建国际集体认同的核心要素包括物质力量、文化先进性以及行为体的地区与全球意识。虽然集体认同是观念性结构,但物质性因素具有观念性因素所不能取代的构成性作用。④

从思想政治教育的视角来看,对于奋斗的学理研究,集体认同的问题可以说是一个非常重要的话题。在哈贝马斯看来,传统社会的集体认同是由生活世界中的三个成分——文化传统、规范性建制以及其成员的生物—心理特征共同确定的。集体认同并不要求现代政治共同体的公民与其民族文化和传统价值一刀两断,而是努力要在特殊主义与普遍主义之间达成某种良性的平衡:一方面拒斥主流民族认同与共和主义的合流,另一方面又保证各亚文

---

① [美]亚历山大·温特:《国际政治的社会理论》,秦亚青译,上海:上海世纪出版集团,2000年版,第285页。
② [美]亚历山大·温特:《国际政治的社会理论》,秦亚青译,上海:上海世纪出版集团,2000年版,第287页。
③ 徐玉宝:《欧洲认同与欧洲一体化论析》,山东师范大学硕士学位论文,2007年4月,第8页。
④ 孙溯源:《集体认同与国际政治——一种文化视角》,《现代国际关系》,2003年第1期,第39页。

化群体在得到平等的承认基础之上自由地发展它们的特殊需要认同。① 因而,集体认同并非对个性的排斥和压抑,反而更具有包容性,更能体现社会成员之自主性。不可否认,集体认同在思想政治教育中、在促进社会发展和建设之中起着积极的作用。集体认同为在更大范围内联系起来的、互相陌生的、脱离了地方认同且流动性更强的人们提供了沟通、协作的纽带,相同的志趣和文化在他们当中培育出一种"我们"感②,从而为奋斗的发起和具体运作提供了前提。另外,集体认同也为奋斗提供了激励性、参与性的源泉。

然而,我们必须谨记,集体认同的内容会随着时代的变迁而不断发生变化,其变化的过程是长期的、渐进的。但我们不能简单地认为集体认同的东西就一定为大多数人所接受;相反,由于个人际遇、所处环境及自身素养的不同,个人认同的内容千差万别,其中某些会与集体认同相吻合,另外一些则可能会与集体认同相矛盾,矛盾的大小及其对抗的激烈程度决定着一个人是基本认可还是根本反对集体认同,换句话说,就是决定着个人是否与社会相融。当个人认同与集体认同产生激烈矛盾时,人们往往面临抉择:或是反对,或是逃避,或是沉默,或被同化。表面上看,反对和逃避是促使集体认同发生变化的因子,沉默则是无能和懦弱的表现,它会消磨人的意志,使人丧失奋斗的激情。但当个人认同在集体认同面前力量显得微不足道且又与之格格不入时,沉默也许是最佳甚至可能是唯一的选择。在某些集体认同的内容发生巨大变革的历史时期,人们若一味坚持贵族的价值体系,不知变通,却又极力排斥日益占据社会主流意识领域的、看重现时利益的价值认同体系,往往会付出沉重的代价。③

三、奋斗的社会评价

在现实社会中,人们经常要对特定社会现象的价值在社会层面上进行评价或评估。学者李德顺认为,社会评价即从一定的社会角度来考察和评定现

---

① 马珂:《哈贝马斯集体认同理论的发展及其对中国的意义》,《学术探索》,2007年第5期,第92页。

② [德]尤根·哈贝马斯:《公民身份和民族认同》,载于《在事实与规范之间》,童世骏译,北京:生活·读书·新知三联书店,2003年版,第659页。

③ 颜安:《集体认同与个人认同——从"尚礼义"到"尚功利"》,《华商》,2007年第22期,第90页。

象的社会价值,判断现象对社会的作用之善恶、美丑、功过及其程度。社会评价是以社会的身份反映现象的社会价值。这里所谓的社会的身份,表明评价者不论是社会的代表机构、公众还是个人,都应站在一定社会整体的立场上说话,以该社会的价值标准为评价标准。这实际上是对评价者在进行社会评价活动时的规范要求。①社会评价之所以必要,一个重要的根据就是人们对社会的评价在事实上是不一样的,是有差异的。进行社会评价的一个重要内容就是通过对这些不同的评价的再评价、相互评价,以求得对社会有一些多样性的、又相互补充、比较和谐统一的评价。② 但是,社会评价的合理性并不是仅仅由评价主体自己言说,还必须获得他人及社会的认可。

　　社会评价的形成和知悉,除通过在主体间的语言层面上的交往、对话中获取、认可外,更重要的还要从主体间在社会实践活动中的普遍交往中获取、认可。③ 在社会实践活动中,人把自己的目的、需要、价值理想、合理性要求和本质力量都要运用到对象上去,通过与对象的相互作用,创造出人所需要的、合理的新客体。同时作为创造者——人本身也在这种活动中得到自新,这是其一。其二,由于社会实践活动既要遵循社会本身的客观尺度,并以此为前提按照主体的内在尺度来改造社会、影响社会,还由于社会实践活动是一种主观见之于客观的活动,所以,通过社会实践活动对社会评价的影响,总比仅从语言交往共同体的表现进行评价要权威得多,实践对理论的批判总比理论对理论的批判更彻底、更权威。因此,只有在社会实践活动中,科学、权威的社会评价才能得到进一步的确认。要知道,社会评价从某种社会角度去考察和评价事物、现象的社会价值,判断该事物和现象对社会的作用的性质与程度。这是一种经常的、普遍的评价形式,是人们进行历史评价的现实形式。④在人类奋斗历程中产生的社会评价集中展示了人的社会价值,发展了人的个性价值,最终证明了奋斗对于人的价值自证,对于推动历史发展和社会进步的重要价值。

　　社会评价的真正目的在于抑恶扬善。科学、合理的社会评价是指客观

---

① 李德顺:《价值论》,北京:中国人民大学出版社,1987年版,第147页。
② 张理海:《论社会评价的合理性》,《哲学研究》,1999年第8期,第29页。
③ 张理海:《论社会评价的合理性》,《哲学研究》,1999年第8期,第30页。
④ 靳安广:《社会评价探析》,《黔东南民族师范高等专科学校学报》,2003年第1期,第23页。

地、真实地反映一定事物对社会主体的价值及其运动变化状态,它是客观如实地对事物的本来面目及它对社会的意义和价值的反映,真正表达了社会主体自身的真实的需要和利益。所以,合理、科学的社会评价,就是实事求是的科学精神及其效果。① 科学的、公正合理的社会评价会积极推动奋斗主体在奋斗的人生中把人和由人所构成的社会不断地向前推进。

社会评价应该遵循三项原则:第一,主体性原则。在社会评价过程中,应充分尊重主体的利益和需要,从奋斗主体的视角去估量奋斗的价值。第二,实效性原则。在社会评价过程中,要以实际结果为依据,注重实际效益。第三,综合性原则。在社会评价过程中,要综合考虑,权衡各方,以确保社会评价的公平、公正、合理。

综上所述,奋斗作为一种具体的、历史的社会现象,是在一种合理性观念指导下的、主观见之于客观的实践活动,不仅在人类社会的历史进程中获得了客观、公正、合理的社会评价,向世人昭示了它的社会价值;而且,奋斗本身作为一种社会实践活动,也在不断地以其价值观引导人类改造社会、影响社会,实现人类和社会的自新。

四、奋斗的历史检验

历史检验,即历史(史学实践)对社会活动或社会现象的评价和验证。历史评价作为一种基本的历史认识形式,是客观历史的承载者,而且能够在一定程度上反映其真实状况,含有一定的客观性。在本质上,史学实践也是一种特殊的社会实践。② 有学者将史学实践与社会实践并举,特别强调历史认识(历史评价)在社会现象或社会文明成果检验过程中的重要作用,"历史认识的真理就是经过历史研究的实践和社会实践检验证明是符合客观历史实际的认识"③。同时,历史评价作为一种特殊形式的历史认识,我们在评价过程中需要具体情况具体分析。而更多的历史评价只能通过间接方式加以检验,这主要是指运用那些已为人们实践所证实的具有公理性质的科学知识、理论与方法的检验。从检验所使用的证据来看,其中既有人类物质性实践活

---

① 靳安广:《社会评价探析》,《黔东南民族师范高等专科学校学报》,2003年第1期,第24页。
② 宁可、汪征鲁:《史学理论与方法》,北京:中央广播电视大学出版社,1991年版,第128页。
③ 庞卓恒等:《史学概论》,北京:高等教育出版社,1995年版,第112页。

动的成果,也包含人类精神世界的创造性成果;从检验活动的主体方面来看,既包括社会主体具有普遍意义的实践,也包括史学家主体的史学实践活动。① 奋斗既创造着人类物质性实践活动的成果,又生发出包含人类精神世界的创造性成果,是经由历史反复检验的具有社会价值的创造性活动。

历史发展是一个从不间断的过程,是"过去的现在"—现在—"未来的现在"所组成的时间链条。② 所谓历史的检验,是指践行奋斗精神要坚持从历史的角度看其长期效应,看其是否有利于人类的事业全面、协调、可持续地发展。常言道,人过留名,雁过留声,但仅此还远远不够。既要讲留名,又要创造实绩;既要讲留声,又要兼顾长久的社会发展之需,否则就容易导致一代人的奋斗、几代人的包袱。人类奋斗的实践活动要经得起历史检验,就要多做打基础、谋长远的工作。要通过奋斗实践,引领社会发展的思路,完善发展规划,按照着眼长远、可持续的要求,着力解决单纯追求眼前利益,不重视调整目标结构,不重视奋斗的质量和效益,甚至以牺牲长远利益为代价而换取一时的所谓奋斗果实,不重视经济社会协调发展等问题,不追求实现统筹兼顾;要创新激励奋斗的各种精神和理论,为奋斗提供科学的理论和方法论支撑。

但需要注意的是,对奋斗的历史检验具有长期性与综合性的特征。奋斗的历史检验的长期性,是指对奋斗的历史检验往往不是经过一次而是若干次才能完成的,常常需要在主体的奋斗过程中反复检验,所以具有长期性的特征;同时奋斗的历史检验不是通过孤立的、单一的认识检验就能完成的,它需要不同形式的历史认识以及其他影响因素的综合检验方能完成,故其又具有综合性的特征。

在新的历史时期,从思想政治教育的视角和实践来看,我们要大力弘扬奋斗精神,树立求真务实的人生态度,在奋斗的征程中探求客观规律,在尊重规律中谋求科学发展,把奋斗纳入科学发展的轨道上来,使奋斗真正建立在对实情的正确把握上,对方案的充分论证上,从而使奋斗经得起历史的检验。

---

① 邓京力:《关于历史认识与历史评价的检验问题》,《历史教学问题》,2004年第3期,第70页。
② 毛曦、康少峰:《历史认识的检验与真理标准的历史内涵》,《西安联合大学学报》,1999年第3期,第5页。

第三节 奋斗的真理性与价值性的统一

马克思认为:"人的价值具有工具性的一面……但是,人的工具性又不同于物的单纯工具性价值……个人既是工具又是目的。"①因此,人类的实践活动作为实现人的价值的途径,也是工具性和目的性即真理性和价值性的统一。片面强调人的工具性而忽视或抹杀人的最终目的性,进而也就忽视了人本身的个性、能力和创造精神的全面发展。② 奋斗是人类千百年来对社会发展理念的浓缩和精华,奋斗的实践性是无可置疑的,奋斗的真理性和价值性共处于一个矛盾统一体之中,体现了真理性与价值性的辩证统一。第一,它们的对立主要表现在:奋斗的真理性侧重于客体性原则,奋斗的价值性则侧重于主体性原则;符合客观规律的奋斗具有真理性标准,而满足人们需要的奋斗则具有价值性标准;奋斗的真理性体现社会历史活动的统一性原则,奋斗的价值性体现社会历史活动的多样化原则。第二,奋斗的真理性与价值性的统一主要表现在:在人类的奋斗理念中,有关奋斗道路、奋斗阶段、奋斗动力的论述体现了奋斗真理性的一面;有关奋斗目标、奋斗标准、奋斗评价的论述体现了奋斗价值性的一面。第三,奋斗的真理性与价值性相互贯通。奋斗的真理性为奋斗的价值性奠定基础,奋斗的价值性反映奋斗的真理性。如果说奋斗的真理性意味着主客观相符合的话,那么奋斗的价值性则是奋斗真理性的实践效果呈现。奋斗的真理性与价值性的统一都以实践为基础。奋斗的真理性体现了主客体关系中的客观性内容和尺度,奋斗的价值性体现了主客体关系中的主体性内容和尺度,追求真理和实现价值都是完整的奋斗过程的一个方面,它们共处于奋斗的统一体中,并在奋斗过程中实现相互联系和转化,从价值走向真理,由真理实现价值。

一、奋斗的真理导向与价值取向

在人类的奋斗史上,人们追求人类解放和自由的价值理想,又超越了价

---

① 李秀林:《辩证唯物主义与历史唯物主义》,北京:中国人民大学出版社,1995年版,第432页。
② 张光辉、黄世虎:《走向真理性与价值性的统一——对建国以来我国社会主义意识形态建设规律的探讨》,《河南师范大学学报(哲学社会科学版)》,2008年第6期,第7页。

值构想的空想性,使奋斗的成果和崇高的理想建立在现实的基础上,创立了真理性与价值性有机统一的奋斗精神。遵循奋斗的真理性与价值性有机统一的原则,这是社会发展遵循的必然规律,又是人类理性选择和奋斗的现实结果。我们一方面要努力推进社会的迅速发展,另一方面又不应忘记客观现实。但是,由于形势的复杂多变和多重影响,以及人们对形势的错误判断,一部分人对奋斗的认识偏离了科学的方向。抑或认识的真理尺度和奋斗的价值尺度在少数人的视野中发生了偏差,导致单纯地追求真理性尺度在选择中占据了重要地位,甚至发展成为唯一的尺度,而真理性和实践性的统一逐渐地萎缩或淡化。同时,另一部分人对奋斗的理解更多地停留在理想的和抽象的价值追求的表面,忽视了价值追求所赖以建立的客观基础。以上两种现象都割裂了奋斗的真理性和价值性的统一,长此以往,必将对人类共同的奋斗事业产生危害。人类经历了奋斗成功的喜悦,饱尝了奋斗挫折的痛苦。痛定思痛,从历史的角度重新审视奋斗成功与挫折的深刻原因,我们可以看出,认识和实践的历史从哪里开始,逻辑也应该从哪里开始。人们从总结历史经验和吸取历史教训的角度来探索奋斗的真理导向,价值取向的现实性和价值性就凸显出来。奋斗要避免出现片面追求发展结果、出现违背价值性原则的方向性错误。片面地追求奋斗结果而不顾及奋斗的方向,则不是我们所期望的。

故而,奋斗的真理性和价值性统一的表现之一在于:我们在对奋斗的真理性原则给予足够关照的同时,不可忽视奋斗的价值原则,特别是要从客观实际出发,把奋斗和现实社会有机结合起来,体现了奋斗的真理导向尺度和价值取向尺度的有机统一。真理性认识和评判主要是回答认识世界的正确性问题,而价值性认识和评判主要是回答改造世界的有效性问题。前者具有不以人们意志为转移的客观标准,而后者则往往带有更多的主体性问题,不同的主体具有不同的价值标准。① 奋斗的主体具有历史性,其思维和认识存在僵化的一面,这就决定了人的认识内在地包含着一定的缺陷;而奋斗的客体,总是一个具体的、不断流动、变化和发展着的过程。在这一过程中所表现

---

① 金正一:《中国特色社会主义的真理性与价值性之证明——兼论邓小平社会主义价值观的与时俱进》,《延边党校学报》,2005年第4期,第14页。

出来的复杂性、连续性、无限性、多样性和不可穷尽的层次性与具体性使人类思维不从抽象性、简单性、有限性、间断性和单一性角度入手,就根本不可能实现对混沌不清的外部世界的认识。① 奋斗主体的有限性与奋斗客体的无限性,是导致人们的认识和实践背离奋斗真理导向与价值指向的统一这个原则的主要原因。马克思主义理论体系从来就强调和追求两者的统一。坚持真理观和价值观的统一是无产阶级奋斗者一贯的思想作风与行动指南。

二、奋斗的真理抉择与价值整合

奋斗的真理性和价值性统一的表现之二在于:运用奋斗的真理导向性,化奋斗为人们从事社会生活、实现人生价值的必然抉择,并通过价值整合以加强奋斗核心价值体系的凝聚力,破除人们对奋斗的价值认同危机,将人们的价值观整合到团结奋斗的道路上来。实践证明,价值观念冲突及其建构问题值得关注。价值观领域新旧交替、多元并存的复杂状态是价值观念的"基本特色",但也孕育着社会价值观发展进步的契机和动力。在大的环境下,人们对价值选择多元化下价值取向的丰富表示理解和宽容,但是并不承认价值多元主义。② 价值整合这一概念对于人们怎样整合新旧价值观、主导和边缘价值观提供了另一个视域,从这个角度可以正确认识奋斗作为价值体系的确立和建设的意义。所谓价值认同,是指人们对主体自身的地位、意义与价值以及人们的认识和实践活动所产生的意义、价值与关系的信仰和承诺。③ 这正如人们对奋斗价值认同的实效所导致的危机,一旦人们否定了奋斗的真理抉择,而选择了懒息、淫逸、消极、萎靡、颓废,那么很可能会导致整个社会的发展危机。因此,越是在社会转型与社会结构发生巨变、价值观和利益冲突震荡的时期,就越要努力促使全社会的奋斗抉择,从而实现奋斗价值的有效整合。

存在一个社会普遍认同的奋斗价值体系无论是对个人,还是对群体、民族乃至整个人类社会来说都是非常必要的。因此,对传统奋斗观中不符合客观要求的内容加以改进,做好破与立的工作,是我们当前价值整合的重点。

---

① 金英俊:《科学认识的真理性与价值性初探》,《江南学院学报》,2001年第1期,第7页。
② 何岚:《价值认同危机下的价值整合》,《今日南国》,2008年第3期,第29页。
③ 王成兵:《当代认同危机的人学解读》,北京:中国社会科学出版社,2004年版,第30页。

所谓价值整合,是指将纳入价值体系的各方面价值,从全局出发加以调整、修正、更新、补充和完善的过程,使各种价值兼容并存,从总体上获得较高较全面的价值实现。①

笔者认为,奋斗的价值整合有四条路径:

(一)奋斗价值体系本身的可整合性

奋斗价值体系是在一定社会历史条件下由价值观念所构建的体系,主导、影响和制约着人们实现人生价值的社会意识与行动。而奋斗本身就是多重价值的组合体现,表现了价值整合的结果。无产阶级的奋斗观是受具体的社会历史条件和时代经济发展情况及其他因素的变化而确立的一种以马克思主义、社会主义、爱国主义为核心价值理念的奋斗观。脱离了马克思主义、社会主义、爱国主义的引领,奋斗价值体系就不可能真正建立并实现奋斗的价值整合。

(二)将以人为本,促进人的自由而全面的发展视为价值整合的目标

坚持以人为本,促进人的自由而全面的发展,这是奋斗的本质要求。建构奋斗核心价值体系的努力,在一定程度上意味着奋斗的价值取向,这正与以人为本的理念不谋而合,正由个体的价值认同、群体的价值认同向民族的价值认同、全社会共同的价值认同转变。以人为本,促进人的自由而全面的发展的奋斗价值取向的高扬,必将引发个体奋斗、群体奋斗、民族奋斗、社会奋斗的积极展开和激情实践。

(三)以奋斗者的民主、自由、公平、正义、和谐作为价值整合的基础

奋斗要想充分地展开,首要条件是人的政治解放,而其内涵应包括民主、自由、公平、正义、和谐等。在此基础上,追求奋斗者在经济、文化和社会等领域的解放、自由和全面的发展。追求人的全方位解放、独立、自由和全面发展是奋斗价值观题中应有之义。在价值整合过程中,我们应当充分尊重与考虑奋斗者的切身利益和自我价值实现的诉求,并以此作为价值整合的基础与前提,促进奋斗的整合作用,使之形成更强大的凝聚力、向心力和号召力。

(四)将奋斗文化作为价值整合的精神支柱

奋斗的价值整合是一项复杂工程,需要长期而艰苦的奋斗文化的建设来

---

① 陈章龙、周莉:《价值观研究》,南京:南京师范大学出版社,2004年版,第95页。

营造奋斗价值主体精神成长的良好环境和氛围,需要大力推进文化创新和价值实践。我们要想方设法造就一个强大的奋斗文化场,有力地整合奋斗精神,要用先进的奋斗文化引领人们的价值追求,去凝聚人们普遍认同的奋斗价值理念,不断提升人们的文化品位和价值境界。

三、奋斗的真理激励与价值显现

奋斗不仅是一种真理导向的精神体系,而且也是运用其实现价值目的的实践手段。奋斗的真理性和价值性统一的表现之三在于:将真理对于人们的激励内化为人们奋斗的精神航标,在奋斗中实现和彰显人生价值,创造和发展社会价值,从而实现真理激励与价值显现的整合。所谓价值,是指主客体之间客体是否满足主体的需要、是否同主体相一致且为主体服务的一种关系状态。价值并不是客体固有的属性,客体及其属性不与主体相联系,就不构成价值关系。奋斗的价值是依据具体主体的状态、能力与需要的不同而不同、变化而变化的。奋斗的价值,体现于奋斗作为客体能够满足人类的生存需要,并对人类追求真理具有重大价值。回溯人类奋斗的历史,当人们的活动逐渐向应用科学和生产实践领域转移时,价值便愈来愈占主导地位。真理激励与价值是否统一,离开了人类正确的真理判断力和选择,奋斗便不能产生实际效用。从事奋斗的奋斗者,一定是现实的人或社会主体,人类不是为了真理而真理,而是最终要从追求真理中得出社会价值。可见,奋斗从总体上讲,是对人们有价值的。奋斗的价值与主体的价值判断能力关系紧密。奋斗乐观主义者认为,奋斗是解决一切人类问题的灵丹妙药,对奋斗的价值盲目夸大;奋斗悲观主义者认为,人的力量在外界环境面前不堪一击。奋斗的异化,造成了人性的异化。有的人忽而过分迷信奋斗,忽而对奋斗避之若瘟疫。海德格尔指出:世界越是广泛有效地被人征服,被人摆布,对象越是表现出客观性,其中的主观意志就越强烈。①因此,应当更好地促进奋斗的真理性对人们进行奋斗的激励性作用,从而使奋斗的价值不断增加。笔者以为,最为有效的途径莫过于通过奋斗观的激励教育,使全社会形成向往奋斗、认同奋斗、投身奋斗的良好氛围。

---

① 金英俊:《科学认识的真理性与价值性初探》,《江南学院学报》,2001年第1期,第8页。

（一）充分发挥学校等教育、培训机构的主渠道作用

人们的奋斗精神和品质不是与生俱来的，而是后天教育和培养的结果。因此，必须充分发挥学校等教育、培训机构的主渠道作用，加强对人们的奋斗精神和品质的正面教育与引导。首先，必须着眼于引导和帮助人们掌握奋斗的立场、观点与方法，树立正确的奋斗观，确立高尚、远大、积极向上的奋斗的理想和目标，这是培育奋斗精神的思想基础；其次，帮助人们充分认识树立奋斗精神的重要性和必要性；再次，揭示奋斗的时代意蕴，让人们懂得奋斗的时代内涵是一种开拓创新、奋发有为、积极向上的精神状态，是一种不惧艰险、百折不挠的坚强意志，是一种勤奋上进、吃苦耐劳的生活态度。

（二）加强奋斗的社会文化建设，营造奋斗的良好舆论氛围

丰富多彩的社会文化是一种潜在的无形的教育力量，是进行奋斗精神培育的有效载体。社会文化建设应与奋斗精神的培育有机地结合起来，既突出主旋律，又使人们在喜闻乐见的文化氛围中增强坚韧不拔、勇于拼搏的精神。大力做好宣传导向工作，形成良好的社会舆论氛围；积极创造条件，举办融时代性、科学性、学术性、思想性和奋斗教育于一体的奋斗精神宣讲活动，提高奋斗教育的整体水平；在全社会营造良好的奋斗环境氛围，使人们在潜移默化中接受奋斗教育；大力宣传成功奋斗者的典型事迹，增强奋斗的正效应激励。

（三）发挥社会实践的强化作用，着力在实践中培养人们优良的奋斗品格

进行奋斗精神的培育，仅靠理论引导是不够的，参加社会实践才是培育奋斗精神十分有效的途径。各级各类学校不仅要责无旁贷地组织学生参加丰富的社会实践活动，使其受到奋斗精神的教育和锻炼，而且还要结合实际情况和时代特点，发动其他社会组织或团体参与到奋斗的实践教育和培训中来，让更多的人广泛接触社会，了解世情、国情、社情、民情，向实践学习，扩大视野，增长才干，培养热爱奋斗的品质，在实践中锤炼吃苦耐劳、坚韧不拔的奋斗精神。

（四）建立健全相关规章制度，大力弘扬健康向上的奋斗精神

树立科学奋斗观，既要靠教育引导，也要靠制度规范。仅仅依靠道德良知的力量难以有效节制个人道德滑坡和私欲膨胀，有强制力做保障的制度约束才是防止思想变异的强有力的手段。但目前还有不少制度盲区，需要调研、设计更为具体有效的操作性较强的良好制度和实施细则，使已有的各项规章制度更便于操作和执行。这其中极为重要的是在各项制度和实施细则

中应强化惩处机制,加强对背离艰苦奋斗作风者的惩处措施和制裁力度,进一步增强这些制度的刚性和约束力,更好地保障奋斗的价值显现。

综上所述,对任何一个理论体系的认识和评判,必须遵循两大原则:真理性原则和价值性原则。在认识和评判奋斗或者奋斗精神时,也必须经常地、反复地思索其真理性和价值性的问题。奋斗是一个在实践中不断解决主观与客观、理想与现实的矛盾,使之成为具体的、历史的、统一的创造过程中的里程碑。因为它对历史和时代进行了系统把握,对社会发展的不同阶段和发展战略做出了科学定位,强调要把社会进步与实现人的自由而全面的发展统一起来,既保持了原则的坚定性,也体现了价值目标的明确性,实现了真理性与价值性的具体统一,实现了人类发展观的重大创新,为追求人类的普遍幸福指明了正确的方向。伟大的事业需要并产生崇高的精神,崇高的精神支撑又推动着伟大的事业。我们有理由相信,只要始终坚持和实践真理导向性与实践指向性统一的奋斗精神和奋斗的生活方式,人类就一定能够成就更加气势磅礴的伟业,人类建设全面发展、自由公正、和谐富足世界的理想就一定能够实现!

第四章　奋斗的差异论与机制创新

> 极为相似的事变发生在不同的历史环境中就引起了完全不同的结果。如果把这些演变中的每一个都分别加以研究,然后再把它们加以比较,我们就会很容易地找到理解这种现象的钥匙。①
>
> ——[德]马克思

奋斗是一个历史范畴,在不同的时期有着不同的内容和表现形式。奋斗的概念绝不是从人的本质或人的特性中引申出来的人本主义概念,而是从人的现实存在出发,即从人们的现实生活关系中概括出来的概念。正因为奋斗是一个包含着多重现实关系的具体概念,因此只有结合特定的社会历史条件,才能确切地把握其内容。奋斗诚然体现了人对社会和自然的能动关系,体现了人的创造天赋,但马克思主义的奋斗概念所要表达的还不尽如斯,因为其不只是要对能动性进行一般抽象的表述,而且要具体地分析,得出在特定的人类发展阶段中,人的主体能动性与创造性的发展与发挥究竟取决于哪些现实的社会历史因素。简而言之,奋斗所昭示的人的能动性,是一种既受自然制约,又受社会制约的主体能动性。主体连同他的活动,既受到外部自然和自身自然的制约,也受到一定的社会物质生活条件的制约。正是这些自然和社会的制约因素,为人的能动性和创造性的发展与发挥设定了界限,而这层层限制又层层超越的过程正体现了人的主观能动性的何等可贵!这个界限是有弹性的,对于不同的社会阶段和个人而言,内容截然不同,所以我们要对奋斗的质性差异进行具体分析。不过,这个界限本身却是绝对存在的。如果要突破界限,就必须改变人的物质生活条件和现实社会关系,就要发展

---

① 马克思:《马克思恩格斯文集》(第3卷),中共中央马克思、恩格斯、列宁、斯大林著作编译局编译,北京:人民出版社,2009年版,第466-467页。

物质生产力和变革社会关系,亦即探究如何促发最优化奋斗的机制创新。

具体而言,在历时性维度上,奋斗的差异性表现为奋斗在不同时代的质性样态;在生产中介的现实性维度上,它表现为奋斗的程度差异;在共时性维度上,它表现为奋斗的环境差异。同时,在各个维度上存在着诸种质性差异的奋斗,在多大程度上能够自我实现,又有赖于表现为机制激励、公平彰显、活力创造和人权保障的机制创新。不可否认的是,奋斗的差异性与奋斗的机制创新之间是一种辩证互补的关系:如果说奋斗的实现依赖于内部的主观条件和外部的客观条件而表现为一系列差异性的话,那么机制创新就为这种差异性的主观和客观两方面得以统一提供了可能性。

第一节 奋斗的差异性

要认识奋斗,首先要了解奋斗的差异性。自觉的奋斗,首先就是对奋斗差异性的自觉。奋斗,究其实质,在于人作为实践主体在差异性的环境条件限制之下促使自我意志的张扬与实现。因此,没有差异性奋斗的自觉是空洞的,没有差异性自觉的奋斗是盲目的。具体言之,奋斗在历时性、现实性、共时性以及主客体诸维度上表现为一系列可供厘定分析的质性差异。一方面,由于社会形态的演进,身处其中的实践主体,也随着时代的更迭在奋斗中表现出差异性。原始社会极端低下的生产力造成了个体依赖性较强的存在方式,而这一虚幻共同体的存在方式导致了奋斗是一种集群的、非自觉的活动。当生产力的发展将个体从人与人之间的依附关系中解放出来,主体意识得到建立,个体开始通过奋斗获得自由。另一方面,在西方社会,由于对物的依赖和自由竞争的社会运作方式的存在,奋斗沦为资本主义的工具。在共存性时代,奋斗在人与人的关系中被赋予了集体主义价值观,功利性的个体主义在此受到扬弃和超越。

奋斗是人们在客观的具体历史条件下,通过把握事物本质来改造世界,实现自我意识的活动。因此,无论否定表象和本质的差异,还是脱离社会现实和历史条件,都是无法定义奋斗的。东西方文化都关注了奋斗精神境界的深度和广度,以区分奋斗的程度。从缺乏自我意识的自然境界到小我境界,再到大我乃至无我境界的区分,究其本质是由生产决定的质性生活的差异的直观表述,而探究具体社会历史形态对于奋斗的调节才是区分奋斗程度的核心问题。从马克思关于人的自由而全面发展的思想出发,前资本主义社会中对人的依赖导致了奋斗只是一个主体缺失的谎言,在资本主义时代,人遭受到资本主义社会的压迫和异化,但同时也被允诺了所谓的自由的可能。在马克思设计的共产主义社会中,人类脱离了对人的依赖和对物的依赖,人的自由个性将得到充分的发挥空间,主体意识摆脱了异化,以此社会条件为现实支持,大我乃至无我的境界才可能得以真正实现。

一、不同奋斗的时代分析

在不同的时空里,奋斗的实践主体有着不同的存在形态。同时,奋斗随着一种主体向度的价值标准和客体向度的实践方式,也发生着否定之否定的嬗变。对奋斗嬗变的历史时代分析,从奋斗实践主体的三种不同存在形态(即依赖性存在、独立性存在、共生性存在)进行。

奋斗,不是单个人主观意志的产物,也绝不是一个近现代才产生的现象或凭空出现的形而上学的概念。作为一种客体向度的实践方式和一种主体向度的价值标准,奋斗在每个时代都有不同的特殊表现形式。在阶级社会,每个社会集团都有自己的奋斗实践和奋斗观念。奋斗的演变是一个历史的、发展的、辩证的运动过程。从思想政治教育之维度观照,奋斗的实践主体是作为社会主体的人的形式呈现的。然而,这里作为奋斗的承载者、践履者和体现者的人,总可以被发现处于一种存在状态。马克思描述了人类历史进程的三种社会形态:第一阶段是最初自发的个体之间的依赖关系;第二阶段是以物的依赖为基础的人的独立性;第三阶段是个人全面发展和社会全面进步。在前资本主义社会的第一阶段,人与人之间是一种以依赖为基础的宗亲、血缘或者统治与臣服的关系,人主要表现为一种依赖性的存在;在资本主义条件下的第二阶段,人与人之间是一种人格上"平等"的契约关系,个体开始具有了一定的自由和自主,人主要表现为一种以物的依赖性为基础的独立性存在;在未来共产主义社会形态的第三阶段,自由人开始联合,不仅摆脱了对人和物的依赖,而且逐渐成为自然界和社会关系的主人,人表现为一种自由而全面发展的存在。然而在社会主义向共产主义过渡的时期,人也处于向自由而全面发展存在的过渡阶段,表现为一种共生性存在。因奋斗主体在不同历史时空中有着不同的存在形态,奋斗主体的奋斗观念和实践也就伴随着发生否定之否定的演变。

(一)依赖性存在:虚假的整体主义时代的奋斗

在原始社会,由于生产力决定的质性生活的差异,个体在自然界面前显得十分弱小,很难从自然界获得全部的个体生命所必需的重要物质资源,因此,主宰人们的是一种纯粹的依赖关系,此时现代意义上的独立个体、所谓的"自我"不可能出现。在血缘和地缘的基础上,生物学意义上的每个个体都分属于各自的氏族部落,在日常观念的表达中,"自我"尚未出现,只有个体赖以依附并自我界定的家族、部落、氏族等不同的原始共同体作为组织单位。"部落始终是人们的界限,无论对其他部落的人来说或者对他们自己来说都是如此。"①个人通过部落才能将自身表征出来。

在剩余劳动产品出现和社会生产力发展的基础上,奴隶社会和封建社会的时代开始了。对奴隶主或者封建主的人身依附关系分别是这两种社会形态的基础,"占有"是其突出特点。在这样的以阶级统治为根基的社会中,人身依附是物质生产塑形的社会联系以及建立在这种联系之上的生活世界的主要特征。那些具有某种所谓的高贵身份或地位的统治者身上,被统治者还不可能产生真正的"自我"意识和身份指认。正因为如此,黑格尔才说"东方人过去知道,现在仍知道,只有一个人是自由的"②。

基于此,在这种依赖性关系中,原始共同体或统治阶级集团的整体利益才是那时的奋斗所维护的。它遵循一种没有独立人格的、依附性的虚假整体主义。在那个时代的社会中,它捍卫的是虚假的整体主义人格,如服从、听话、本分,而不是那种独立性人格,如独立、自由、民主、平等等。

(二)独立性存在:个体主义全面统治时代的奋斗

生产力的发展和资本主义制度的确立,带来的结果是个体逐渐脱离那种虚假的、依附性人格为基础的整体主义,通过启蒙运动,提倡人道,追求个性解放,肯定人的尊严。为了避免回到霍布斯所称的一切人反对一切人的原始状态,以及避免更大的冲突,使竞争能够有序地进行下去,人们确立准则以维

---

① 马克思、恩格斯:《马克思恩格斯文集》(第4卷),中共中央马克思、恩格斯、列宁、斯大林著作编译局编译,北京:人民出版社,2009年版,第112页。

② [德]黑格尔:《历史哲学》,王造时译,上海:上海书店出版社,1999年版,第19页。

系相互之间的某种竞争关系。个体的自由劳动不仅发展了资本主义市场,也培育了人们普遍的个体意识,个体的主体性在法律层面上得到承认,从而普遍产生和发展了主体意识。由此,奋斗也就具备了通俗理解上的意义。

比如,思想自由、法权平等、行动守法,成为西方政治传统中自由观的核心观点。在西方文化语境中,社会行为的基本准则是利己主义,人所进行的所有活动从根本上而言都是为满足个体需要而展开的,在认识过程中除了作为认识主体以达到自己特殊需要的途径以外,真理可以说毫无价值。其实,所谓存在正是人的存在,即人具有自我意识、自我精神或主观性,人的未来从本质上来说恰恰是由人自己所决定的,由人独立自主的主观意向性所决定的。可以这样理解:从根本上讲,在所进行的所有活动中,人是自由的。以上这些都是由生产力解放而产生的现代奋斗意识的表现形式。

在独立性存在中,个体奋斗与个体的利益紧密联系,于是,利己主义、个体主义的奋斗则大放异彩。在这里,奋斗所要引导个体遵守、维护的制度、法律、社会规范是建构在利己的个体主义基础之上的;它捍卫的是"自我"与"利己",把人放在世界最高目的的地位,排斥建立在虚假整体主义基础之上的依附性人格,一定程度上对推动人的解放与自由发展意义重大而深远。

但是,资本主义文化体系的不足正是由于个体性的发育滋长不断地被揭示出来,阶层就是通过这个体系中的竞争得以界划出来的。自由竞争导致大部分资本集中在少数人手里,人的主体性的实现程度恰恰取决于拥有资本的多寡,所以人会为了最大限度地实现自身的主体性,而把他人作为工具,把自身作为唯一的目的。在这里,奋斗被当成了一种资本和为实现自身目的的工具。个体作为独立的"存在",追求利益演变为生活的运行原则,维护主体性也荣升为资本主义社会的发展范式。而这里所谓的主体性,也不过是亚当·斯密所说的"看不见的手"①,它借由实现自我的途径,通过奋斗得以出场。

(三)共生性存在:人类大我时代的奋斗

由于信息科技的飞速发展,现代化,作为全人类的发展演变阶段,已成为一种内在的必然,全球化已经成为一种趋势,这给思想政治教育工作带来了新的思考和反思。在这种思考和反思中,被类似共在、共生之类的关键词占

---

① [英]亚当·斯密:《国富论》,王勋、纪飞等编译,北京:清华大学出版社,2008年版,第147页。

据。按照哈贝马斯的观点,人类并不是以单子式的孤立个体的形式存在的,而是以双向交往为起点的。后现代思潮的代表人物之一大卫·格里芬(D. E. Grifin)就认为,所谓对现代性的超越,就是使人们摆脱现代机械的、科学化的、二元论的、家长式的、欧洲中心论的、人类中心论的、穷兵黩武的和还原的世界①,并竭力尝试证明每个个体的存在。在此共生性存在的图景中,每个个体与他们所处的关系在互动中不断展开,各种关系之间也相互交融、相互渗透、相互影响,它们此消彼长,不断形成发展出新的关系。为此,关系本身就是一种动态存在,没有固定的界限,处在这种关系中的每个人都是与众不同的,他拥有其他个体所没有的能力与机会,这也就使每个个体具有了自我选择、创造和建构的可能,也具有了成为各具差异的独特个体的可能。为此,每个共生性的存在,就其本质而言就是一个独具创造性的独特的存在。②

于是,在共生性存在阶段,奋斗与人类的共同利益密切相关,人类大我的整体主义一以贯之且生生不息。奋斗的路径具体化到这种社会形态中,就是要引导个体发挥主观能动性,来建构在人类大我的集体主义基础之上的上层建筑。这种以人类大我为最终目标的奋斗,是集体主义性质的奋斗路径中产生了质性飞跃的一种高端形式,是对人类生存和未来命运之价值关怀的内在具体化表现,同时作为从社会主义向共产主义运动的客观规律外在地表征出来,这种双重性就是扬弃虚假的整体主义的奋斗、超越利己的个体主义奋斗。当今,我们在社会主义制度下所倡导的具体的奋斗价值标准和实践指南,也是以这种人类大我的集体主义为指导原则的。通过对奋斗的价值形态和实践指向之嬗变的历时性分析,结果显而易见,作为具体奋斗的承载者、践履者和体现者的人,经历了从虚假的整体主义奋斗,到利己的个体主义奋斗,再到人类大我的集体主义奋斗的历史演变。

二、不同奋斗的程度分析

在讨论奋斗的时代差异的同时,需要抵制住直观的、天真的、朴素的实在论(naive realism)的诱惑,即认为事物就是它向我们呈现出来的样貌、现象和

---

① [美]大卫·雷·格里芬:《后现代科学》,北京:中央编译出版社,1998年版,第5页。
② 鲁洁:《关系中的人:当代道德教育的一种人学探寻》,《教育研究》,2002年第1期,第8页。

本质是直接同一的。这种幻想的"资产阶级科学——自觉或不自觉地、天真地或理想化地——总是从个人的观点来考察社会现象。而从个人的观点里不会产生出总体,最多只能产生某一局部领域的一些方面,而且大多只能产生一些零碎不全的东西:一些无联系的'事实'或抽象的局部规律"①。从本质上讲,"在一切形而上学中,客体,即思考的对象,必须保持未被触动和改变,因而思考本身始终只是直观的,不能成为实践的;而对辩证方法说来,中心问题乃是改变现实"②。奋斗的分析必须是着眼于实践视域中的具体辩证形态,奋斗的真正的辩证法并不满足于指认直观的奋斗现象,而是着力于发现奋斗现象背后的机制、结构、关系的历史性、运动性与中介性,并辨认其背后的本质与现象的辩证关系。否则,"现实及其在资产阶级直观唯物主义和与之有内在联系的古典经济学意义上的'规律性'是不可理解的、命定的和不可改变的"③。同样,这种直观唯物主义视域中的奋斗也就会成为最抽象和最不容易被理解的永恒的自然现象。而实际上,"这些观念、范畴也同它们所表现的关系一样,不是永恒的。它们是历史的、暂时的产物"④。这就意味着,奋斗是历史和社会参差错落的诸种关系的复杂混合体:对任何奋斗进行程度分析,都要从奋斗的表象透视生产决定的质性生活的差异,并辅之以分析这种奋斗产生和发展的历史。

奋斗的时代差异,决定了奋斗的主观愿望能够以何种程度在客观效果上得以实现。而在同一时代中,不同的奋斗在程度上同样有着质的差别。我们必须首先明确的是,奋斗绝不是悬设在上的善良愿望,更不是主体万能的自我实现,因而如此理解的奋斗"既不涉及历史又缺乏分析,只是提出辩解、表示感伤和做唯心主义的梦幻"⑤。究其根本,奋斗要实现自身,必须以一定

---

① [匈]卢卡奇:《历史与阶级意识》,杜章智、任立、燕宏远译,北京:商务印书馆,1999年版,第78-79页。
② [匈]卢卡奇:《历史与阶级意识》,杜章智、任立、燕宏远译,北京:商务印书馆,1999年版,第50页。
③ [匈]卢卡奇:《历史与阶级意识》,杜章智、任立、燕宏远译,北京:商务印书馆,1999年版,第50-51页。
④ 马克思、恩格斯:《马克思恩格斯选集》(第1卷),中共中央马克思、恩格斯、列宁、斯大林著作编译局编译,北京:人民出版社,1995年版,第142页。
⑤ [美]乔治·萨拜因:《政治学说史》,盛葵阳、崔妙因译,北京:商务印书馆,1986年版,第840页。

的、具体的、历史的、现实的由生产决定的客观条件为中介。即一定的奋斗与一定的生产力发展水平是相对应的,奋斗会随着生产力发展水平的变化而改变。但同时,作为奋斗主体的人,要敏锐地发现客观条件的变化,有意识或无意识地不断进行调整。事实上,即使最简单的行动也已经烙上了社会历史的总体性物质生活关系印记,"某个人一旦喝了一杯咖啡就等于卷入了遍及世界的一种复杂的社会与经济关系"①。正如马克思曾经着重申明的那样:"我的研究得出这样一个结果:法的关系正像国家的形式一样,既不能从它们本身来理解,也不能从所谓人类精神的一般发展来理解,相反,它们根源于物质的生活关系,这种物质的生活关系的总和,黑格尔按照18世纪英国人和法国人的先例,概括为'市民社会',而对市民社会的解剖应该到政治经济学中去寻求。"②只有在具体物质的生活关系总和过程中,奋斗的脉搏才得以凭借囊括四周的张力,具体而现实地跳动起来。可见,奋斗首先是一个过程,更是一个结果,反映了社会历史条件在奋斗过程中的作用及其内在的促发与约束。所谓奋斗程度分析,就是指探究在一定的条件下社会历史形态调节奋斗的作用程度。不存在自为地自我调节的脱离社会历史条件的任何中介环节的奋斗。

东西方传统的思想资源,已经为我们提供了关于不同奋斗程度分析的厘定标准,其中精神境界就是具体界定奋斗程度的重要指标。所谓精神境界,宽泛而言,是指具体个人的世界观在质性维度的整体水平和状态。如果从对外部自然物质世界的认识中去寻找精神境界往往适得其反,其实精神境界是指对囊括了宇宙、社会、人生及自我之整体的意义的理解和态度。精神境界是具体个人精神完美性的标志性表征,是将人的道德水准囊括在内的对宇宙、人生全部理解的范畴。对应于具体的、历史的、现实境界的内隐的体认和外显的践履正是具体的、历史的、现实的奋斗,而不同精神境界的高下之分则决定了不同奋斗的程度之别。

在克尔凯郭尔看来,精神境界包括三个层次,即审美境界、道德境界、宗教境界。他认为,这三者间呈现依次递进的关系,审美境界即感性境界,以感

---

① [英]吉登斯:《社会学》,赵旭东译,北京:北京大学出版社,2003年版,第3页。
② 马克思、恩格斯:《马克思恩格斯选集》(第2卷),中共中央马克思、恩格斯、列宁、斯大林著作编译局编译,北京:人民出版社,1995年版,第32页。

性需求为中心;道德境界即理性境界,表现对义务与责任的担承;宗教境界是为信仰献身,这是以痛苦为特征的最高的人生境界。冯友兰在《新原人》第三章曾将"境"定义为宇宙人生对于人所具有的某种意义。"自然境界"中人不知有我,即不自觉有所谓自我;"功利境界"中人自觉到自我;在"道德境界"和"天地境界"中人则无我。① 三种境界说在禅宗里亦可以发现:纯粹以自我为中心的自私境界是"小我"之境界。把"小我"的观念扩张到与时间空间齐一关照,从而使小我消融于宇宙之中而与宇宙合一,这就是"大我"的境界。在这个境界中反观自身,可以觉知自己的内心无限深远,而外在的世界无限广大,此时人的身心世界已经不复可寻,能被觉知的只是渺杳浩大的宇宙。在这种境界中,个人既作为宇宙的一分子,又作为宇宙的全体而出现。人与外界的吊诡由于在这种境界中已无迹可循,对外界喜怒哀乐的假象式反映以及贪嗔痴的妄念心理自然消失,充实和有意义便充满了觉知者的内心,爱人爱物如同爱小我绝无等差,这就是"大我之境"②。更深入地说,大我的境界还不是禅宗追求的最高境界。禅宗认为,最高的境界是"无我"的境界,在这种境界之中,再也找不到一切差别对立,此时人才能真正从烦恼中得到解脱。③ 如此,按照佛家的说法,冯友兰先生所谓天地境界、基督教的神人合一、印度教的梵我合一,都是禅宗关于第二种境界即大我之境的言说。

综上,扬弃其形而上话语的抽象建构,萃取其合理内核,我们可以清理出不同奋斗的程度之别,亦即自然境界的奋斗、小我之境的奋斗、大我之境的奋斗以及无我之境的奋斗。如果本章第一部分对不同奋斗的时代分析是从客体向度出发对奋斗在不同时代背景中具体实现形式的客观分析,那么此处这种从境界衍发的对不同奋斗程度的厘定则是对社会历史形态所中介的奋斗进行的主体向度的指认。但是需要注意的是,若在这里仅仅将奋斗理解为可供人们按图索骥自我标定的固定层级,并在所谓人对整个宇宙、社会、人生及自我的意义理解与态度的直观层次进行观照,那么正像上文已经分析过的一样,奋斗只会成为最抽象和最不容易理解的永恒的自然现象。然而实际上,历览先贤所分析的不同奋斗的程度,就本质而言,不过是由生产决定的质

---

① 冯友兰:《三松堂全集》(第4册),郑州:河南人民出版社,1986年版,第559页。
② 释圣严:《禅》,台北:东初出版社,1986年版,第25页。
③ 释圣严:《禅》,台北:东初出版社,1986年版,第26页。

性生活的差异。也就是说,对不同奋斗程度的真正分析,就是探究在一定条件下社会历史形态调节奋斗的作用程度。

这种对一定社会历史形态所中介的奋斗进行的主体向度的指认,用马克思主义的话语来说就是个体的自由而全面的发展。正像马克思曾指出的:"人们的社会历史始终只是他们的个体发展的历史。"①如果不能使个体获得解放,那么人类社会的解放则是不可能的。而个体的解放和发展是社会发展的重要前提条件。因此,关于个体全面发展的丰富的思想理念,正是马克思新世界观创立的关键。人的自由而全面的发展作为未来理想社会的根本价值目标,它包括人的全面、平等、和谐与自由发展。从现实的人出发,马克思通过详细分析资本主义社会由于异化劳动而导致的人的片面、畸形的发展,提出了人的全面发展问题。他认为,人的全面发展包括人的劳动能力、社会关系和个性的全面发展;人的全面发展经由对人的依赖到对物的依赖,再到发展人的自由个性三个不同又相关联的阶段,是一个动态的发展过程;人的全面发展以生产力的高度发展和生产关系的变革为前提,靠生产劳动和教育的结合而实现。马克思人的全面发展理论的实质,在于追求共产主义社会的基本原则和人类未来的价值目标。马克思以他所生活的资本主义社会为着眼点,追溯了生活在此以前的社会中人的发展状况,并对资本主义社会以后人的发展状况进行了展望。他认为,人的依赖关系(起初完全是自然发生的)是人的全面发展最初的社会形式。在这种形式下,人的生产能力只是在狭小的范围内和孤立的地点上发展着。以物的依赖性为基础的人的独立性,是人的全面发展的第二种形式。在这种形式下,才形成普遍的社会物质交换、全面的关系、多方面的需要以及全面能力体系。建立在个人全面发展和他们共同的社会的生产能力成为从属于他们的社会财富这一基础上的自由个性,是人的全面发展的第三个阶段。② 而在《1844 年经济学—哲学手稿》中,马克思不仅从人(主体)的发展的角度出发提出了三形态社会理论,而且也从主体与客体相互关系的角度提出了前资本主义生产方式、资本主义生产方式和共产

---

① 马克思、恩格斯:《马克思恩格斯选集》(第 4 卷),中共中央马克思、恩格斯、列宁、斯大林著作编译局编译,北京:人民出版社,1995 年版,第 532 页。
② 马克思、恩格斯:《马克思恩格斯全集》(第 30 卷),中共中央马克思、恩格斯、列宁、斯大林著作编译局编译,北京:人民出版社,1995 年版,第 107 - 108 页。

主义生产方式三大形态理论。

抛开传统思想对奋斗程度界定的人本主义话语，重新回归到马克思科学分析的经济学语境，我们可以发现，在人受自然支配的前资本主义社会，一旦失去了集体的力量，人们便无法生存，为此人们依照血缘或地域关系结成共同体，使人与人之间互相依赖。个体与个体之间，要么因自然、血缘联系着，要么以统治、服从关系维系着。在这样的时代，一些人是人，另外一些人只被当作类似牛马的工具。劳动主体只有奴隶和农民，然而不创造财富的另一部分人，他们的生存却依赖于奴隶和农民的劳动成果。在社会组织内部，人与人之间的依赖关系构成了全部社会生活的基础。比如在旧中国，人们无法确切区分宗教、政治、家族的关系：皇帝被当作神或天子来崇拜，由族长统治的家族能够不受抵抗地在个人身上肆虐、施加其无上的权威，大多数人如同奴隶般地生活着。只有统治者可以自由地对臣民专断施威，行使生杀予夺的权利。

在私有制的资本主义社会，个人遭受到外在于自己的抽象的社会这一强大的实体的压迫是无法想象的，这使得抽象的社会实体与具体的个人形成鲜明的对立，人也逐渐处于异化状态。这种社会与个人的对立反映出的是资本主义社会的基本矛盾。马克思揭露并严厉地批判了这种社会与个人的对立、资本主义社会中异化劳动现象及其危害，并指出了扬弃异化的途径。异化劳动是在私有制条件下奴役人、压迫人的实践活动。个人在异化劳动条件下，随着生产力的发展和财富的增加而提高工作能力，但同时个人又受到了残酷的摧残和压迫，它表现为人的本质的异化、人与人之间社会关系的异化、工人与产品关系的异化、工人劳动过程的异化等。而究其根本，正是有了这种以商品交换为特征、以市场为中心的社会劳动物质交换方式，个体发展和主体自由才成为可能。这种体制一方面在异化个体，另一方面也为个体成为自由主体提供了基础性保证。也就是说，经济的市场化使主体自由成为必要、可能与现实。我们通常情况下所谈论的奋斗在此时此刻才真正开始。而所谓个人奋斗，正是在这种情境下才发生异化的，同时又标榜着主体自由的实现。

人类社会只有在上述所谓的史前阶段终结之后，才开始真正自觉地创造自己的历史，这就是通常理解的将来的潜在的共产主义社会。在这个真正的大写的人类社会中，人在最后的意义上彻底脱离了外部物质力量的主宰与制约,没有了因对物的依赖而造成的人对人的压迫,人类第一次成为一个自主的整体的"自由人联合体"①,人类社会的自由活动取代了外在的物质必然性,人类主体获得了全面的自由发展。也只有在个体的自由世界里,奋斗才可能得以真正地自觉地实现。通过社会主义革命消灭私有制,实现人对生命的占有,是一切异化的积极扬弃,是人的一切感觉、感性、特性的彻底解放,同时也将创造丰富性的人、有深刻感受力的全面发展的人。这也正是所谓的大我之境的奋斗以及无我之境的奋斗。

三、不同奋斗的环境分析

正像人类不能自由选择生产力一样,在某种程度上说,个人也不能自由选择自己所处的环境。环境包括自然环境和社会环境,而其中对人影响最大的就是社会环境。"社会——不管其形式如何——是什么呢?是人们交互活动的产物。"②马克思在《致安年科夫书信》中又说:"在人们的生产力发展的一定状况下,就会有一定的交换(commerce)和消费形式。在生产、交换和消费发展的一定阶段上,就会有相应的社会制度、相应的家庭、等级或阶级组织,一句话,就会有相应的市民社会。有一定的市民社会,就会有不过是市民社会的正式表现的相应的政治国家。"③

马克思是在1845年春天写下《关于费尔巴哈的提纲》的,这部天才著作标志着他实现了一个哲学逻辑框架上的整体性格式塔转换:在人类主体的能动的改造客观物质世界的实践中,内隐在马克思原有理论逻辑中的系列问题在一个科学的阿基米德点上被整体性地解决了,即在实践这一新的思考地平线上,他创立了全新的实践唯物主义。

如果说在一段时期内一度甚嚣尘上的实践本体论是从广义的主体方面走向抽象人的主体性,那么马克思则是从客观物质世界的实践走向了社会历史本身更深层的基础。具体的、历史的、现实的由生产关系所决定的一定的

---

① 马克思、恩格斯:《马克思恩格斯文集》(第5卷),中共中央马克思、恩格斯、列宁、斯大林著作编译局编译,北京:人民出版社,2009年版,第96页。
② 马克思、恩格斯:《马克思恩格斯全集》(第47卷),中共中央马克思、恩格斯、列宁、斯大林著作编译局编译,北京:人民出版社,2004年版,第440页。
③ 马克思、恩格斯:《马克思恩格斯全集》(第47卷),中共中央马克思、恩格斯、列宁、斯大林著作编译局编译,北京:人民出版社,2004年版,第440页。

社会生活,正是我们对奋斗进行环境分析的逻辑起点。基于此,以下从奋斗的外部环境和内部环境层面分别展开具体的讨论。

(一)奋斗的外部环境

奋斗是在具体的社会和历史条件下进行的,人类不仅在奋斗过程中受到各种环境条件的支持和制约,并且连奋斗的主体也是在外部环境的影响下生成的。特定时期的外部环境虽然无法决定个体奋斗的成败,但是提供了个体奋斗的方向和程度的可能性,也设定了个体所不可逾越的障碍。自然界无疑是人类的重要外部环境之一,然而社会环境作为人化环境具有本质意义上的历史性,同时也决定了自然资源的配置,对于奋斗的影响具有更多的可能性和可控性。因此,接下来讨论社会环境、体制环境和法律环境。

1. 社会环境

伴随着中国特色社会主义市场经济体制的建立与不断完善,体现市场经济重要原则与内涵的自主、平等、竞争、法治等内核加深了对奋斗的影响,为适应我国的市场经济制度和社会主义现代化建设,新的奋斗观念应当不断更新,需要在奋斗激励机制、奋斗导向机制等方面进行创新。此外,随着社会的发展,信息时代更需要具有创新性的高素质人才,人们要求社会能够提供一个自主的、自由的、宽松的发展环境。此外,在社会主义市场经济条件下人们对自我实现的需要愈来愈迫切,个人的独立意识、参与意识、选择意识、权利意识也在与日俱增,因此,人们会更加迫切而强烈地对社会提出包括自由、平等、竞争、公平、正义、成功、幸福等在内的维护自身权益和实现自我的更高要求。

自由,是张扬自我意识的必要前提。用社会学的观点来说,自由,意味着更流畅的社会流动。计划经济时代的社会格局仅仅允许有限的社会流动,无论是在学习、就业还是生活等方面,人们都被相对地禁锢在社会结构的某个位置,个体意志被社会整体的计划所淹没,较少拥有奋斗的自由。而社会主义市场经济体制带动了一系列的社会变革,其中最为显著的一个表现就是社会流动增多。随着计划经济退隐幕后,人们开始在居住地、职业、学业、就业等方面开始对自己的人生进行自主规划,个体性的奋斗获得了更广阔的空间。纵观改革开放40多年来,一方面人们通过奋斗努力实现自我理想,在社会生活中发挥了潜在的能力;另一方面个体主义的膨胀也带来了一定的社会畸变。

奋斗是发生在客观社会环境当中的,其基础是对物质世界的改造。人作为奋斗主体,要依赖物质、文化等资源才有可能在实践中实现这种改造。因此,空谈自由而忽视社会资源的奋斗是无本之木。经济、教育、文化、医疗等作为保障性以及发展性的社会资源,是个体维持生存和自我发展,以探索、利用事物变化本质来改造世界的前提条件。一个丰富的、公正的、机会平等的社会环境,为绝大多数个体而不仅限于少数幸运儿的奋斗提供了必要的保障条件。

2. 体制环境

体制,从管理学角度来说,指的是国家机关、企事业单位的机构设置和管理权限划分及其相应关系的制度(指有关组织形式的制度),限于上下之间有层级关系的国家机关、企事业单位。例如,学校体制、领导体制、政治体制等。从历史唯物主义的角度看,体制是联系社会有机体三大子系统——生产力、生产关系和上层建筑之间的结合点,是三者之间发生相互联系、发生作用的桥梁和纽带。从宏观方面看,调节个人奋斗的力量主要来自现行社会体制对个体的调控。如果社会体制过于集权和集中,并且充当各种机会和资源的所有者与分配者,处于主导和决定性的地位,则可能会对个体的奋斗产生权威性的促进或限制作用,因此,个人在争取自我实现方面就处于被动地位,所获得的自主权也只是相对的和有限的。只有在奋斗所依赖的资源得到科学合理分配的基础上,个人奋斗的余地与空间才会充裕,如此才有利于培养具有创新自主的奋斗精神的人才,以满足社会的需求。

体制对于奋斗的影响在于两个方面:规定社会机构运作方式和调控社会资源配置。一个成熟的体制会保障社会的稳定发展,降低内耗,提高社会生活与工作效率,也会为个体提供更便利的奋斗机会。而在人事冗杂、权责不明的体制当中,一方面,个体需要花费很多的精力来解决人事关系、潜规则、不合法现象等带来的困扰,奋斗的成果与效率就无法得到保障;另一方面,社会资源的配置不合理造成个体奋斗热情的下降,缺乏相应的条件来保障奋斗和发展自我理想,同时,过于苛刻的社会资源分配制度甚至可能导致很多奋斗活动无法得到相应的回报。需要注意的是,所谓的社会资源,不仅仅是物质资源,也包括社会认可等社会性、精神性资源。因此,在不合理的体制下,奋斗的物质乃至精神回报都遥不可及，被剥夺了实现目标可能性的奋斗，连其实践过程当中的意义也丧失掉了。

3. 法律环境

法律的确切定义，从其宽泛意义上说，是由一定的国家机构根据统治阶级的利益和意志制定或认可，并在国家强制力之下实施的一系列行为规范的总和。具体而言，它囊括了宪法、法律（就其狭义而言）、法令、行政法规、条例、规章等各种成文法和不成文法。从社会结构来看，法律是一定社会上层建筑的一个维度，它一方面由一定的经济基础所决定，另一方面还为一定的经济基础服务。法律是某一社会中统治阶级实现其统治、维护其利益的基本工具，它通过界定人的权利和义务的方式，并且以国家机器作为强有力的保证来调整和规范人们的行为，其目的在于维护和强化统治、实现统治阶级利益的社会关系和秩序。

法律的产生是和古代原始公社制度的解体同时进行的，这一历史暗示了法律是阶级矛盾不可调和的产物。法律是道德的制度化，而其采纳的道德规范的精髓就是公平和正义。《说文解字》有载，法，刑也，平之如水，从水。法，所以触不直者去之，从去。① 从水，取其平之意，即法平如水，也就将公平放在了法律的核心。公平作为调节人际关系的基本原则具有极大的普适性，它存在于任何社会之中。不仅我国法律强调公平，在很多西方语言中，法律都具有公平、正义等内在含义。古希腊思想家亚里士多德认为，礼法应当并举，将法律作为支持道德、推动道德的普遍原则。② 然而，法律的这种普遍性只是相对的，因为在阶级社会里，不同的阶级有着千差万别的公平观和正义观，法律只能体现统治阶级利益的公平观、正义观。资本主义社会的法律是资本主义经济的产物，只能用来保证资本主义经济的运作以及资产阶级集团和资本家的根本利益。然而，由于资本的集中性，这样的法律只能代表资本主义社会小部分人的利益，并由此导致社会矛盾激化。从根本上来说，这种弊端是法律脱离公平正义原则而导致的。而社会主义政权代表最广大人民

---

① （东汉）许慎：《说文解字》（附音序、笔画检字），（宋）徐铉校订，北京：中华书局，1963年版，第232页。
② [古希腊]亚里士多德：《尼各马可伦理学》，苗力田译，北京：中国社会科学出版社，1990年版，第114页。

的根本利益,因此社会主义的法律在调节人们之间的关系方面与资本主义的法律有着本质上的区别。社会主义的法制体系,代表了从打上阶级烙印的社会规范向反映社会全体成员共同意志和维护全社会共同利益的社会规范过渡。它尽可能代表最广大人民的根本利益,最大限度地弘扬公平正义原则。它不仅具有调整敌我矛盾和人民内部矛盾两个作用,并且对社会主义的物质文明、精神文明和政治文明建设有着积极的推动作用。社会主义法律体现了公平与正义的核心要旨,起到了公正地调节奋斗所依赖的各种资源的作用,也就能够保障奋斗的过程与结果都有法可依。

奋斗是主体意志的张扬,而这种张扬若不被约束的话,便有可能逾越其应有的界限,从而妨害他人的利益。从某种意义上来说,法律是对奋斗行为的规范,即在公平和正义的思想指导下将个体的奋斗纳入社会环境当中,以确保多数个体的奋斗机会不被侵犯。法律建立在人性自私的假设上,根据这种假设,个体的奋斗可以是不择手段的,然而众多不择手段的个体行为会导致整体社会环境的恶化,最终导致损害每个个体的奋斗空间。因此,为了解决这一博弈困境,法律作为调和人际关系的仲裁者,通过合理规范个体的奋斗行为来维护社会整体运作,这样就将个体的奋斗融入了集体主义的洪流当中,如果个体与社会的矛盾得到基本解决,此时,奋斗也才可能实现其真正意义上的自由。

社会通过法律、道德、规则等来调节个体行为。与其他方法比较而言,法律的特点在于其强制性。法律是由警察、监狱、法庭等国家机器强制执行来保障实施的,这就意味着法律是最为强硬的、最基本的社会成员行为规范,在社会生活中具有核心约束力。规则、道德等是靠大众舆论、个体价值观来实现的,然而在现实社会生活中经常出现舆论与自我价值观约束失效的情况,从而导致个体行为不再受有效的监督,这一点在市场经济中尤为明显。这时候就需要法律以国家机器的形式之一作为执行者,通过惩罚的手段迫使个体接受社会规则,并对其他成员加以震慑。国无法不治,正是强调了法律强烈有效的实施力度来保障正常社会秩序的健康运行。借此观之,法律不健全或者贯彻不力的社会无法避免某些个体在奋斗中营私舞弊,为了一己私利的获得而损害其他奋斗者的利益。在此情况下,不仅大多数奋斗者的利益和权利无法得到保障,而且整个社会的稳定和发展都将受到威胁,奋斗必然会遭受重重阻碍。我国大力进行的体制改革是以法律的修订和完善作为保证的。从直接保障个体奋斗活动的角度来看,人身自由权、私有财产权、受教育权、政治权利、经济权利、著作权、专利权等不受侵犯都是奋斗活动所需要的前提条件。从创造有利于奋斗的社会环境方面来看,涉及公共安全、经济活动、工作福利与安全保障等法律的完善可以为个体创造更多的奋斗机会,提供更多的奋斗便利。

一方面,由于我们国家历史上长期处于封建社会,这导致了人治大于法治的社会生存倾向,致使有些法律条文难以真正地得到贯彻实施。不少人在奋斗过程中投机钻营,以逃避法律的约束和制裁,利用人际关系进行不正当牟利,严重地影响经济和社会生活的正常运行,这是当前我国法治工作面临的最大困难。另一方面,由于我国正处在改革开放、经济发展、文化多元的社会转型时期,大量新的奋斗实践的涌现使得法律的制定与监管需要及时改善和与时俱进。有法可依是依法治国的保障,因此,制定体现公平正义、符合实际国情的法律是法制建设的第一步。在市场经济蓬勃发展、互联网广泛传播、社会流动增大、城镇化迅速发展的今天,立法者需要具备掌握社会变化、广纳民意、迅速反应的能力,尽可能减少通过钻法律空隙而扰乱社会秩序谋取私利的现象,为奋斗实践创造良好的法律环境,规范并引导奋斗的充分展开。接下来就是对奋斗的监督和执法。在某些行业和领域中,从业者甚至某些政府官员利用法律监管中的漏洞,以不法手段扰乱正常的奋斗开展,滥用权力或人际关系进行权钱交易等,使得法律条文成了没有真实效力的空架子,而多数的奋斗主体则在这些不公平的竞争当中失去了发展的机会。要贯彻法律的实施,不仅在于进行体制机制、机构设置的改革,而且要从文化层面上进行法制意识的传播,改变国人长久以来的裙带观念、家族观念、地方保护主义和官本位思想,而代之以法律意识、国家意识以及法治社会的理想。只有在法律支持下,才能创造安定团结的社会和经济秩序,才能保证一切奋斗的顺利进行。

(二) 奋斗的内部环境

奋斗是在实践主体与世界的互动中实现的。如果没有内因,外因也无法发挥作用。因此,考察奋斗主体的内部环境就有其必要性。个体的奋斗过程包含决策的过程,即决定个体能动性的发挥以及个体对资源的利用情况。张扬个体意志是奋斗的基本动力,这一动力也影响着奋斗的程度和方向性。这两方面内部环境的具体状况都影响着当今社会人们的奋斗水平。

1. 个体奋斗具有一定的盲目性

在市场经济条件下,奋斗实践的参加者都分散在各自的领域从事活动,单个的奋斗者不可能全部掌握社会各方面的信息,也无法控制社会环境与经济变化的总体趋势,因此,个体在进行奋斗的策划与实践时,也仅仅是观察个别具体的样本和搜集有限的信息以决定为何奋斗、如何奋斗,这显然具有一定的盲目性。这种盲目性往往不仅会使社会处于无政府状态,而且必然会造成社会波动和资源浪费。这方面的例子不胜枚举,例如,20世纪80年代中期我国各地竞相上演的"下海热""留学热";90年代中后期出现的"李阳热""新东方热"……个体只瞄准有限榜样的奋斗结果,什么流行就追逐什么,于是蜂拥而上。其结果自然是邯郸学步、东施效颦、纸上谈兵。

2. 奋斗者的主体性地位还没有完全确立

奋斗者的主体性是指奋斗者的活动中包含着人的内在尺度,即人的需要、目的等这样的主体性因素。奋斗者的主体性体现了人在奋斗中的能动性,人不像动物那样被动地适应环境,人在掌握客观事物规律的基础上,可以利用规律以满足自己的需要,实现物的外在尺度(客观事物的规律性)和人的内在尺度(人的需要、目的等)的统一。人的奋斗活动是合目的性和合规律性的统一。

目前,深化社会体制改革,让个体奋斗者适应宏观环境以满足其需要的呼声愈来愈高,然而传统思想却忽视个体奋斗者在社会层面的主体性,视其为消极、被动接受诸种安排的客体,严重挫伤了个体奋斗者在社会实践中的主观能动性,不利于个体奋斗者主体地位作用的发挥。由于这种传统理念根深蒂固,以及社会在行政服务上存在着忽视对奋斗者自由权利的保障,行政服务部门以管理主体自居,忽略了与奋斗者之间的对等、对话关系等。这种环境氛围在很大程度上抑制了奋斗者主体作用的发挥,从而影响着奋斗主体个性的充分发挥。

从以上分析我们基本了解了奋斗所处的内外部环境,虽然社会的进步和发展给奋斗提供了良好的平台,奋斗主体也在不断提高自身素质,但总体来说,目前奋斗主体所处的客观环境条件还没有得到充分合理的配置,以最大限度有利于奋斗主体的发展。因为这不仅需要奋斗主体所处的社会环境等外部条件的变革,而且更需要奋斗主体自身在思想层次、奋斗目标、奋斗技能等方面进行相应的学习和提升,同时还需要奋斗主体转变观念、树立自主奋斗精神。

第二节 奋斗的机制创新

从社会宏观层面而言,所谓机制创新,即社会经济体制、管理体制、服务方式的重新整合,促进社会生活各组成部分之间、各生产要素之间的优化配置,为体现社会公平、加速发展、增强社会的核心竞争力而在各种体制、机制方面进行的创新活动。奋斗的机制创新研究,包含很多内容,本书着重从机制激励、公平彰显、活力创造、人权保障四个方面分别加以探讨和研究。

为推进奋斗机制的创新,需要深入探究奋斗的出场、发展和运行的客观规律与机制,分析现有奋斗机制的利弊,这是实现奋斗机制创新的基础;需要深化社会管理体制、机制改革,为奋斗的实际运作提供强大的动力,社会机制是否符合奋斗规律,是否有利于奋斗运作,这是奋斗机制创新能否实现的关键;还需要把科学的奋斗机制内化为正常的社会机制。在推进奋斗机制创新的过程中,应有正反两方面的激励与调控措施,并能长期坚持。尤其要看到现实生活中我国还存在着一系列机制方面不够灵活的问题,不能很好地适应社会主义市场经济的发展,也不能适应社会主义和谐社会的建设。因此,推进奋斗机制创新就显得尤为重要与紧要。

一、奋斗的机制激励

奋斗的机制激励,就是激励主体与激励客体相互作用的方式,而这种相互作用的方式需要通过一套理性化的制度安排来体现。机制激励往往意味着组织对其成员的具体行为的理性制度调控。调控制度若干方面要素铺展开来就构成了机制激励的内涵。从激励的内在规定性出发,奋斗的机制激励应包含以下内容:

(一)诱导因素集合

所谓诱导因素集合,即指用于激发奋斗主体积极性的各种奖酬资源的动态集合。至于如何析出并利用奋斗的诱导因素,必须首先对奋斗者因人而异的个体需要进行系统的研究、分析和预测,设计出各种因人制宜的奖酬形式,具体而言,就是各种外在性奖酬政策和内在性奖酬政策要科学合理。马斯洛需求理论就是一种重要的用于指导诱导因素析出的重要依据。①同时还需要注意的是,在奋斗的不同阶段需要有相应的不同激励政策,在奋斗的初始阶段、成长阶段和成熟阶段要根据奋斗主体不同发展阶段的特点,以及对奋斗主体的不同需求建立相应的激励机制。②

在社会主义市场经济体制下,人们似乎陷入一个误区,即过分地倚重经济奖励对个体行为进行诱导。但实际上社会可以提供给个体的资源既包括物质资源,又包括社会资源和精神资源,后者譬如公众认可、社会支持、社会公认、社会荣誉等。从心理学来看,人有着根深蒂固的对于自身存在价值、生命意义的追求。这个心理需求主要是通过社会和精神资源来满足的。从马克思主义奋斗观的视角来看,丰裕的物质对于人的自由个性的意义,仅仅在于其帮助人脱离对物质以及相关的依赖,并不能完全实现其精神以及其他需求的满足,并不能确保完全能激发奋斗者的斗志。奋斗主体是不断生成和构建的,被奋斗的过程所塑造和修改。激励机制从某种程度上为奋斗活动提供导向并影响奋斗主体内部深层次的心理机制。在过度强调物质性奖励的体制下,不仅人们的奋斗无法换回足够的精神性回报,并且连奋斗的主体也面临着异化的危险。

(二) 心理授权

心理授权,是通过权力赋予来改善员工的工作信念、提升自我效能感的管理行为。基于对授权理论的前期研究,托马斯(Thomas)等人首次提出心理授权(psychological empowerment)这一概念。心理授权被认为是个体在工作情境中所感受到的授权的程度,包含工作意义、工作能力、自主性和工作影响四个维度。③当个体对自己是否能够成功地完成某项工作进行知觉和评价的时候,就出现了工作能力的范畴,它反映了个体的自我效能水平。提高个体

---

① [美]马斯洛:《动机与人格》,许金声译,北京:华夏出版社,1987年版,第235页。
② 谢子春:《基于企业生命周期的激励机制建设》,《企业科技与发展》,2009年第16期,第243-244页。
③ Thomas K. W. & Velthouse B. A. Cognitive Elements of Empowerment: An Interpretive Model of Intrinsic Task Motivation. Academy of Management Review,1990,15 (4):666-681.

的心理授权水平是组织激励员工高效工作的有效手段。员工的心理授权感愈强,则其工作卷入度就愈高。而工作卷入度则被认为是衡量个体受激励水平的重要指标。所谓工作卷入度,是指个体在心理上认同、专心从事并关心自己目前工作的程度。① 心理授权在很大程度上决定了奋斗主体的工作卷入度。在奋斗的具体实践中,如果奋斗主体越深入地意识到奋斗的意义,同时感受到的奋斗自主权越大,他就越能积极主动地参与奋斗实践,由此也就会产生更强的自我效能感,从而也为出现效果更显著的奋斗提供了可能条件。

(三) 行为导向制度

行为导向制度,是指组织对成员的期望和价值观的导向性要求的规则。个体奋斗行为目标驳杂众多,个人的价值观形式纷繁甚至有的彼此相左。故而为了实现组织的各个目标,组织就必须在奋斗主体中间培养具有导向性意义的主导价值观。全局观念、长远观念和集体观念是行为导向具体布局中的核心质素。在《怎样激励员工》一书中,勒波夫(M. Leboeuf)博士指出,奖励是世界上最伟大的原则。勒波夫列举了企业奖励的十种行为方式,即奖励对问题的最终解决;奖励冒险;奖励使用可行的创新;奖励果断的行动;奖励出色的工作;奖励简单化;奖励默默无声的有效行动;奖励高质量的工作;奖励忠诚;奖励合作。这对于我们建设奋斗的激励机制足堪借鉴。只有当对问题的彻底解决得到奖励时,奋斗主体才能全身心地投入真正具有创造性的奋斗中去,在勇于面对风险而不是规避中才能促发真正的奋斗创新;只有独立自主的奋斗得到奖励,奋斗者的主体性才能得到充分激发;只有奋斗实践果断,成绩出色,赏罚分明,奋斗主体才能显豁地明了自身的责任和义务;而只有笃实、高质、忠诚、互助合作的奋斗在得到有效激励的条件下,奋斗主体创造性、自主性的奋斗才能得以源源不断地生发出来。

(四) 行为幅度制度

行为幅度制度,是指对激发的行为在强度方面的控制规则。针对此,弗鲁姆提出了期望理论公式 $MF = V \times E$,其中,MF 是激发力量强度,即激励强度(motive force, or strength of motivation);V 是效价(valence),是指人对某一

---

① Paullay, I. M., Alliger, G. M. & Stone-Romero, E. F. Construst Validation of Two Instruments Designed to Measure Job Involvement and Work Centrality. Journal of Applied Psychology, 1994, 79(2): 224–228.

目标或成果的重视程度；E 是期望率(expectancy)，即因采取某种行动可能导致实现所求目标的概率。由该期望理论公式可知，改变一定的奖酬与一定的绩效之间的关联性，包括奖酬本身的价值，可以控制个人行为幅度。① 这一期望理论公式表明，一个人对他所追求的目标的价值看得越大，估计能实现这个目标的概率越高，那么他的追求动机就越强烈，激励的水平也就越高，内部潜力也就能更充分地调动起来。而根据斯金纳的强化理论，员工行为在按固定的比例和变化的比例这两种方式进行强化时，它所带来的确定奖酬与绩效之间的关联性就会表现出迥异的结果。前者所带来的是迅速的、非常高而且稳定的绩效，并呈现出中等速度的行为消退趋势；后者所带来的则是非常高的绩效，并呈现出非常慢的行为消退趋势。②

（五）行为归化制度

行为归化制度，是指对奋斗主体实施组织同化，同时对其违反规定的行为实施处罚或教育的规则。组织同化(organizational socialization)是一个过程，在此过程中，新的奋斗主体被带入组织的一个系统之中。在这个系统中，经过特定的教育，新主体的世界观、人生观、价值观、工作态度、规范化的行为方式、特定的工作机能等逐渐内化组织的风格和习惯，并与之相符，从而成为一名合格的组织成员。在奋斗主体进入特定的组织之初，就要使其清晰地认识到各种处罚制度，即对他们进行负强化。具体而言，在奋斗主体出现违背行为规范或是达不到组织要求的行为的情况下，要对其进行适当的处罚。与此同时，还要注意对奋斗主体进行正强化，即对其加强教育，这样奋斗主体对行为规范的认识就会进一步加深，其行为能力就会得到进一步的提高，即完成再一次的组织同化过程。可以认为，组织同化其实是不同奋斗者不断学习的过程，而这种学习对一个奋斗者真正融入组织具有非常重要的现实意义。

然而组织中的行为规划与奋斗个体之间还有另一层非支配性关系，这层关系在新的管理理念当中得到表达。在一个严格的行为归化制度当中，组织具有集体性压倒个体性的力量，个体的任何行为方式都要服从组织要求，个体的同化是以组织为目标的。而新的管理理念较为宽容，并且对组织有着崭

---

① [美]弗鲁姆：《工作与激励》，北京：人民出版社，1964 年版，第 235 页。
② [美]斯金纳：《科学与人类行为》，谭力海等译，北京：华夏出版社，1989 年版，第 128 页。

新的定义。组织不是一个僵死不变的整体,而是一个由所有个体有机组成的,随着个体的特征、进步和退化而成长、衰亡的生命体。这样就要求组织在保证自身稳定性的前提下,强调并尊重个体的意愿与特长,通过提高个体的技能和水平来为自身不断注入新的活力。在这种行为归化方式中,组织不再是界限严明的系统,而是承认自身的成长空间且追求变化的有机体。在这类组织中,奋斗的个体不仅仅是组织机器上的一个螺丝钉,无条件服从组织的严格要求,而且是自主自觉的意志主体,拥有充分的空间和资源在满足工作要求的同时发展自己,实现其奋斗目标。这样一来,个体的奋斗就会通过组织的发展有机地结合起来,个体的才智和创造力才能得到真正的发挥,从而实现可持续的奋斗。

以上奋斗机制激励的五个方面的内容,相辅相成,构成了一套健全而完整的奋斗激励机制。其中,诱导因素集合起着启动行为的作用,其余因素则发挥着导向规范和制约行为的功能。

二、奋斗的公平彰显

公平原则的实现直接为奋斗创造有利的外部环境——机会平等、资源共享的社会,保证奋斗不被人为的负面因素阻碍,并且使奋斗的成果得到合理的分配。社会的政治、文化、经济等权利作为人的社会参与和实践能力的保障,一旦被屏蔽在大多数人的权利范围之外,这种垄断就会造成社会生产力受抑制,而众多的奋斗主体则会失去可供利用的资源和可供依赖的社会规则。从奋斗主体来看,公平的丧失直接导致社会多数成员被物质或体制所钳制,而不能有效地发展自身和获得奋斗的技能,甚至丧失奋斗的动力。

公平正义作为一种美好的社会理想和愿望,已经在人类的求索路上延续了千百年。它不仅仅是全人类共同的向往和追求,也是衡量一个社会进步的重要标尺。公平正义是人们对社会经济关系种种现象的评判。这种评判是由发展变化着的社会经济关系决定的,因而是历史的、发展变化的。不能脱离具体的社会经济关系抽象地看待公平正义,把它当成某种永恒不变的原则。在不同的社会制度下,公平正义的标准是不一样的。即使在同一种社会制度下,不同的阶级由于阶级利益的差别,对公平正义的理解也是不一样的。① 当代西方理论界将关于公平正义的理论和实践问题定义为:建立一个能够缩小在利益方面的不平等、重塑和保障公平正义的经济秩序。马克思、恩格斯批判性地继承和发扬了空想社会主义思想中的公平正义观,他们指出,资产阶级启蒙学者设想的"理性的王国不过是资产阶级的理想化的王国;永恒的正义在资产阶级的司法中得到实现;平等归结为法律面前的资产阶级的平等;被宣布为最主要的人权之一的是资产阶级的所有权;而理性的国家,只能表现为资产阶级的民主共和国"②。马克思、恩格斯认为,社会主义必将取代资本主义,最根本的动因就是要彻底消灭资本主义社会的只为少数人谋利益的不平等现象,也只有到了社会主义和共产主义社会人们才能实现自由而全面的发展,也才能真正实现公平正义。

但采取一种从具体的、历史的、现实的生产出发,而非诞生于形而上学的人本主义价值悬设对奋斗的公平维度的分析视角,就能够解释现实生活中存在的一些公平缺失的现象。从整体上看,相对而言,公正与和谐固然是当前我国社会的主流特征,然而在改革不断推进和深化的进程中,诸阶层都在进行激烈的利益博弈。所以,如果在某些领域出现一定程度的公平失衡现象也不足为奇,但是这些现象我们是不能回避的。

机会平等是最基本的平等。但奋斗存在着机会差异,所谓奋斗机会,是指奋斗主体生存与发展的可能性生长空间和余地。而奋斗机会的不平等主要是指社会成就机会的不平等。机会,从本质上讲就是资源的分配与再分配。我国正处于社会主义初级阶段,其主导性的平等原则只能用机会平等来考察社会平等问题。③ 机会平等体现了公平正义的核心原则,它保证了一个社会中资源的公平分配以及个体的心理平衡与稳定。在社会主义现代化建设初期,种种纷繁芜杂的社会因素导致了层出不穷、不容忽视的机会资源分配不均等不公平现象。

---

① 教育部邓小平理论和"三个代表"重要思想研究中心:《保障公平正义 促进社会和谐》,《求是》,2007年第2期,第26页。
② 马克思、恩格斯:《马克思恩格斯选集》(第3卷),中共中央马克思、恩格斯、列宁、斯大林著作编译局编译,北京:人民出版社,1995年版,第356页。
③ 郑杭生:《社会学概论新修》,北京:中国人民大学出版社,1994年版,第175页。

第一个不公平,来自受教育机会的不平等。对个人来说,教育机会的不平等成为影响奋斗公平的主要因素。"在现代社会中,教育是社会流动的动力机制。"①不同的受教育程度,直接导致了个体在奋斗过程中所获得发展机会和所锻炼能力的不同。而不平等的受教育机会是社会对个人可能造成的最大的不公,因为教育关系着一个人的切身利益,足以对其终生发展产生深远的影响。从微观而言,对很多人来说,教育是改变其自身命运的唯一机会;从宏观而言,教育是沟通社会不同阶层之间流通的必要路径。但是教育资源分配不公平或者差异的现象,曾经普遍地体现在城乡之间、发达地区与欠发达地区之间和农村男女之间。从教育资源的地域性分配来看,城乡差别巨大,我们面临着一个不容乐观的二元对立状况。另外,在重男轻女等封建思想的影响之下,在某些经济与观念都相对落后的农村,当经济条件不具备时,通常只有男孩有学上或上学多、上好学的权利,这就造成了男女接受教育机会的不平等,从而加速了社会的分化,极大地增强了人们的不公平感,使得奋斗的公平无法彰显。

第二个不公平,来自就业机会的不平等。就业是个人通过奋斗实现自我价值的主要渠道。而一些用人单位在招聘时,存在着严重的歧视现象。比如招聘时过分看重学历,致使许多具有真才实学但无相应学历的人才却无法获得平等的就业机会,这些人的奋斗机会则被无情地剥夺了;对年龄的限制,扼杀了一大批处于人生正当时的奋斗主体的奋斗机会;过分地要求户籍性质,限制了奋斗主体流动、迁徙的自由,影响了他们在不同环境中奋斗的机会;性别上的重男轻女,造成了一大批优秀女性被排斥在公平奋斗机会的大门之外。

第三个不公平,是社会保障机会的不平等,这也是影响奋斗公平彰显的重要因素。社会保障体系是奋斗主体消除后顾之忧的有效保证。然而我们不得不关注的是,在我国当前社会保障制度还不完善的情况下,以国家主导为运行特点的单一型社会保障制度已无法满足社会各方面的需要,资金融通也受到了具体渠道的限制,管理服务尚处于较低的社会化运作水平,已经很难满足经济与社会不断发展的需要了。生活在同一方土地上的奋斗主体却

---

① Zhong Deng & Donald J. Treiman. The Impact of Cultural Revolution on Trends in Educational Attainment in the People's Republic of China. American Journal of Sociology, 1997,103(2): 391.

无法享受均等的社会保障机会,在将来的奋斗实践中若不改变这种态势,势必带来一系列意想不到的后果。

第四个不公平,是奋斗成果的分配不公平,这同样也是影响奋斗公平彰显的重要因素。奋斗主体之间和各阶层之间的收入分配,关乎社会成员的切身利益。改革开放之后,特别是进入21世纪以来,中国各地区与各阶层之间,诸如东部与西部之间、城乡之间、不同单位之间、高管与一般职工之间,乃至具体的不同奋斗主体之间,出现了某些收入分配不公的现象。新境况下我国对奋斗成果分配的考量不得不面对这样的新问题——基尼系数已经超过了国际公认的警戒线,社会财富的占有比例出现反常,收入差距过大。历史教训告诉我们,当大批社会成员由于财富分配的不平等而产生其对自身获得的社会待遇不满的时候,社会不稳定的问题就不可避免地开始萌芽。

三、奋斗的活力创造

无论是个体奋斗、群体奋斗、民族奋斗还是社会奋斗,归根到底都是由人来实践的。思想政治教育是做好人的工作的法宝,因此,思想政治教育是促进奋斗的重要手段,做好思想政治教育工作可以为奋斗提供强大的创造活力。

(一)思想政治教育通过提高人的素质为奋斗提供创造活力

人的素质提高和社会的发展进步是相辅相成的。人的素质高低决定着社会发展进步的快慢,同时,社会的发展进步又为人的素质提升提供社会环境氛围和必要条件。人的素质分为思想素质、道德素质、文化素质、身体素质、心理素质、审美素质和劳动技能素质等。思想道德素质是人的素质的首要组成部分,它决定着文化素质和身体素质发展的方向与作用的发挥,影响着其他各种素质的发展进程。在人的奋斗过程中,思想政治教育能够给人们带来引领当下社会发展进步的先进理念、先进文化和先进知识,由此不断提升人的素质,不断促进人的自由而全面的发展,从而为促进奋斗提供源源不断的创造活力。

(二)思想政治教育通过提高人的创造性和积极性为奋斗提供创造活力

人是生产力中最积极、最活跃的因素。利益是人类社会中个人和组织一切活动的根本动因,是社会领域中最普遍、最敏感,同时也是最易引起人们关注的问题。① 这就要求我们在思想政治教育工作中必须切实关心广大人民群众的利益,团结人、关心人、发展人,全力维护他们的利益,充分激发他们的积极性、创造性和潜能,为促进奋斗、为实现社会的共同目标提供创造活力。

(三)思想政治教育通过社会总动员为奋斗提供创造活力

思想政治教育为奋斗提供创造活力是通过社会总动员来实现的。每一次重大的人类发展和社会进步都伴随着思想动员、舆论先行和社会文化变革。中国的改革开放是以真理标准的大讨论和思想解放运动为先导的。在这个过程中,代表社会进步思想的理论、纲领、路线、方针、政策等,只有通过各种渠道渗透到社会公众之中,为他们所接受并成为他们自觉和积极的行动指南时,社会变革才可能变为现实、才能取得成功。因此,在一定意义上说,思想政治教育就是一种特定形式的社会动员。中国共产党在领导人民进行革命、建设和改革开放的历程中,每当面临重大困难,需要激发斗志时,总是通过强有力的思想政治教育工作,最大限度地调动起一切可以调动的积极力量。在吹响奋斗的冲锋号时,通过思想政治工作,使人们认识到只有通过奋斗,多方面的利益需求才能得到满足,人的全面发展才能得到促进,从而激发广大人民群众的主人翁意识和主动奋斗的积极性,以至充分调动和发挥他们内在的巨大创造活力。

四、奋斗的人权保障

(一)奋斗与人权的科学结合能实现双赢

人是作为一种社会利益关系而存在的,奋斗的目的表现在人身上就是对这种利益关系的保障。奋斗是社会存在与发展进步的动力,奋斗以人权保障为其存在和发展进步的正当性理由。奋斗与人权存在极大的关联性,但长期以来,奋斗与人权在各自的轨道上运行,以致出现了一系列问题。奋斗与人权的科学结合能促进人权与奋斗共同进步,达到双赢。

(二)为实现奋斗和人权的科学结合,应强调奋斗权

如果仅仅强调奋斗是一项基本人权,而不强调奋斗的科学性和可持续性的话,奋斗权仍然会带来很多新的问题。所以,我们更应强调奋斗权的科学

---

① 石佑启:《论私有财产权公法保护之价值取向》,《法商研究》,2006年第6期,第77页。

性。"人权强调人之作为人应有的资格、利益、能力和自由,来维护人的尊严和价值,防止和遏制任何把人作为手段或工具的功利主义的、结果主义的考虑。"①奋斗权作为一项基本人权,应该以人的尊严和价值为基本着力点,强调奋斗的科学性、正当性与正义性,剔除其发展的功利主义,否则,这样的奋斗对人类社会来说也许会是一场灾难。比如,在改革开放过程中,一些地方、一些人求富心切,慌不择路,工程项目凭感觉草率上马、仓促行事,结果屡战屡败、频栽跟头;或者是缺乏战略眼光、急功近利、追求立竿见影式的短期效应、形象工程和政绩工程。这些未经充分的科学论证、毫无章法的行为,虽然是艰苦至极、奋斗不已,但收益甚微,甚或是劳民伤财。

(三)法律法规应保障具有科学性、正当性、正义性的奋斗权

没有法律法规保障的奋斗权是给别人看的奋斗权。从承认个体奋斗,到承认奋斗受益权,再到认可奋斗权为基本权利或人权,这是人类对奋斗权认识的逻辑发展过程。特别是在人权理论不断发展、法治实践不断深化、回应型行政已获得广泛共识的历史背景下,奋斗的权利保障也需要随着时代的前行而不断得到政策和法律上的呼应。科学而理性地面对奋斗主体正在发生的变化并预见其未来的发展趋势,是构建完善的奋斗权利保障体系的一项基础性工作。通过人权保障,奋斗的激情会进一步点燃,奋斗的动力会进一步增强,奋斗的成果也会进一步巩固。

为此,一要形成充满活力的奋斗理念。应当说,奋斗理念会直接影响着奋斗主体的积极性,决定着奋斗活动是否能够顺利开展以及以何种方式开展。充满活力的奋斗理念体现了人们的非功利性。历史上伟大的奋斗者在奋斗活动中绝不是以自身利益为目的的,而是坚守自己的理想、信念、世界观、人生观、价值观以及追求真理的坚韧不拔的精神。马克思在《政治经济学批判序言》中指出:"在科学的入口处,正像在地狱的入口处一样,必须提出这样的要求:'这里必须根绝一切犹豫;这里任何怯懦都无济于事。'"②充满活力的奋斗理念体现了人们的团队合作精神。在现代社会,团队合作在奋斗活动中的地位越来越重要了。合作研究正成为科学研究的主要方式,众多的科

---

① 夏勇:《人权概念的起源》,北京:中国政法大学出版社,2001年版,第176页。
② 马克思、恩格斯:《马克思恩格斯选集》(第2卷),中共中央马克思、恩格斯、列宁、斯大林著作编译局编译,北京:人民出版社,1995年版,第35页。

学家合作团队正越来越成为科学研究的主导力量。充满活力的奋斗理念体现了人们的平等观念。这是人人平等在奋斗理念上的体现,它既包括人与人之间在奋斗中的平等性,又包括对奋斗成果的一视同仁。二要营造支持奋斗、鼓励奋斗的社会环境,建立健全关于奋斗者的人权法律法规保障体系。要加强制度建设,尽快建立保障社会广泛参与、国家资金畅通投入的制度体系;建立科技创新激励机制,充分调动科技创新的积极性。要坚持把奋斗精神贯彻到治国理政的各个环节中去,切实保护奋斗热情,积极鼓励奋斗实践,着力完善奋斗机制,冷静对待奋斗挫折。要大力弘扬自力更生、顽强拼搏、团结协作的精神,倡导自主创业、艰苦创业、和谐创业,营造鼓励人们干事业、支持人们干成事业的社会环境,共同致力于建设中国特色社会主义的伟大事业。

第三节 奋斗机制的时代选择

奋斗的丰富内涵将微观的个体织入社会之网,使得主观能动性与客观环境所提供的资源和限制条件相互影响、互为因果,并且在波澜壮阔的社会变革中作为个体参与的基本形式。从思想政治教育的视野来看,要把握奋斗机制的时代选择,就需要充分认识奋斗主体与客观环境、个体责任与社会发展之间的互动,从政策、体制、法律、管理、知识、思想意识等层面上对奋斗进行激活,创造有利于奋斗的主体意识和能力以及催人奋进的奋斗机制,积极开发社会资本,以满足不断变化着的社会变革的需求。

一、公平正义的导向机制

约翰·罗尔斯在《正义论》一书中开宗明义地指出:"正义是社会制度的首要价值,正像真理是思想体系的首要价值一样。"①在他看来,缺少正义的社会就像没有真理的思想体系一样,都会被修正和否定。具体而论,某个思想体系,无论它多么精巧和实用,只要它不是真理,就不具有最高的价值;同样,某个社会体系,如果不具有正义,无论它多么严密和有效,也不是合理的

---

① [美]约翰·罗尔斯:《正义论》,何怀宏等译,北京:中国社会科学出版社,1988年版,第3页。

社会。这些同样适用于奋斗机制,奋斗是主体意志的张扬,而这种张扬一旦逾越了公平正义的界限,就可能妨害他人、集体、民族甚至整个社会的利益,也必将被摒弃。从这个意义上来说,公平正义的导向机制就成为引导奋斗主体与客观环境、个体责任与社会发展进行互动的时代选择,即在公平和正义思想指导下,将个体的奋斗纳入社会环境当中,以确保绝大多数个体的奋斗机会不被侵犯。

公平正义之所以成为奋斗的导向机制,就在于公平正义是影响分配制度的重要因素,而人们的基本权利和义务的分配直接影响着生活在该分配制度中的人们的生活前景与奋斗,即人们可望达到的成就和状况,可见公平正义对人生的影响深刻而且久远。奋斗既是满足人们现存需要和欲望的途径,也是塑造人们未来期望和抱负的方式,社会上不公平、不正义的现象将会深刻影响着人们的奋斗,限制着人们的抱负与愿望。公平正义的奋斗导向机制在本质上依赖于如何分配人们的基本权利和义务,依赖于在社会不同阶层中存在着的经济机会和社会条件。当基本权利和义务的分配没有在个体之间发挥出任意区分作用时,当政治的、法律的、经济的各种规范能够使各种对社会生活利益的冲突性要求之间保持恰当的平衡时,奋斗的公平正义导向机制就会彰显出来。

奋斗,是人们在客观的、具体的历史条件下,通过把握事物的本质来改造世界、实现自我意识的活动。因此,构建公平正义的奋斗导向机制首要面对的就是社会提供的客观条件。奋斗主体首先是天然地生活在一个其不能自由选择的网络之中。奋斗主体的喜怒哀乐、得失成败总是嵌入在其所处的社会关系网络中。奋斗主体的这种被编织到社会关系网络中的奋斗所依赖的客观的社会资源,在某种意义上可以被认为是一种公共品,而这种公共品正是奋斗的脉络展开的客观条件,奋斗的机制激活在很大程度上自然也依赖于这种特殊的公共品供给与分配机制的提高和完善。公共品(public goods)是指在消费上具有非竞争性和非排他性的产品,对于不同层次的公共品,其供应模式也不相同。① 对于公共品的供给机制问题,西方学者已经做了较为系

---

① 刘源:《西方学界关于公共品供给问题研究的文献述评——兼论汶川地震救助中的公共品供给模式》,《地方财政研究》,2008年第9期,第28页。

统的研究。首先,如何具体界定公共品? Buchanan 提出,通过俱乐部物品的界定对纯公共品和纯私人品进行了考量。① 奋斗所依赖的在很大程度上正是前者。Golein 认为,在公共品的消费上存在着平等进入和选择性进入两种类型。平等进入是指公共品不设门槛,可由任何人来消费;而选择性进入则是指只有在满足一定的约束条件(例如付费后),消费者才可以进行消费。② 其次,决定某种具体产品是不是公共品的内在性质并不存在,存在的只是供给产品或服务的不同方式,也就是平等进入或选择性进入。广义而言的奋斗,应该是而且必须是这种能够平等进入的公共品,由此才能保障奋斗主体的公平权利。然而在实际生活中,大部分的公共品都具有私人品的某些特征,被称为准公共品,对这部分公共品的消费常常会给其他人造成一定的影响。这一点在将公共品依据供给的主体和范围划分为中央公共品与地方公共品时更为突出,不同的公共品会产生不同的效应。因此,这体现出了各级政府对不同的公共品的偏好差异。这种现象被叫作在调节奋斗所依赖的公共品时产生的政府偏好。所谓政府偏好,经济学并没有给出明确的定义,我们可以适当地在某种意义上把它称为政府的供给偏好,也就是政府供给的规模和结构等,它包括政府自身和其所提供的一系列公共品及服务。从经济学角度来说,虽然政府可以被视作一个独立的微观主体来进行分析,但政府的偏好与其他微观奋斗主体的偏好有很大的不同,因为政府偏好更多地体现了社会各方竞争的结果。这其中既有政治决策的冲突,又有经济利益的竞争,由此在多方博弈中便形成了动态的政府偏好。因此,相比较其他微观经济主体的偏好,政府偏好的含义及形成过程更加复杂。这也给政府提出了另一个要求,即在调节各种奋斗所依赖的公共品资源时必须彰显公平正义的导向机制。

除奋斗对社会客观条件,尤其是公共资源分配的公平正义的召唤外,奋斗自身存在的困境也决定了奋斗机制对公平正义价值观的渴求。唯物辩证法认为,事物的变化发展是内因和外因共同作用的结果,且内因是事物发展变化的根据。奋斗是在实践主体和世界的互动中实现的,其过程离不开内因、外因,尤其是内因的作用。因此,从奋斗主体视域考察公平正义的导向机

---

① James M. Buchanan. An Economic Theory of Clubs. Economic,1965(32):1-14.
② Kenneth D. Golein. Equal Access Vs Selective Access:Acritique of Public Goods Theory, Public Choice,1979(29):53-57.

制,无论是对个人还是对社会而言都具有十分重要的价值。张扬个体意志是奋斗的基本动力,这一动力也影响着奋斗的方向性和程度。在张扬个体意志时,个体奋斗存在着一定程度的盲目性,这严重影响了当今社会人们的奋斗水平。在信息缺失的情况下,奋斗主体都是分散在各自的领域从事活动,单个的奋斗者往往不可能掌握社会全方位的信息,也往往无法掌控社会环境与经济变化的趋势。因而,个体奋斗者在策划与实践时,仅仅考察个别具体的样本和搜集有限的信息来据此决定为何奋斗以及如何奋斗,这显然带有一定的盲目性。这种盲目性往往会使社会处于无政府状态,由此必然会造成社会波动和资源浪费。而有些奋斗者甚至还可能逾越法律法规,做出危害其他奋斗者的事情。正如上文所述,奋斗是主体意志的张扬,而这种张扬如果不被约束的话,便有可能逾越其应有的界限,从而妨害他人以及社会的利益。从这种意义上说,必须明确奋斗的导向机制,即在公平和正义的思想指导下,将个体的奋斗纳入社会大环境当中,以确保绝大多数个体的奋斗机会不被侵犯,以确保每个个体的奋斗所形成的合力是全社会的公平正义。

二、改革创新的动力机制

创新的真正动力,归根结底来源于人。没有人,也就无所谓创新的动力,更无所谓创新了。而所谓创新的动力机制,就是作用于人、促人发展、催人奋斗的各种因素的总和,简单地说,就是通过改革影响人奋斗发展的因素,从而改造人并反过来更好地推动创新。在社会生活中,影响人们进行创新的因素主要包括主客观两个方面,亦即主观能动性(内因)和客观环境(外因)。而客观环境又包括硬环境和软环境。所谓硬环境,主要是指为创新提供的硬件设施和条件;而软环境,则主要是指学习交流和知识更新。马克思主义认为,内因是根本,外因是动力,外因通过内因而起作用。在影响人进行创新的诸多因素当中,奋斗显然是处于内因的地位,起着决定性的作用。因为如果仅有良好的硬件设施、完善的学习和交流环境,而缺乏个人以及组织的奋斗的话,个体是根本不可能有所创新和取得成功的。在本书中,奋斗是全书立论的前提,是作为创新得以实现的必要条件而存在的。也正是在这个意义上,奋斗与人之间获得了统一,因而改造人的同时也就是改造奋斗的人。基于此,改革创新的动力机制就变成改革影响人的硬环境和软环境。

奋斗的硬环境和软环境是主体奋斗所依赖的客体向度。但是如果一味地强调奋斗对条件的依赖性，就会遮蔽奋斗主体主观能动性的发挥，那样一来，奋斗的改革创新的动力机制之构建也就难以实现，进而会掩盖奋斗过程中的主体向度，使得奋斗看上去表现出一种不以人的意志为转移的"似自然性"特征。如此，奋斗就被物化了。奋斗的"'物化'（verdinglichung）是指人的活动、他自己的劳动成了对他说来是客观的和对立的东西。这种对立既有客观的方面，也有主观的方面。客观的方面是，出现了一个事物及其关系（商品及其在市场上的运动）的世界，它们的规律的确能被人们所认识和利用，但是人们不能加以改变。主观的方面是，人自己的活动、他的劳动成了与他对立的客体，这个客体服从于支配社会的客观自然规律，但是对人说来是异己的"①。如此，奋斗主体就被机器系统和劳动分工碎片化为某种姿势、动作和外部力量的附属物，从而不是他自己的全面发展。诚然，人们的思想、价值观念和行为毫无疑问地会受到外部环境的影响，客观环境对主体奋斗的效果起到了影响和制约的重要作用。但是反过来我们更应该清楚地看到，环境是由人的实践创造的。在马克思主义的新视界中，社会存在是作为高一级的有机的物质运动系统在物质进化过程中的突现，是人在实践活动中与物质对象、主体间互动行为构成的客观活动的有序网络的构成和演变，而并不是直接物质实体自然对象与人口简单组合的结果。虽然奋斗主体以自身的行为构筑着现实的社会生活，但任何个人的行为都摆脱不了特定的历史条件，而是按照一定的相对客观的方式整合为一个有序的客观实践总体的。② 因此，奋斗作为人们实践活动的集中体现，在社会进步中占据了核心位置。只有在现实的、历史的、具体的人类社会实践创造和构筑有序性环境的基础上，奋斗才能得以展开并实现。奋斗是一种创造性的活动，是人历史地改变物质环境和自身条件的过程。奋斗是一种带有特殊结构、能够历史地创造和生产物质，并且可以主动调控的社会活动。奋斗是由一系列的历史活动构成的，奋斗的环境是由奋斗主体在以生产实践为主的社会网络中通过自身的参与互动营造

---

① ［匈］卢卡奇：《历史与阶级意识》，杜章智、任立、燕宏远译，北京：商务印书馆，1999年版，第7页。
② 张一兵：《实践格局：人类社会历史过程的深层制约构架》，《社会科学研究》，1991年第4期，第72页。

出来的。同时,这种一被创造出来就成为客观之物的外部环境继而又成了奋斗主体进一步发展的外部条件。

这种生产实践的奋斗以及改革创新的动力机制所依赖的社会环境既是人为的(人通过奋斗创造或生产的),又是为人的(奋斗主体的价值取向),并且在三个维度(历史性、时代性、具体性)上展开成"立体的"动态实践。正是这样的社会关系内在于主观的奋斗,使奋斗具有了人文世界的内涵。一方面,它作为开放性的人化自然,是"文";另一方面,它作为内化于人的开放性动态,是"人"。社会关系(文)历史性地进入人,从而使人成为开放性的人,并由此使人"文"化;人在现实生活中占有社会关系(文),并使之在现实性上"活"起来,从而使之"人"化。主观的奋斗通过社会环境的营造而意指人文世界。奋斗内含着人类主体具体价值取向的进取努力。这也是人类社会奋斗格局与自然格局的根本不同质点之一。奋斗有序性的维系和进化始终具有强烈的主体价值效用特征。一方面,这种主体价值取向的参照系也就是人类主体自身特定生存状态的合理需要。而另一方面,这种价值合理性又是由奋斗本身历史创造的。认识到这一点,才是迈出正确理解奋斗主体与客观环境营造之间辩证关系的第一步。

美国学者彼得·圣吉(Peter M. Senge)于20世纪90年代提出的五项修炼理论,正是我们在营造奋斗环境时需要借鉴的相对比较成熟的理论。他在《第五项修炼——学习型组织的艺术与实务》一书中提出了五项修炼理论。他认为,组织性学习是提高企业战略竞争的一种思想,并定义了五种技术组成,也就是通常所说的企业借以提高竞争力的五项修炼法:自我超越(personal mastery)、改善心智模式(improving mental model)、建立共同愿景(building shared vision)、团队学习(team learning)和系统思考(systems thinking)。① 如果在奋斗的客观环境营造中可以引进这五项修炼理论,并得到贯彻,那么组织中主体的奋斗能力就能得到提高和增强。因此,五项修炼理论也可以被认为是构成奋斗型组织的五项基本原则。善于组织全体成员进行不断地学习是奋斗型组织的重要内容。组织的发展与成长本质上是一种观念的改变、

---

① [美]彼德·圣吉:《第五项修炼——学习型组织的艺术与实务》,郭进隆译,上海:上海三联书店,1998年版,第165页。

信念的改变、思维方法的改变,也是一种管理方法的改变。五项修炼一改过去那种以管理、组织和控制为信条的管理思想与模式,取而代之的是以规划、价值观和心智模式为理念的新思想、新模式。它的目的在于创造出一种具有共同崇高理想和美好规划并为之奋斗的组织群体;同时创造出开放、平等、和睦、奉献的健康的组织环境、合理完美的心智模式以及洞察一切变化和反应灵敏的组织机制。在这个开放、平等的环境中,没有交流的障碍,每个人思维的缺陷都能通过自我反思和相互探询、帮助得以纠正,而且会对外界的变化迅速有效地做出反应,全体奋斗主体不仅在适应这种变化中得以学习,同时会在共同学习中创造出更加美好的世界。

奋斗改革创新的动力机制的打造需要树立正确的奋斗主体观,需要提高奋斗主体的心智,促成奋斗主体的全面超越。要打造奋斗改革创新的动力机制,首先必须更新奋斗主体观。在组织的发展进步中起主导作用的就是奋斗主体,并可以塑造组织的未来形态。只有认识到了奋斗主体的这种决定性作用,对培养、造就奋斗主体的切实热忱才能成为组织的焦点意识与实在行动,并促使组织为其提供发挥作用的充分资源和机会,由此主体奋斗的主动性与激情才能被充分地激发和调动起来。

具体而言,要构建改革创新的动力机制,必须改变奋斗主体的思维方式,更新陈旧的奋斗观念,在奋斗展开的实践中向一切可能的对象汲取知识和能量,不断使自身发生格式和塔式的观念转换。在一定意义上而言,学习就是提高奋斗能力、增强奋斗意志的过程。在此过程中,不仅要增进新知识和新阅历,更要提升自己把新知识和新阅历具体地运用以及内化到实践当中去的特殊能力。这里需要弘扬的是一种开放、接纳、包容之心的学习态度,要建构奋斗主体之间真诚的合作态度,摈除奋斗主体故步自封的保守心理。

学习本身就是最大的收获和奖励,是颁发给奋斗主体的最高荣誉。随着21世纪知识经济与科技革命的深入发展,学习已成为每一个个体成长的必要手段,是个体从出生到生命终结的一个持续不断的过程。20世纪四五十年代,毛泽东同志就指出:"有一种恐慌,不是经济恐慌,也不是政治恐慌,而是本领恐慌。"[①]随着社会的不断发展,这种恐慌感有增无减,甚至更加明显。

---

① 毛泽东:《毛泽东文集》(第2卷),北京:人民出版社,1993年版,第178页。

有资料显示,人类近 30 年的知识积累,已远远超过了过去的 300 年;由于科技革命的迅猛发展,知识更新的速度越来越快,一些领域的知识以每年 20%甚至更高的比例被淘汰。学海无涯,不学则罔;形势逼人,不进则退。终身学习不只是一句口号,相反,学习是一项高收益的投资。环境营造和组织竞争力的增强视奋斗主体的继续教育问题为一种重要途径,越来越多的组织通过选派成员参加各种各样的学习培训,来提高他们的素质和能力。毫无疑问,组织内每个成员素质和能力的提高,势必会提高整个组织以至整个社会的奋斗成效。

其次,要对奋斗的环境状况进行客观分析,结合奋斗主体资源的发展,确立组织奋斗的战略目标,实现组织的共同愿景。奋斗目标的实现,关键在于奋斗主体的资源开发。所谓奋斗主体的资源开发,就是最大限度地调动奋斗主体的积极性,最大限度地发挥他们的潜在能量,并且使他们在工作岗位上更大限度地创造出效益。如果不能激发奋斗主体的活力,就无法充分调动个体的积极性,也就不可能有效地释放主体的奋斗能量。如果不能发挥奋斗主体的积极性,不管技术硬件有多先进,也会因负面的维护和运用硬件而使效益受损。以上分析表明,营造优良奋斗的客观环境,与奋斗主体的努力和创新是分不开的,组织要制定明确的奋斗目标,鼓励奋斗主体积极参与组织的各项奋斗计划,并为组织的共同愿景而不懈努力。

再次,奋斗团队是构建改革创新动力机制的必要条件。一个人的精力是有限的,很难解决奋斗过程中出现的所有问题。在此之前的组织管理很难形成强有力的奋斗团队,那是因为重个体轻团体的力量,没有团结合作的意识,不利于奋斗的成效和长远发展。可以采用五项修炼中的团队学习来促发奋斗的良好团队环境①,即要创造一个自由的学习环境,根据实际情况让各个奋斗主体约定时间进行集中团队学习。如享誉西方咨询业的麦肯锡(MCKINSEY)公司,其员工在团队学习中一起谈论的是对他们以后的工作有所帮助的内容:关于行业的,关于自己企业的,或者其他行业的。他们的组织有一种学院式的氛围,是学习型的工作团队。由此,团队学习成了把团队结合在一起的强力胶,其目的就是要让奋斗主体都能敞开心扉畅所欲言,在走向团队共同愿景的过程中互相支

---

① Ber Frydman 等:《第五项修炼教程》,张璨译,北京:经济日报出版社,2002 年版,第 212 页。

持、共同启发,最大限度地发挥团队的力量,共同面对并攻破工作中出现的疑难问题,从而推动团队的奋斗事业向更高的层次迈进。

最后,还需要建立健全奋斗计划,完善终生奋斗的机制。要构建改革创新的动力机制,就要从"心"开始,摒除个人的私心杂念,攻克扭曲的自我防卫,制定共同愿景来激发奋斗主体的奋斗热情和愿望。联系奋斗与生活,把奋斗目标与社会问题的解决结合起来。为了能够提高奋斗主体的学习能力和奋斗能力,培养优良的奋斗作风和建立完善的终生奋斗机制同样是十分必要的。

三、发展动力的整合机制

奋斗主体及其奋斗活动是镶嵌入社会关系网络之中并受其限定的,这就决定了缺乏健康的社会资本的社会网络会导致奋斗激活要素的失效以及发展动力的减损。因此,必须拥有现代意义上健康的社会资本,来创造有利于奋斗的主体意识与能力、宽松和助力的社会网络环境并整合这些独立要素以使其发挥最大的激活效用及发展动能。

资本,在经济学的传统视野中,仅仅为物质资本。20世纪中期,新的概念"人力资本"被提出来,并被补充到资本概念之中。所谓人力资本,相对于物质资本而言,就是非物质资本的资本。相比较而言,人力资本直接体现在人身上,而物质资本则直接体现在物身上。换句话说,人力资本,例如个人所属的知识、才干、学历、职称、技能和资历等,可以产生新的价值。经济的发展不仅与劳动力的数量相关,也与劳动力的质量相关,这是人力资本理论的普遍观点。之所以提出人力资本的概念,是因为它不仅在微观层面上能给个人带来更多的未来物质和精神上的收益,同时在宏观层面上它的良性运转又会促进国民经济的健康稳定发展。然而,不管是物质资本还是人力资本,仅仅是一种经济性的资本,但是如果只是纯粹地使用这些经济资本的概念,则无法完全解释许多经济增长的现象,这也恰恰是经济学的局限之所在。正是由于单纯的经济资本不能解释社会经济的诸多问题,社会学家则提出了社会资本的概念。他们的观点是,社会资本是除了物质资本和人力资本之外的另一种类型的资本,是由经济活动者所拥有的社会资源作为一种生产要素进入生产领域而产生的。事实上,社会资本在经济生活中的重要性是无可替代的。

在《信任——社会美德与创造经济繁荣》一书中,美国学者弗朗西斯·福山详细地论证了社会信任,即社会资本的重要性。社会资本这一概念,自20世纪80年代被提出以来,虽然受到了不少批评和反驳,却仍然受到许多社会学家、经济学家、政治学家和管理学家的青睐与追捧。尽管目前对社会资本的概念尚没有一个统一而明确的定义,但多数人基本认同罗伯特·普特南的定义,即社会资本是"能够通过推动协调的行动来提高社会效率的信任、规范和网络"①。它探讨的是社会纽带的连接方式,这一点与中国社会的"关系"概念不谋而合,在社会资本一词引入中国后即有了两者合并的本土化趋势。从个体角度来看,有些中国学者这样分析,个人处理自己拥有网络资源的能力就是社会资本,或者说个体对其所处网络的投资和回报的过程与方式就是社会资本。这种微观层面的观点将社会资本视为一种无差别的抽象概念,掩盖了社会资本与奋斗关系在不同社会文化结构中的表现,并弘扬具有强烈的主体价值效用特征的奋斗,使其陷入了实证主义的狭隘视域。从宏观角度可以看出,由社会资本和奋斗所展开的关系网络与中国传统的关系网络有着本质的不同。信任、规范、合作与互惠等保证了社会网络的良好运行。但是中国奋斗主体所生活的社会网络不能由其本身自由选择。个人的喜怒哀乐和成败得失深深地扎根于他所处的社会网络之中,而个人难以独享。衡量一个人的奋斗,仅仅考察人力资本,即知识、才干、学历、职称、技能、资历、智力和健康等状况,以及物质资本,即货币占有量是远远不够的,还应该考察社会资本,即调动其所处社会网络的能力。但是这种能力在中西方却存在着相当大的差异。而如何扭转这种差异,这就是我们即将讨论的奋斗的时代责任与社会变革。

在西方文化视域中,市民社会是奋斗展开的脉络。根据鲍威尔的相关观点:社会资本包括公民社会中的制度性关系,从扩大的家庭到邻里的网络,从社会团体到宗教组织,从年轻人俱乐部到家长教师协会,从地方商业组织到地方公共服务机构,从幼儿游戏组到巡逻的警察,等等,它们都建立在团结一致的个人主义和积极的公民权基础之上。当奋斗主体具有团结一致的公民

---

① [意]罗伯特·D. 普特南:《使民主运转起来》,王列、赖海榕译,南昌:江西人民出版社,2001年版,第203—204页。

权时,无产阶级才能通过奋斗来实现共产主义远大理想。但是,在当今中国社会,人们首先关心的是个人的利益问题。在关系理论看来,社会奋斗的改善涉及的往往是具有长效性的制度、公平与机会均等层面的宏观的问题;而自我奋斗的改善涉及的则是当下的关于优势性、优先性、现实性层面的微观问题。在中国社会转型初期,在实现资本积累、推动人员流动等方面,传统意义上的社会资本发挥了巨大的作用。家庭是中国社会资本的核心,中国的社会关系事实上大多是围绕血缘关系展开的,社会资本在很大程度上具有可继承性。个人所拥有的最主要的社会资本是以家庭或家乡为中心的血缘或地缘关系。这些社会资本不容易整合为整体社会资本,因为它的人际关系虽然联系密切,但相对封闭,范围小,多为纵向,相互之间难以形成最大认同和接纳。而这种特殊的人际关系和社会资本里个人权力的泛化,一定意义上软化了社会制度,阻碍了社会稳定和健康发展。正是局部过密的社会资本与政治权力的过度联系,不仅不利于现代信用机制的建立,而且还有损于奋斗主体的真正扩大,严重阻碍着奋斗实践的充分展开。以上所讨论的这些就是关于社会变革的原因与奋斗的时代责任。

　　总体来说,一是社会资本过于封闭和分散,规模又小,难以向更大范围转化;二是制度被社会资本所取代,扰乱了社会系统的正常运行;三是货币化程度在社会资本形成过程中不断提高;四是社会资本在相互封闭的格局中难以发挥出正面效应,甚至会出现大范围的社会资本短缺。无论是经济领域,还是社会领域,都能体现出现代社会资本的重要性,它使得真正的奋斗所能充分展开的现实基础——公民社会在家庭和国家之外的存在具有充分的可能性,而以社会资本为基础的公民社会建设已经成为我们要面对的社会变革,也是奋斗的时代责任。

　　根据当前中国社会转型期的特点和文化的特殊性,本书认为应从以下几方面进行社会资本的变革:第一,要坚定不移地解放生产力、发展生产力。只有生产力发展到一定程度,才能产生完善的社会资本。仅靠正确的社会资本意识和社会资本开发意识,社会资本无法具体地、历史地产生。真正的奋斗是在生产所编织的社会资本基础之上的奋斗,只有这样,奋斗才会成为长效性的公平、公正的奋斗,每个个体才会为了人类自由而全面的发展这个终极目标而不懈奋斗。第二,要进行制度创新。要扩大现代意义上社会资本的规模,最关键的一步是进行制度创新。为了使社会资本在社会中不封闭并且通畅流动,就要有新的制度为社会资本的自由流动创造畅通的沟渠。所谓现代意义上的社会资本,不是传统的以血缘、地缘关系为导向的,而是建立在公民权利、义务基础上的,它主要包括增强政府管理水平和运行效率,提高制度化和法治化水平,建构新型社会关系网络,发展新型信任合作关系,推行伦理教育,提高公民整体素质,从多方面、多层次着手促进基于社会资本的具有强烈主体价值效用的奋斗。第三,要明确公民权。只有当个人的公民权得到切实的保障,奋斗才能在公平、公正、慈善、信任和参与的现代价值观基础上真正展开,才会有效遏制不择手段谋取个人利益的现象发生。在现代市场经济高速发展的同时,推动公民社会的健康发育,并加强与之相适应的制度性建设势在必行。只有这样,真正意义上的奋斗才能充分展开。另外,发挥政治权力应有的作用,严格限制政治权力干涉社会人际关系与微观经济活动。这并不是否定政治权力的权威,相反,政治权力理所当然地应为社会资本改革提供必要的保障。唯有如此,新型社会的改革才会得到极大的帮助和推动,人们的奋斗才有现实的时代性和方向感。

总之,我们应该有效开发社会资本,建构现代意义上的社会资本,使其取代传统的社会资本。只有这样,奋斗才能真正在新的起点上充分展开。没有制度化的社会资本是不受支持和信服的,只有拥有了社会信用的制度化,社会资本的意义才能得到真正体现。这正是奋斗的时代责任与社会变革的现实意义与理论旨归。

四、共同富裕的激励机制

奋斗机制的时代选择要求我们:首先,要深入研究奋斗的出场、运行和发展的客观规律与机制,分析现有机制的弊端;其次,社会机制的改革必须以反映奋斗运作的客观规律为前提;再次,要把科学的奋斗机制内化为主体奋斗正常的社会机制,这必须有正反两方面长期坚持的激励与调控措施作为保障。需要注意的是,一方面激励机制的目的在于通过实现奋斗主体精神和物质上的共同富裕要求来促使奋斗主体内化奋斗机制;另一方面,当谈到激励机制时,它往往就意味着这里讨论的是组织对其成员的具体行为的理性制度调控,将这套调控制度若干方面的要素铺展开来就构成了激励机制的内涵。

激励机制如前所述,包括诱导因素集合、行为导向制度、心理授权、行为幅度制度和行为归化制度。本书认为,构建共同富裕的激励机制应该从三个方面入手:

(一)目标激励

用共同富裕来构筑全社会的共同理想,正是反映了以人的全面发展和社会的全面进步为最终目的。共同富裕的实质,就是广大人民群众创造的社会物质财富和精神财富,一定要由广大人民群众共同享有。中国特色社会主义事业越是向前不断推进,越是要让广大人民群众享受到改革开放的成果,一切成果要让人民共享。这就把党和国家的利益、民族的利益、群体的利益以及人民群众的整体利益与注重个人利益紧紧地联系在了一起。在这样的目标指引下,社会各方面的力量、一代又一代人的力量就会不断汇聚,人民群众的积极性和创造性就会被充分挖掘出来、调动起来,奋斗的热情就会不断高涨。

共同富裕是社会主义社会的奋斗目标,需要凝聚社会各方面的力量,需要凝聚一代又一代人的力量,共同推进它的早日实现。目标是行动所要达到的预期结果,是满足人的需要的对象。目标与需要一起调节着人的奋斗行为,把人的奋斗行为引向一定的方向。目标本身是行为的一种诱因,具有诱发、导向和激励行为的功能。因此,适当地设置奋斗目标,能够激发人的奋斗动机,调动人奋斗的积极性。一个人对共同富裕目标的抱负水平,是其对奋斗达到何种数量和质量标准的心理需求,这是个人从量和质两方面考虑奋斗目标的高低。发挥共同富裕的目标激励作用,应注意个人目标尽可能与集体目标一致;设置的目标方向应具有明显的社会性;目标的难度要适当;目标的内容要具体明确,有质和量的要求;应既要有近期的阶段性目标,又要有长远的总体目标。

(二)舆论激励

共同富裕作为和谐社会这个大概念的一个分支,一经提出就得到舆论的追捧。这就召唤新的时代要从积极的角度,弘扬社会正气,营造一个为实现共同富裕而奋斗的社会环境。邓小平同志所讲的"一部分人可以先富起来,逐步达到共同富裕"[1]。"一部分人可以先富起来",是符合当时中国国情的,

---

[1] 邓小平:《邓小平文选》(第3卷),北京:人民出版社,1993年版,第149页。

是为了鼓励一部分人通过辛勤劳动并发挥自己的聪明才智先一步富裕起来,先调动这一部分人的积极性。然后,通过先富起来的这一部分人来带动全体人民实现共同富裕。"让一部分人先富起来"是手段,"逐步达到共同富裕"是目的。最终走向共同富裕,是由社会主义的性质决定的。社会主义实行的是生产资料公有制,一切属于人民,由人民当家做主,成果由人民共享。实现共同富裕,也是人民的心声。从总体上看,共同富裕代表着人类社会前进的方向,能够激励广大人民群众为创造共同富裕的社会环境而不懈奋斗。

要弘扬社会正气,营造一个为实现共同富裕而奋斗的宽松的社会环境。江泽民同志在全国宣传思想工作会议上指出:"正确引导舆论,是党的宣传思想战线非常重要的工作。"①从总体上看,共同富裕代表着人类社会前进的方向,能够激励人民为创造共同富裕的社会环境而不懈奋斗。但是特别值得注意的是,舆论激励必须克服说教式的宣传引导,一定要密切结合激励对象的特点做耐心细致的舆论工作。比如,长期以来,理想教育、爱国教育、奉献教育、英雄教育、为人民服务教育等一直是学校教育的主线和社会教育的主导舆论宣传方向。这从大的方向上讲并没有什么不对,但由于缺乏切实的符合被激励对象的心理特征和未来期盼的舆论引导,现实生活中的广大学生对这些放之四海而皆准的道理仍然有些茫然和空泛感。为实现共同富裕而奋斗,在强调"一不怕苦、二不怕死"的英雄主义的同时,也要注意加强爱心智慧、珍爱生命教育。要调动人们自我教育的积极性,从而提高人们的认识水平和自我教育能力。要通过舆论激励,使人们学会关心人、理解人、体谅人、宽容人,从而使自己的心胸变得更加宽广。要通过舆论引导,在建设社会主义现代文明的基础上倡导民族主流文化,形成积极向上的舆论氛围,营造为实现共同富裕而奋斗的优良的社会环境。

(三)生活激励

关注民生、改善民生,是中国共产党全心全意为人民服务宗旨的根本要求,同时也是实现共同富裕的重要举措。人民群众是历史的真正创造者,是社会变革的决定力量。中国特色社会主义建设只有依靠人民,才会形成强大

---

① 江泽民:《江泽民同志在全国宣传思想工作会议上的讲话》,1994年1月24日。

的动力。毛泽东同志明确指出:"人民,只有人民,才是创造世界历史的动力。"①因此,着力保障和改善民生,维护人民的切身利益,动员最广大人民群众形成建设社会的合力,才能实现国家的发展和社会的进步,最终实现共同富裕,实现中华民族伟大复兴的中国梦。关注民生、改善民生就是要更多地关心贫困人群,创造条件解决他们的实际困难,出实招、办实事、求实效,多做并做好那些得人心、稳人心、暖人心的工作,这样才能激发广大人民群众积极投身充满期待和希望的奋斗实践。

---

① 毛泽东:《毛泽东选集》(第3卷),北京:人民出版社,1991年版,第1031页。

第五章 奋斗的目标观与实现路径

> 现实和理想之间有无联系的问题乃是哲学上形而上学方面的中心问题,正像存在和观念之间的关系乃是哲学上认识论方面的中心问题一样。这两方面问题的汇合处就是现实和可能的关系问题。①
>
> ——[美]杜威

目标,即人们预期的结果。奋斗的目标观是指人们对奋斗目标的基本观点或根本看法。而对奋斗目标的基本观点或根本看法的差异,则导致了实现奋斗目标的不同路径。奋斗的目标具体可以分为主体目标与客体目标、理想目标与道德目标、社会目标与个人目标、长远目标与近期目标、整体目标与部分目标等。它们共同动态地决定了奋斗依赖何种条件才能出场,继而如何向前推进,并最终通过何种方式得以实现奋斗目标。

第一节 奋斗的目标观

从思想政治教育的视域看,不同时代、不同时期奋斗的内涵不一样,其目标因此亦不相同。一个人对其自身存在意义的终极认识和对人性的根本看法,就决定了他会持有怎样的世界观、人生观和价值观。传统的人性论因其无视人的全面需求,却从静态、被动、孤立的、片面的角度去考虑人的本性,因而将人化解成理性的动物、经济的动物、政治的动物等。这些指认实际上只片面地强调了人某一方面的功能和特质,进而将其看成是实现某一预期奋斗目标的全部过程,这是有失偏颇的。

相比而言,建基于以人为本的奋斗目标,就是从创造的、发展的、过程的、

---

① 杜威:《确定性的寻求》,傅统先译,上海:上海人民出版社,2005年版,第231页。

整体的角度阐释人的主体性,更具实际的操作价值。首先,以人为本的奋斗目标观认为,人的本质就是人的创造性活动,创造是人的本性和生活的意义的源泉,人的所有活动,乃是在创造中的发展,这既是过程,亦是目的。其次,因为创造的无限性和进化的无限性,而人又是创造进化中的存在,因而人是永未完成的存在,是永远处在塑造奋斗过程中的存在。社会是一个活的有机体,人是构成社会的元素。作为社会主体的人是一个身体、情感与精神和谐发展的有机整体,当人与环境发生作用时,人的有机体是作为一个整体做出反应的。因此,探讨奋斗目标观,乃是基于充分尊重人的主体性土壤的内在力量,强调奋斗预期的自主性生发,考察开展奋斗的具体的社会历史条件,并不断地对奋斗主体的生活世界进行自我审查,以随时调整实现奋斗目标的具体的、历史的、现实的过程。这一过程必然以奋斗主体的创新精神与实践能力的提高为目的和宗旨。

在传统话语的视域中,奋斗是一种期望对象强制式地呈现给奋斗主体的被动事件,奋斗主体在奋斗中是完全脱离和沉默的。这种目标观必然导致奋斗的目的在于刻板地按照既定程序逼近目标,而不是动态地产生灵活的目标。在形成目标霸权的同时,使奋斗主体失去了真正认识目标、发现目标、生产目标和批判目标的信心、勇气与资格。我们这里所讨论的新的目标观认为,目标就是行动,奋斗主体与目标更新内在地勾连在一起的"人们追求真理实际上只是在追求这一追求真理的过程"①。基于这样的认识,人们追求的奋斗目标,实际上只是追求这一追求目标的过程。目标并非孤立于人的固定的外在之物,它与奋斗主体的兴趣、情感、信仰、态度等密切相关,并且与一定的、具体的、历史的、现实条件中的奋斗实践同时产生,彼此纠缠。与传统的预成性静态预设目标观针锋相对,这种新的生成性目标观倡导奋斗的自主建构,强调奋斗目标的动态生成。良好的奋斗目标应立足于当下的现实生活目标,而目标又有助于制定具体的奋斗程序,同时这些程序又能检验和校正这个目标,发挥该目标的激励作用,否则这个目标便是没有价值的。

总之,生成性目标观认为,奋斗无外在的奋斗目标,奋斗的目标内在于奋斗的过程之中。这种目标观的理论前提是奋斗即生长、奋斗即生活。随着奋

---

① 何怀宏:《生命与自由———法国存在哲学研究》,武汉:湖北教育出版社,2001年版,第51页。

斗过程的展开,奋斗主体的知识与技能不断增加,情感态度与价值观也不断生成,奋斗的结果无法全部预料,于是,联系结果的奋斗目标也处于不断生成、发展和变化之中。因此,良好的奋斗目标不能预先完全制定,应由奋斗过程中的奋斗主体立足当前社会生活、深入结合自身的实际情况与直接经验,才能不断地制定出符合每个奋斗主体发展的目标。这种目标观可谓因人、因时、因地、因事而异。这种目标观导引出相应的奋斗观念的转变,它实现了奋斗由立足理想转向立足现实生活,由传统转向现代,由宏观转向微观,由原本关注结果转向关注过程,由外在的转向内在的,由静态转向动态,等等。而这些转变正与当前思想政治思潮的一系列观念转变相吻合,这就要求奋斗主体在短时间内实现这种观念的转变,并采取相应的对策。奋斗者在奋斗过程中的主体地位是这种全新目标观的核心要素,它使奋斗在本质上成为奋斗主体对奋斗意义的个性理解和手工建构(manual construction),奋斗成为使人的本质力量得以激发和显现的事业。正是在这个意义上,奋斗的目标由此直接指向了人的主体性的创造和人格精神的建构。基于这种奋斗的生成性目标观,我们在此重点探讨由奋斗目标具体分成的主体目标与客体目标、理想目标与道德目标、社会目标与个人目标。

一、主体目标与客体目标

所谓主体目标与客体目标的统一,其实是对同一历史过程不同维度的理解与关照。马克思主义唯物史观认为,通用于任何时代的生产和再生产的物质实践,是所有人类社会的生存基础。这种由人的客观实践活动构造的社会功能是不以个人的意志为转移的,质言之,社会生活决定作为人的全部观念的上层建筑,这是马克思主义唯物史观最重要、最一般和基础性的原则。然而,需要注意的是,这绝不可以认为人类社会运动始终或永远是不以人的意志为转移的自然历史过程。所谓不以人的意志为转移的社会历史过程,意即似自然性的现象或称为似自然现象,只是特定历史条件下才会出现的颠倒的、异化的情况。特别是马克思在后来的狭义历史唯物主义从主体向度出发所深入地揭示的,只有在工业性萌发并占据主导地位之后而出现的商品——市场经济这一社会经济形态里,才会有人不具备控制自己创造的社会历史的能力,而反倒为外在的客观经济力量所奴役和捕捉的异常情形。马克思将之形容为是与自然界盲目运动相类似的不正常的社会现象。在面对社会历史的具体发展过程时,马克思、恩格斯对这种在一定历史条件下所发生的与自然界盲目运动相类似的自发经济社会现象,尤其是对在资本主义社会中,经济力量颠倒过来成为支配人类主体的主导力量这一历史状况,都做了具体的和深刻的批判与反思。社会历史发展的这种异常的自然历史过程,并且期冀着在人类解放的自由王国之中,将有可能扬弃这种特定的主体与客体"颠倒"的历史现象。①

在历史唯物主义语境中,奋斗绝不仅是什么对外在于奋斗主体的社会客观规律的旁观式的直接映射,而主要是由人类具体的、历史的、现实的社会实践建构的科学理解,并通过这种理解去科学地认识与实践自身和奋斗的历史过程。基于马克思主义的这种广义历史唯物主义与狭义历史唯物主义辩证语境中的奋斗观,我们可以发现,首先需要揭示的是奋斗的社会历史发展的一般基础——客观的、具体的、历史的物质生产,并对历史辩证法的客观规律进行科学指认,而这就是历史唯物主义奋斗目标观的客体向度。在此前提下,我们还可以通过借助马克思的狭义历史唯物主义,从具体的、历史的、现实的奋斗主体出发,探寻在不同社会历史时期中何为真正的主导因素。通过对人类社会文明史的客观和深入探究,马克思明确地描绘了在人类社会经济形态中,外在的经济状况是人的主观意志无法控制的决定性和支配性的基础因素。但是这种与一般的生物有机体作用和运动规律类似的似自然现象,只是在特定的社会历史时期才有可能出现。随着人类社会生产力的不断发展,奋斗主体自身会超越这种消极被动的外在历史状况,成为自觉创造历史,并将历史纳入自身的世界图景中的真正主人。这时人自身的生产与再生产将再度一跃而居于支配和主导地位,而外在的物质生产则被彻底取代,异己的外在的经济力量对奋斗主体的决定与制约作用就不再居于主导地位了。人由此将成为历史的真正主体,成为自觉创造历史的真正主人。

基于以上分析,我们可以看出,历史唯物主义奋斗观的客体目标分为两个向度:一是奋斗的社会历史发展的一般基础性,任何时代的奋斗总是在事先给定的客观物质条件基础之上进行的,古今中外,概莫能外。二是在一定

---

① 张一兵:《马克思历史辩证法的主体向度》,南京:南京大学出版社,2002年版,第6页。

的历史时期,尤其是资本主义条件下,这样一种基础性表现为经济过程的物质基础掩盖了人类奋斗主体地位的既有事实,使主体的奋斗过程表现为不以人的意志为转移的、外在的看不见的手支配的自然过程,奋斗主体成了理性的完成自己意图的不自觉的工具。而历史唯物主义奋斗观的主体目标则是要求我们勘破后者那种消极的自发宿命论(即搬来尊重客观规律的戒律使人产生惰性,最终取消奋斗主体实践能动作用的实证科学),转而去确证和践履鼓舞人奋斗的精神与物质力量。正如马克思所说:"在表面上呈现出来的经济关系的完成形态,在这种关系的现实存在中,从而在这种关系的承担者和代理人试图借以说明这种关系的观念中,是和这种关系的内在的、本质的、但是隐蔽着的核心形态以及与之相适应的概念大不相同,并且事实上是颠倒的和相反的。"①所以要正确地理解和研究奋斗,就必须清楚地和正确地把握奋斗实际存在同其内部核心之间、奋斗表象和其概念之间的区别,意即运用历史唯物主义勘破不同历史时期和生产构境中不同奋斗表现出来的现象学迷雾,正确而科学地厘定奋斗客体向度和主体向度的目标观,而要真正对奋斗进行科学研究,这种厘定的前提是必要的。正如马克思所说:"如果事物的表现形式和事物的本质会直接合而为一,一切科学就都成为多余的了。"②正是因为奋斗的主体目标和客体目标被遮掩在层层颠倒的现象学迷雾之下,这才需要我们运用历史唯物主义勘破实证科学的屏障,对奋斗的主体目标和客体目标进行内在的、本质的、真正的还原,对奋斗目标展开过程中的一般基础和主导因素进行正确辨别。

二、理想目标与道德目标

人本主义和理性主义(科学主义)这两种看似迥异的价值取向给奋斗内在地设定了两种目标,一个是理想目标与道德目标(人性化),另一个就是功利目标(合理化)。理想目标与道德目标注重人的朝向未来的潜能和超越性,功利目标则侧重在工具性层面如何快速有效地实现具体的奋斗目标。实际

---

① 马克思、恩格斯:《马克思恩格斯文集》(第7卷),中共中央马克思、恩格斯、列宁、斯大林著作编译局编译,北京:人民出版社,2009年版,第231页。
② 马克思、恩格斯:《马克思恩格斯文集》(第7卷),中共中央马克思、恩格斯、列宁、斯大林著作编译局编译,北京:人民出版社,2009年版,第925页。

上,道德目标和功利目标都寓于奋斗展开的内在规定性之中,它们是一个硬币的两面。亚当·斯密最早认识到了看不见的手的作用,就是说资本主义价值规律在背后起着作用。他从经济学上论证了利己的功利动机可以达到道德的利他。为了防止这种利己主义穿越边界而无限扩大,亚当·斯密更是借助人的情感之维提出道德同感论。他希望以之来调和功利的利己与道德的利他之间的矛盾。个人为一己之利而奋斗,便会自然而然地促进全社会的利益,这就是通常说的主观为自己,客观为大家。其后,边沁将这种自然主义的功利目标继续操作化和实证化,他坚持所谓"善"就是最大限度地增大幸福的总量,并且导致最少的痛苦;而"恶"则反之。对于这种快乐和痛苦,边沁将它们同时定义为既是肉体上又是精神上的。更重要的是,这些快乐和痛苦可以通过他的所谓幸福计算(felicific calculus)程序加以预测,计算出某种行为所造成的后果。乃至到了后来的英国边际效用学派,比如其代表杰文斯,认为经济学的目的是求以最小痛苦的代价来购买快乐,而使幸福增至最大限度;他们要求对快乐和痛苦进行计算,因而又把经济学称为快乐与痛苦的微积分学。

  奋斗的功利性取向因对奋斗的工具价值的强调而赋予奋斗以前所未有的生命力。然而由于有意或无意地对功利性的极端强调,我们也确实感受到了生机活力背后的不和谐音符。我们要防止奋斗的功利目标扩大化直至淹没奋斗的道德目标的情况。所谓奋斗目标的功利化,是指人们强调奋斗服务于社会现实发展需要的工具性功能,并把这一功能推向一种极端的状态,进而遮蔽了奋斗对于个体的全面发展和精神享用等奋斗的本体功能。奋斗功利目标日益扩张,功利目标和道德目标的均衡性被破坏,功利目标的夸大损害了奋斗的道德目标,在一定意义上甚至会淹没道德目标。这种状况在资本主义早期发展阶段就已有所表现,到了19世纪后半叶的科学社会主义上升时期,这种状况越发明显,一些实证学派的学者们主张建立科学的人性观和教育观,一味地追求人的实用价值,过分地迎合现实社会的实用需要。① 按照这种理性主义奋斗观的思路,他们将奋斗视为促进个人与社会发展的目的和手段,以目的的正当证明手段的合理,会走向完全以"目的证明手段"的非道

---

① [法]孔多塞:《人类精神进步史表纲要》,何兆武、何冰译,南京:江苏教育出版社,2006年版。

德主义①,功利与利益联姻常常只能使奋斗充满了不公正和不和谐的内容。

党的十七大报告把"具有更高文明素质和精神追求"②确定为全面建设小康社会的一个重要目标。这是我们党对道德建设现状的深刻反思和对社会主义道德建设重要性深刻认识的表现,它是对人们普遍的小康观念的超越,是对马克思主义伦理学的丰富与发展。现实社会达到的总体小康,仍然是低水平的、不全面的、发展不平衡的小康。尽管人民的道德水平总体上得到了很大提高,但思想道德建设等方面还存在着一些问题。由于历史和现实的影响,道德建设对于物质文明建设的重要性曾一度被忽视了,人们曾一度只注重奋斗的功利目标,而奋斗的道德与理想目标却被淡化了,出现了"一手硬,一手软"的情况,由此带来了许多社会和经济问题,这给我们留下的教训是极其深刻的。

如果对人类社会和人类个体来说有一个共同的奋斗的理想与道德目标的话,那就是建立一个幸福和谐与公平正义的世界。人类和谐的道德理想世界,包括人与自然、人与人、人与社会、自然与社会、人自身的和谐。人与自然的关系在本质上应该呈现怎样的状态?究竟应该如何处理这种关系?这是个一直以来被人们讨论的问题。原始社会时期那种人与自然和谐共存的状态似乎慢慢地被现代社会的喧嚣而取代,工业文明改善了人们的物质生活,却使人们的精神生活陷入了空前的迷茫之中,那种中国古代思想家老子所追寻的道法自然的境界已经被啃噬得所剩无几。这是一个征服与被征服、占有与被占有、统治与被统治的时代,而这一切深切地反映在了人与自然的关系之中,物种在灭绝,自然在哭泣,但这是不应有的状态、不正常的状态,人与自然应该是和谐共处的。人与自然的关系不该是征服、占有、统治、攫取的冲突关系;恰恰相反,人与自然的关系应该是相依、共处、协调的和谐共存的关系。同样的道理,人与人之间的关系也应该是和谐共处的,而不仅仅是支配与占有的对抗关系。在历史发展的进程中,人因民族、国家的形式不同而有了诸多分类,在社会制度、意识形态、价值取向、经济发展模式、文化传统、民族特

---

① 梁国良:《论刑事政策的道德目标》,《华中科技大学学报(社会科学版)》,2001年第3期,第47页。

② 胡锦涛:《高举中国特色社会主义伟大旗帜 为夺取全面建设小康社会新胜利而奋斗》,《十七大报告辅导读本》,北京:人民出版社,2007年版,第20页。

性诸多方面,形成了百花齐放的局面。这个多样化的世界里实际上是有共同的东西的,因为不管怎样的变化归根结底都是人的变化,人类对精神、对幸福的追求是不变的。在一个信仰被金钱放逐、灵魂被实验剥光的时代,现代人的终极关怀显得无处安顿。面对这场深刻的意义危机和精神迷失,人们常常感到迷惑甚至无所适从,唯有通过恢复精神生活在人类生活中的应有地位,为构建体现人类共同利益和有益于人们身心健康的积极进取、健全奋斗的精神文化的新的价值体系而奋斗,用新的奋斗目标、新的奋斗理论、新的奋斗精神、新的奋斗文化来充实人类的奋斗所展开的理论与实践视界。在以和谐作为奋斗的理想与道德目标的同时,还要在政治、经济、文化、教育、法律、伦理等方面来追求和实现奋斗的社会公正。

换言之,从思想政治教育的视角看,在弘扬奋斗精神的同时,树立以人为本的统一的理想与道德的奋斗目标观,就是要关注奋斗主体的生命价值观的表现,实行生命化的奋斗观教育,以奋斗主体为中心,关切奋斗主体的生命困境,突出奋斗主体的发展,教育人、引导人、关心人、帮助人、发展人,把奋斗与人的幸福、自由、尊严、终极价值紧密地联系起来,使奋斗真正成为主体的奋斗,并倾注人文关怀和道德情感,注重张扬和发展奋斗主体的个性,发掘创造潜质,从而提升奋斗主体的生命意义与生命价值,使奋斗的道德目标与理想目标植根于奋斗主体的个体生活而关照其一生。

三、社会目标与个人目标

在厘清奋斗的目标观时,社会与个人是两个相互制约、相互作用的重要维度。随着资本主义的兴起,个人主义作为现代性的重要表征逐渐从蒙昧的神学思想和人身依附中解脱出来。布尔乔亚启蒙思想对神学迷雾的否定与封建关系的反抗,其实质就是重建人们的世俗生活,在钢筋水泥构筑的工业化现代性中,幻想彼岸那座美好的上帝之城早已变成自然的现实对象化改造,而神学的禁欲出世也成了感性欲望的解放和现世声色犬马的享乐。与此同时,在无数个个人相处交往的基础上形成了现代的社会观念。奋斗是个体在社会中的奋斗,而个人主义的产生是随着资本主义的兴起而产生的,在此之前人类只能禁锢于神学之中。在现代西方经济学的开山鼻祖亚当·斯密看来,人们从事经济活动的出发点是个人的奋斗目标即个人利益,亚当·斯密所假设的经济人就是从利己出发从事经济活动的人。这样的经济人经由彼此之间的交换就形成了一定的社会形态。对于这种个人利益导向的利己主义,亚当·斯密在其著作《道德情操论》中将其称为"自爱"。在亚当·斯密看来,自爱、自由的欲望、正义感、同情心、劳动习惯及交换倾向等共同决定了人类的行为动机。其中,亚当·斯密尤为着重地指出,人们自爱的本性是与同情心相伴始终的。从本质上讲,这是亚当·斯密从资产阶级自然性的意识形态出发,为避免出现经济人一味追求个人利益的扩张而导致的霍布斯所说的一切人反对一切人的状态而进行的先天条件预设。但是,诡谲的是,这恰恰与亚当·斯密先前界定的人在本能上的自私性存在是极其矛盾的——利益与同情心很难共存。但是,不管怎样,亚当·斯密毕竟第一次从经济学的视域出发,通过经济人的假设确立了资本主义的个人奋斗主体。同时他还论证了经济人的奋斗行为是如何促进社会的巨大发展的。如此,自由放任的社会奋斗目标就与亚当·斯密建立在奋斗主体的自利本性上的市场经济机制紧密地勾连起来了。但是,不容忽视的是,这样的情况容易导致个体与社会的矛盾,毕竟个体在亚当·斯密看来是自私的。亚当·斯密在确证了资本主义经济合理性的同时,也为后来者开拓了逃逸的路径。

马克思指出:"人们是自己的观念、思想等等的生产者,但这里所说的人们是现实的、从事活动的人们,他们受自己的生产力和与之相适应的交往的一定发展——直到交往的最遥远的形态——所制约。意识在任何时候都只能是被意识到了的存在,而人们的存在就是他们的现实生活过程。"①在资本主义生产方式中,生产者的劳动产品只有通过商品交换才能得到社会的承认,实现对劳动产品的占有,这使生产者第一次从这种狭隘的、动物学的人身依附关系中摆脱出来,成为这样的表面是"独立的"原子式生产者。马克思把生产者的这种"独立性"称为"以物的依赖性为基础的人的独立性"②。如此,在奋斗的个人目标与社会目标之间就产生了巨大的甚至不可调和的矛盾。在亚当·斯密看来,"这种个人不是历史的结果,而是历史的起点。因为按照

---

① 马克思、恩格斯:《马克思恩格斯选集》(第1卷),中共中央马克思、恩格斯、列宁、斯大林著作编译局编译,北京:人民出版社,1995年版,第71-72页。
② 马克思、恩格斯:《马克思恩格斯全集》(第30卷),中共中央马克思、恩格斯、列宁、斯大林著作编译局编译,北京:人民出版社,1995年版,第107页。

他们关于人性的观念,这种合乎自然的个人并不是从历史中产生的,而是由自然造成的"①。这种个人观忽略了人类历史发展的纵向考察的先验抽象,个人被作为一个永远存在的自私的独立原子,这些原子聚拢起来就构成了现代的社会。

基于这种抽象的人生观,产生的必然是以物的形式表现出的人与人之间的关系,这样的关系是孤立的、漠不关心的人的普遍交换关系,社会异化而成为个人私利膨胀的公共空间和实现自身利益的外部工具,即使个人的奋斗目标与社会的奋斗目标之间存在着某种程度上的彼此协调与默契,那也是个人在主观为自己、客观为大家的似自然性中充当了理性狡计②的历史工具,由此历史就真的成了一个无主体过程。而在这种标榜平等、自由的普遍交换体系中,就内在地隐秘预设了资本主义私人占有制的先天合法性,面对个人与个人、个人与社会之间的冲突关系,近代以来众多思想家苦苦思索如何在理论上找到将二者和谐统一在一起或者重新创造性地回归过去的原始共通感的途径。

古典经济人的思想模型是近代资产阶级价值观念的立论基础,也是资产阶级奋斗的个人目标与社会目标之间冲突的根源。若就资产阶级社会总体和历史之维而言,以资本主义私有制为代表的生产关系的性质正是决定了个体奋斗目标的利己性所表达的物欲原则,后者是前者的一种具体反映。

马克思指出,当每个人为自己的私人利益奋斗的时候,也就达到私人利益的总体即普遍利益。"这是私人利益;但它的内容以及实现的形式和手段则是由不以任何人为转移的社会条件决定的。"③正确理解奋斗的私人利益的内容和形式的客观性与历史性,是正确理解个体奋斗目标和社会奋斗目标的关键。

在资本主义市场经济条件下,个体奋斗是由其在资本主义生产关系中的

---

① 马克思、恩格斯:《马克思恩格斯全集》(第30卷),中共中央马克思、恩格斯、列宁、斯大林著作编译局编译,北京:人民出版社,1995年版,第25页。

② 理性狡计是黑格尔的逻辑学存在论中提到的一个说法,就是指某两个概念表面上不相干,但背后理性在起作用,使它们具有辩证的内在联系,这种内在联系一旦表现出来,就出乎意料使人大吃一惊,好像玩了个阴谋一样。即两个概念的关系不是明明白白体现出来的,而是隐藏在概念背后,虽然没有明显的牵扯,却有某种辩证的联系。

③ 马克思、恩格斯:《马克思恩格斯全集》(第30卷),中共中央马克思、恩格斯、列宁、斯大林著作编译局编译,北京:人民出版社,1995年版,第106页。

地位决定的。马克思强调:"他的对立的个别利益的满足,正好就是被扬弃的对立面即一般社会利益的实现……因此双方都知道,共同利益恰恰只存在于双方、多方以及各方的独立之中,共同利益就是自私利益的交换。一般利益就是各种自私利益的一般性。"①就资本主义市场经济的视域而言,奋斗的社会共同目标一方面是个人奋斗目标之间的一种交换,另一方面也是个人私利的实现。可以肯定,只要处于私有制的环境中,资产阶级功利主义政治经济学家所宣称的奋斗的普遍利益就只能是一种或者出于道德完美主义的天真,或者出于别有用心的意识形态的欺骗性宣传。对奋斗的目标观而言,只要还存在着资本主义社会制度,就会存在着私人利益和共同利益的根本对立,用利己主义或者利他主义来实现所谓的普遍的奋斗目标只能是一厢情愿的道德乌托邦。只有消灭了资本主义生产资料私有制,奋斗的个人目标与社会共同目标对立的根源才能被彻底消灭,这样也才能从根本上真正地实现社会目标和个人目标两者的和谐统一。

第二节 奋斗的实现路径

奋斗的实现路径,意即对奋斗发生和发展过程的客体向度的历时性分析。从思想政治教育的角度来看,它需要解决的是奋斗的实现如何成为可能的问题,也就是说将奋斗的实现不是作为一种现成的、自然的情况来理解,恰恰相反,这里需要划定奋斗实现的边界,探讨奋斗的实现在什么样的历史语境中才能出场,并在多大程度上可以不断推进并最终实现。具体而言,它包括对奋斗的出场条件、奋斗的推进过程以及对奋斗实现方式的讨论。

一、奋斗的出场条件

研究奋斗的出场条件,是从人的需要开始的。马克思曾经说过,人有生存需要、享乐需要和发展需要等多种需要。这说明,人的需要有两方面的性质:第一,多样性。它是由人的生理本性和人的自然环境产生的需要,如吃穿

---

① 马克思、恩格斯:《马克思恩格斯全集》(第30卷),中共中央马克思、恩格斯、列宁、斯大林著作编译局编译,北京:人民出版社,1995年版,第199页。

住行等的需要,学习、娱乐的需要等。第二,无限性。人的需要会不断从低级向高级发展,不断扩张其规模。旧的需要得到了满足,新的需要又会产生。如果从人类历史的发展过程来看,需要是无限的。人需要什么和如何满足自己的需要,这是奋斗活动的第一动因。

马斯洛认为,人的一切活动和行为都是由人的需要引起的,需要拥有相互联系的诸多层次,满足各层次的需要是人的全面发展的一个最基本的原则,而且高层次的需要往往只有在低层次的需要得到基本满足之后才可能出现。具体的需要是多种多样的,按其强度级差可以排列成等级层次,同时,具体的需要还会因人而异。马斯洛把人的需要分为五个基本层次:生理需要、安全需要、社交需要、尊重需要和自我实现需要。① 具体如图5-1所示。第一是生理需要。某一种生理需要若不能获得满足,就会影响整个人的生活。只有在这一层次的需要获得实质性满足后,人才会被下一个需要层次所支配,否则下一个层次的需要就不会自然产生。第二是安全需要。当第一个层次的需要获得满足之后,安全需要就会自动生发出来,其主要目的是降低生活中的不确定性。第三是社交需要。它是归属与爱的需要,它在生理需要和安全需要获得满足之后成为个人主要的内驱力。这是一个良好的团体所必需的,也是个人情感得以满足的形式。如果这一层次的需要没有获得满足,人就会产生孤独感和空虚感。第四是尊重需要。包括被他人尊重的需要、对他人尊重的需要、自我尊重的需要。第五是自我实现需要。自我实现包含诸多内容,主要有:人的潜力、才能和天赋的持续实现;人的终身使命的达到与完成;人对自身的内在本性的更充分的认识与承认。不断实现自身潜能,完成自身使命,更充分地认识和承认个人自身的固有本性,是一种永无止境的朝向自我完善的不断扬弃,这将使奋斗主体不断趋向个人内心的和谐。一言以蔽之,人必须成为他能够成为的人,这也是人性所能达到的最高境界。

---

① 时蓉华:《现代社会心理学》,上海:华东师范大学出版社,1994年版,第161页。

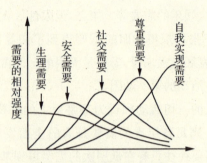

图 5-1　人的需要五层次图

这里值得注意的是,所有这些需要都是人的一种似本能的需要。似本能是马斯洛表述人类需要本性的一个关键性概念。他在本能(instinct)一词后面加上了一个后缀"oid",意为"似""像"等。所谓似本能(instinctoid,即 instinct-like-needs),就是指人类天生的、内在的、固有的,却是微弱的基本需要的本性,它极易被环境条件所改造。换句话说,似本能的需要在某种程度上是由人的遗传所决定的,但它们的表现和发展却是在后天社会环境中通过学习获得的。正像马斯洛自己说的:"婴儿中的人性和人类特性只是一种潜能(审美的),必须由社会使之实现。"[①]人的本能与动物的本能被马斯洛区别开来对待,认为这种区别不是在先天的遗传所得的行为形成方面,而是在社会生活中接受环境影响的潜能方面。因此人类的需要,即使是最基本的对食物的需要,也与动物有着很大的区别。就拿所谓的本能之一生理需要来说,当我们沿着物种阶梯上升,口味就会变得越来越重要,饥饿就会变得越来越不重要。例如,对于食物的选择,猴子比白鼠的变易性更大、更明显,而人又比猴子的变易性更大、更明显。这种似本能的需要要想顺利完整地表现出来,则要依赖于适宜的社会条件。需要的层次越高,其表现和满足对外部条件的依赖性就越大;需要的层次越高,其与本能的区别就越鲜明,似本能的性质也就越突出;需要的层次越高,其变易性、可塑性也就越大。因为这些需要是天赋的,所以高级需要及其满足才是本能,但是这种本能又要依赖于后天的社会条件才能得以具体展现,因而又是似本能。这也就意味着,奋斗固然在某种程度上是由天生的素质决定的,比如,为了实现基本生理需要诸如吃饱穿暖的满足而进行的低层次的努力。但是真正意义上的奋斗,比如自我实

[①] [美]马斯洛:《人性能达的境界》,林方译,昆明:云南人民出版社,1987年版,第163页。

现,虽然其表现和发展要依赖后天的社会环境才能得到健全而充分的舒展,乃至即使人类低层次的奋斗诸如为了吃饱穿暖而努力,都与动物的生存努力和斗争有着本质上的不同。

马斯洛认为,人的最低层次需要是生理需要,它必须获得持续的和实质性的满足,否则就会对人的整体生活产生严重的影响。所以一直生活在比较恶劣的外界环境中的奋斗主体,是不会真正地感觉到奋斗的幸福感的,因为这种环境会妨碍他实现低层次的需求,这样,他们对更高层次奋斗需要的欲望就不会很强烈,就会出现不愿意奋斗或自甘沉沦的现象,甚至会对社会造成危害。所以,奋斗如果要以健全的形式顺利地出场,就必须尽量获取比较充分的良好奋斗的外部环境。随后,社交需要就成了奋斗主体的强烈动机,这就要求我们要营造良好的社交环境,充分调动奋斗主体的积极性。在社交需要得到满足之后,奋斗主体被尊重的需要自然而然地出场了。奋斗主体需要实现"自我价值"的机会,这样才能不断促发他们的成就感。尊重奋斗主体的人格,尊重奋斗主体的具体实践,尊重奋斗主体的合理需要。只有如此,奋斗主体高层次的奋斗才会冲破种种个人的、家庭的、社会的条件上的阻碍,最终得以显现和出场。奋斗主体的意志才会更加坚定,动机才会更加强烈,情绪才会更加平和,认知才会更加全面,因而也才更加愿意尽己所能,充分发挥自己的潜在能量。

马斯洛需要层次理论阐明了这样一个我们必须严加关切的事实:个人在低层次需求没有得到实质性的满足时,就不会很强烈地产生对高层次需求的欲望。从思想政治教育的视野来看,全社会应该极力满足奋斗主体的低层次需求,并引导奋斗主体对更高层次奋斗的不断需求。这样高层次的奋斗才能正常和健全地自我显现与出场,甚至可以从本质上提高奋斗主体的境界,让他们在越来越宽广的人生视域中不断获得高峰体验。正如马斯洛所说:"似乎任何关于真正卓越、完善的体验,关于任何趋向完全正义或完善价值的经验,都可能引起高峰体验,即强烈的存在认识在刹那间所引起的不可思议的狂喜的情感。"[1]

---

[1] [美]马斯洛:《人性能达的境界》,林方译,昆明:云南人民出版社,1987年版,第176页。

二、奋斗的推进过程

奋斗是在一定的时空维度中展开的,因而必然具有过程性。过程哲学的创始人,英国数学家、逻辑学家、哲学家 A. N. 怀特海认为世界是一个过程,"现实世界是一个过程,该过程是现实实有生成的过程"①,由事件组成的过程构成了世界。在《相对论原理及其在物理学中的应用》一书中,怀特海强调:"自然界的终极事实就是事件,用相关性进行认识的本质就是借助时间和空间来详细说明事件的能力。"②事件世界中的一切都处于变化的过程之中,同时,各种事件的整合统一体构成了机体,从欧米巴到河外星系、从个人到社会,从本质上说,都是处于不同等级的机体。具有自身结构和组织机体的根本特征就是活动,而活动表现为过程。整个世界就表现为一种活动的过程。世界的持续性就是活动的不断进化的结构,所以自然界是生机勃勃的不断演化的过程。马克思哲学的标志性口号就是:"哲学家们只是用不同的方式解释世界,而问题在于改变世界。"③马克思明确指出:"人们的存在就是他们的现实生活过程。"④由此可以断言,作为存在之形式的奋斗与过程是同一的,而且这是一个现实生活的过程。比较而言,马克思哲学奋发向上、积极有为的奋斗精神与中国传统文化中自强不息的精神是互通的。《易·系辞》认为,"圣人有以见天下之动,而观其会通",旨在"言天下之至赜"。也就是说,中国传统文化认为,世界是永恒运动、变化的,圣人的智慧就在于体认、把握、揭示这样的"动"。《易·系辞下》曰:"天地之大德曰生。"《易·系辞上》曰:"生生之谓易。"其实,"动"乃是"生""动",因生而动,因动而生,生动一体。⑤也就是说,奋斗是一个富有生命特征的运动过程。这也是马克思主义理论能够中国化并寻找到契合点的一个重要渊源。这样一种指认是对人的主体精神(人的本质力量的对象化)与朝向未来的无限可能性和潜能的高度弘扬。

---

① [英]怀特海:《过程与实在》,周邦宪译,贵阳:贵州人民出版社,2006 年版,第 29 页。
② 陈奎德:《怀特海哲学演化概论》,上海:上海人民出版社,1988 年版,第 53 页。
③ 马克思、恩格斯:《马克思恩格斯选集》第 1 卷,中共中央马克思、恩格斯、列宁、斯大林著作编译局编,北京:人民出版社,1995 年版,第 57 页。
④ 马克思、恩格斯:《马克思恩格斯选集》第 1 卷,中共中央马克思、恩格斯、列宁、斯大林著作编译局编,北京:人民出版社,1995 年版,第 72 页。
⑤ 《易经·系辞》(第 12 章),北京:中华书局,1961 年版,第 134 页。

根据系统论的观点,实际上,思想政治教育视域中的奋斗,是一个难度自增殖系统。奋斗从出场到成功的转变过程,是一个螺旋式上升并不断向前发展的过程。奋斗是人类社会至今被实践证明了的具有永恒价值的主体行为,但是奋斗由出场到成功的过程却是一项复杂的系统工程。特别是在外界条件比较匮乏、个人素质亟待提高、各种资源分配不平衡的情况之中,奋斗要想成功,必须依赖稳健的推进过程,这是奋斗推进的最优化策略,而轻率的决定则可能带来灾难性的后果。因此,对这一作为复杂系统的奋斗必须深思熟虑、稳步推进。所谓难度自增殖系统,指的就是随着处理过程和时间进程运作这类系统的困难程度将会自动增加的系统。之所以指认奋斗由出场到成功就是一个难度自增殖系统,主要基于以下两点原因:从微观层面而言,在奋斗的开始阶段,原有的状态根深蒂固,人们的思想观念与行为已经习惯了原有的实践模式,奋斗推进的阻力就会相对较大。因此,奋斗宜采用先易后难的处理方法,先确立比较容易实现的奋斗目标,或者将奋斗目标进行拆解,分段分级,成为操作性强的具体步骤与任务,逐段逐级实现,然后推进更宏大奋斗目标的实现。由此可见,愈到奋斗的后期阶段,所遭遇的问题愈难解决,这就相当于难度自增殖。从宏观层面来说,在奋斗过程中,随着奋斗目标的深入,先前被掩盖的各种深层次的矛盾逐步被奋斗过程中出现的新情况剥离从而暴露出来,各奋斗主体的利益很可能会发生冲突,而矛盾被激化的趋势也可能凸显,奋斗推进过程必然会经历一个步履艰难的阶段。所以,随着奋斗的逐步推进,在宏观层面奋斗的难度也会持续增大,因此奋斗是一个难度自增殖系统。奋斗主体基于具体的、历史的社会环境将奋斗推进的过程,可以说是一个以奋斗成功为目标的螺旋式推进的过程。

奋斗推进过程中的目标是多维的。从表面上看,奋斗的诸项目标是按"拼盘"方式排列的,也就是说,这些目标看似处于一种"散沙"的无序状态。根据常见的奋斗推进目标分析,可以有以下三种奋斗目标达成的方法:①并进式(图5-2)。对各项目标等量齐观,试图通过奋斗直接达到各项目标,但往往顾此失彼。②次第式(图5-3)。将目标顺次排列,试图逐个实现奋斗目标。这种奋斗推进方式割裂了目标之间的联系,费时而低效。③独进式(图5-4)。单纯进行某一方面的奋斗活动。此种方式无视奋斗的各种目标之间的相互依存性,最终甚至连单项目标也难以实现。这三种方式都很难实现奋斗的目标和达到成功的目的。事实上,奋斗推进过程中各个目标及其内在要素之间都存在着必然的联系,它们形成了奋斗的推进结构体系。要充分实现奋斗的目标,使奋斗全面均衡地推进,就必须从整体结构的高度来认识和把握奋斗的过程与目标,任何对某一目标的孤立追求都必然干扰奋斗整体推进过程的实现。遗憾的是,在现实的奋斗实践中,许多奋斗主体的过程结构观念非常淡薄,他们难以将各种奋斗目标的实现统一在同一奋斗过程之中,使每一方面都保持相应的合理水平。许多奋斗主体不仅缺乏基本过程要素之间的整体结构观念,而且也缺乏某一基本要素内部的整体结构观念。这必然会影响奋斗过程与目标的整体实现和奋斗主体素质的综合提高。我们可以通过整合的方法实现奋斗多维目标之间的联系,使各要素间产生强大的亲和力,从而形成最紧密的整合式功能结构(图5-5)。奋斗主体在进行奋斗过程设计时,目标的预设要体现三维目标的整合,目标要有弹性区间。这样既有利于照顾不同目标之间的异同,也有利于处理期望目标与实际结果之间可能出现的差异。在奋斗推进过程中,奋斗主体要不断整合有价值的资源,在预设与生成的目标整合中完成整个奋斗的推进过程。

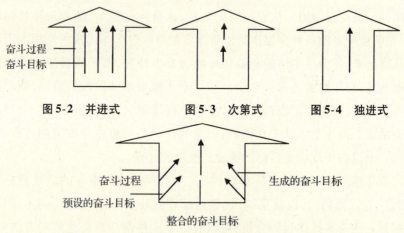

图5-2 并进式　　图5-3 次第式　　图5-4 独进式

图5-5 整合式功能结构

从上述对奋斗推进过程的系统论分析可以看出,奋斗的推进和目标的确立并不是一蹴而就的。在奋斗的开始阶段,奋斗主体的思想观念可能会保守,甚至安于现状,加之各种资源的限制,奋斗的主观和客观阻力较大。所以暂时制定较为稳健而现实的目标,则奋斗能得以初步展开。随着奋斗的逐步推进,其效益则会日益显现,主体的观念也会随之发生变化,则可能生成出更具有操作性的指引奋斗推进的目标。虽然奋斗推进过程的时间跨度较大,道路较曲折,但始终向着生成性的目标迈进,并在此推进过程中,随着经验的积累和资源的丰富,奋斗的成本可能会降低到最低程度。不得不承认,在资源有限、情况复杂的环境中推进奋斗是一个复杂的难度自增殖系统。而在此条件下的奋斗,实际上就是一个螺旋式推进的过程。只要稳步前进,力争以最小的代价取得最大的成果,这种方式就可能使奋斗获得极大的成功。

三、奋斗的实现方式

奋斗,既是个人与社会的互动状态,又是个人与社会发展的理想追求。作为一种主体价值的彰显过程和社会文明进步的现实途径,奋斗要通过一定的方式来实现。同时,奋斗的实现还要靠制度安排提供保障。

首先,奋斗者的主体意识的萌发和主体能力的形成是奋斗实现的前提,是从传统的服从、安分、宰制和认同的观念向开拓进取、勇于创新的奋斗精神转变的内在要求,同时也是奋斗的中心任务和最终目的。正如在教育过程中要解放受教育的儿童一样,"所谓解放儿童,实质就是要改变对儿童的看法,即将儿童当'人'看,让他拥有与成人一样的独立人格和选择权利,而不是成人的附庸和任人支配的'小羔羊'"①,即"真正把儿童看成是学习的主体、认识的主体、选择的主体和创造的主体"②,在奋斗者的教育与引导中同样要激发其独立人格与选择权利,使奋斗者真正成为奋斗的主体。

其次,奋斗的实现还必须对奋斗者进行内在心灵的解放。博尔诺夫认为,唤醒可使主体的人在灵魂震颤的瞬间感受到一种从未体味过的内在敞亮,他会因主体性的充分张扬而获得一次心灵的解放,其自我意识也会随之大幅度地增加。正是由于唤醒,才使奋斗者真正认识到自己和自己所身处的世界,认识到自己存在的处境、生命的历史和未来的使命,使自己成为一个真正具有自我意识和充满生命希望的奋斗主体。处于唤醒状态的奋斗者,其智慧和心灵都闪烁着不寻常的光亮。③ 因而,将奋斗者沉睡的主体性进行心灵

---

① [美]尼尔·波兹曼:《童年的消逝》,萧昭君译,台北:远流出版社,1996年版,第32页。
② 王坤庆:《精神与教育》,上海:上海教育出版社,2002年版,第246页。
③ 邹进:《现代德国文化教育学》,太原:山西教育出版社,1992年版,第142页。

的唤醒就是实现奋斗的题中应有之义。

再次,制度保障是奋斗实现的外在必要条件。促进奋斗有多种途径和方法,然而制度建设却是诸多途径和方法中的根本举措。这是由制度本身的特性决定的,因为制度是带有根本性、全局性、稳定性和长期性的问题。"制度好可以使坏人无法任意横行,制度不好可以使好人无法充分做好事,甚至会走向反面。"[1]近些年来,我国在推进实现奋斗方面出现了不少好的法律、法规、规定和要求,但大多见诸领导讲话和各种文件中,已形成规章制度的虽然也有,但一般都比较零碎、原则、滞后,缺乏系统性、严密性和可操作性。有的规定由于时过境迁,已变得不合时宜或不完全适用。有些人就钻了制度不健全、不完善、可操作性不强的空子,大肆挥霍浪费,追求舒适享受,甚至醉生梦死。为了更好地坚持、发扬和实现奋斗,有必要围绕公平正义进行制度设计和制度创新,有必要围绕促进奋斗、推进奋斗问题在全社会营造出浓郁的良好氛围,旗帜鲜明地明确应该怎么做,不应该怎么做,鼓励什么,反对什么,违反了怎么处罚,并相应地建立起一套既便于操作,又便于监督的良好制度。

最后,社会的正确引导是奋斗实现的基本保证。丰富的奋斗资源、充足的成功机会固然是奋斗实现的重要外部条件,但是良好的社会风气和正确的舆论导向是奋斗推进过程中的指向明灯,它直接决定了具体的奋斗是否能沿着正确的方向顺利前进,以免误入歧途。正如叶圣陶先生针对教师教学的指向性作用而曾说的,"教师之为教,不在全盘授予,而在相机诱导,必令学生运其才智,勤其练习,领悟之源广开,纯熟之功弥深,乃为善教也"[2]。出于同一个道理,所谓引导,意味着奋斗者奋斗的道路被社会设置着不同的路标,通过社会的塑形和铸模,奋斗者得以不断地前进在正确的道路上,逐渐接近越来越高的奋斗目标。由此,奋斗者被唤醒的主体性及个人潜能会绵绵地发挥出巨大的力量,并不断地自我发展和完善。如果要对社会引导作用进行操作性的定义,那么它首先是指社会对奋斗者正确的奋斗动机的激发和培养功能。动机乃是作用于奋斗始终的动力系统。没有强烈的奋斗动机之促发,就不可能真正地促成奋斗者的有效实践。所以,激发和培养奋斗者积极的、正确的

---

[1] 邓小平:《邓小平文选》(第2卷),北京:人民出版社,1994年版,第333页。
[2] 李如密:《教学艺术论》,济南:山东教育出版社,1995年版,第55页。

奋斗的内在动机是社会引导的第一要务,如此方能促进奋斗者保持长久的奋斗热情,高效自主的奋斗才能得到强有力的动力支持。具体在奋斗的顶层设计过程中,奋斗者的目标设计也有赖于社会的作用。也就是说社会要正确引导和帮助奋斗者灵活适时地调控自我奋斗的过程,最终能够促使奋斗者在奋斗的本体论和终极目标观上获得自明性,同时引导与帮助奋斗者在各种奋斗资源的寻找、收集和利用上获得可得性;在奋斗的阶段性成果获得之后,要引导奋斗者及时和恰当地评价自我的奋斗过程与结果,其目的是使奋斗者获得积极的情感体验,维持较高的动机水平;还要引导奋斗者反思和自省自己的奋斗过程,及时总结奋斗中的经验和教训,如此才能提高奋斗者对自我奋斗的动态监控和调适能力;在心理层面上社会要引导奋斗者对自我的个性特点和智能条件进行正确认知,使奋斗者据之制定适切的奋斗目标,选择自己擅长的、切合自身特征的、有效的奋斗途径和方法,实现其个性化奋斗。① 这样,通过社会的引导和奋斗者的自我解放,奋斗者的主体性才能得到充分解放和唤醒,将自己的全部身心投入自我奋斗过程的建构中,从而实现由"要我奋斗"到"我要奋斗"和"我会奋斗"的跨越,使奋斗真正成为奋斗者的精神追求和人生享受。

第三节　奋斗的实现标志

在对奋斗的实现路径,也即对奋斗发生和发展过程进行客体向度的历时性分析之后,就需要从主体向度关照奋斗在主体层面如何实践、主体应该如何即时地对自身的奋斗实践进行评价与反馈,以及在奋斗最终成功之后如何进一步地对新的奋斗进行意义拓展。如果说对奋斗实现路径的历时性分析是在宏观层面的客体向度解决奋斗如何实现的话,也就是说,如果将奋斗的实现不是作为一种现成的、自然的情况来理解,而是划定奋斗实现的边界,探讨奋斗的实现在什么样的历史语境中才能出场,并在多大程度上可以不断地推进并最终实现的话,那么厘定奋斗的历史进程与实现标志就是从主体向度出发探究奋斗从动机萌发、过程评价一直到最终的意义拓展的主体性心理活

---

①　李如密:《教学艺术论》,济南:山东教育出版社,1995年版,第55页。

动过程。具体地说,这一主体性心理活动过程的实现标志包括对奋斗的动机与结果、奋斗的实践评价与检验标准、奋斗的最终成功与意义拓展等重要内容。

一、奋斗的动机与结果

所谓成就动机,就是指获得成功的动力。具有强烈成就动机的人,对自己的奋斗具有高标准、严要求的倾向,表现出较高的抱负水平。成就动机就是推动个体改变现实自我、追求理想自我的内部推动力量。奋斗作为人们极力追求成功和卓越的主体绽露过程,可以说奋斗的动机就是成就动机。20世纪30年代,默里(H. A. Murry)提出了"成就动机"这一概念,将之定义为"克服障碍,施展才能,力求尽快尽好地解决某一难题"。阿瑟·S.雷伯在其编著的《心理学词典》中对成就动机的界定是"泛指表现为追求成功的一种个人动机"。继而随着成就动机的研究日渐成为西方学术界的研究热点,其定义范畴又得到了许多新的拓展。近些年来,国内学者对成就动机进行了大量的实证与理论研究,甚至编制了成就动机的中国化量表。比如,王本法等认为,所谓成就动机,就是指想要很好地完成困难的工作,在竞争的条件下获得优良成绩的动机。[1] 另外,陈仲庚、张兴贵、台湾地区学者张春兴等对成就动机均有深入的研究和表述。从人们对成就动机的不同定义中可以看出,成就动机很难正确地界定,然而它却与奋斗有着共通的本质内核,意即以主体显现为核心的目标实现。

我国台湾地区学者杨国枢、余安邦认为,个我取向是指个人追求成功乃是因自己的内在因素所自发,是个体主义文化所特别强调的;社会取向就是由社会或他人的外在因素所激发,是集体主义文化所特别重视的。随即大陆研究者展开了一系列验证性的实证研究。毛晋平对湖南大学生的研究,郭德俊等对北京大学生的研究以及张兴贵分别对汉族、藏族、回族、维吾尔族大学生的调查研究等表明,当代大学生以个我取向成就动机为主。研究者同时认为,杨国枢、余安邦的观点适合于传统的中国社会,但随着改革开放的推进,

---

[1] 王本法:《奥苏贝尔的成就动机驱力构成论及其意义》,《天津市教科院学报》,2002年第4期,第53页。

中国的现代化逐步深入,个我取向的成就动机将成为国人成就动机的主要特色。①

这是一个尤其值得我们注意的重要现象,随着全球化的日益深化,价值观,尤其是关于个人与民族奋斗的价值观不断呈现出丧失本土特征,逐渐被西方文化所蚕食的倾向。当今中国正处于现代化建设的重要历史时期,把科学发展作为根本目标,整个国家乃至每个个体都期望取得成就,追求成功已成为当今中国人(包括整个民族和个体)非常重要的行为动力。特别是随着社会主义市场经济的确立和社会竞争的加剧,中国人把建功立业看得更重,其成就动机也愈加强烈。

于此,我们需要对这种不断个人取向化的主观奋斗动机的客观结果进行深入的分析,即我们要防止在这一过程中可能出现的奋斗的动机与奋斗的结果物化和景观化的现象。奋斗的结果被物化,并成为一种景观,也就是说,奋斗成了对奋斗者来说是客观和对立的东西,奋斗者的确能认识和利用奋斗,却不能对这一过程显现出来的客观力量进行改变;同时,奋斗者自己的活动成了与其自身对立的异己的客体。这种物化的奋斗在现代社会成了一种景观。"在现代生产条件无所不在的社会,生活本身展现为景观(spectacle)的庞大堆聚。直接存在的一切全都转化为一个表象。"②德波借助"景观"这个概念来概括自己观察到的当代资本主义社会的新特质。正是因为对景观的不自觉的着魔,人们丧失了自身对本真生活的渴求和想象,而资本的逻辑则依靠控制与调节景观的太虚幻境从而操纵了整个社会生活,使剩余价值得以实现和资本主义得以再生产。在标榜个性与个人成功的富丽堂皇的伟大事业中,个人倾向的奋斗在个体自由和个性解放的名义下以景观的形式成为资本主义生产与再生产的共谋。

景观,是资本主义社会最大的政治,对现行资本主义制度、基本原理具有表象和维系作用。"屈从于预设(contemplated)对象(是他自己非思活动的结果)的观众(spectator)的异化,以下面的形式表现出来:他预期得越多,他生活得就越少;他将自己认同为需求的主导影像越多,他对自己的生存和欲望

---

① 张兴贵、郑雪、邢强:《湛江城乡青少年学生成就动机取向的比较研究》,《华南师范大学学报(自然科学版)》,2001年第2期,第36页。

② [法]德波:《景观社会》,王昭凤译,南京:南京大学出版社,2006年版,第3页。

就理解得越少。景观与积极主动的主体的疏离,通过以下事实呈现出来:个人的姿势不再是他自己的;它们是另一个人的,而后者又将这些姿势展示给他看。观众在哪里都感到不自在,因为景观无处不在。"①

此时,个体再也不是他自己的全面发展,因其已被现代社会碎片化,从而淡忘了其自身的存在。奋斗成了个人化的实现自身利益的狭隘行为。它开始于被物化的奋斗动机所激发,结束于现代社会无处不在的景观淹没之中。只有在个人实际不再存在时,个体才被允许显现自身,这就是奋斗的主观动机被个人取向化后最糟糕的客观结果。

二、奋斗的实践评价与检验标准

奋斗包括奋斗的理论及其指导下的实践两个方面。如此,在评价和检验具体奋斗时,其标准就需要包括理论上的和实践上的两个方面。奋斗之检验在理论上需要用哲学意义上的实践标准,在实践上是一个现实问题,需要用具体的、物质化的标准来考量。而且,出于奋斗的实践的合规律性与合目的性相统一之本质要素,奋斗具有某种特定的价值属性和价值标准即成题中应有之义。实践标准是基础,是我们认识、判断与评价具体奋斗的理论前提;物化标准是核心,价值标准是奋斗区别于其他类型的努力行为,诸如钻营、投机、野心、争夺等的根本标志。实践是检验真理的唯一标准,从本质上讲,这是一个抽象的哲学命题,如何将其具体化,这确实是一个问题。对此问题的具体解决,需要内在地把它们与特殊对象的具体特点、具体实践活动相结合,实现经典马克思主义奋斗观所指认的从抽象到具体的跨越,这样才真正具有现实的指导意义。对具体操作过程中所遇到的问题而言,既要坚持真理判断,还要坚持量化物化标准,因为既要对奋斗的理论进行认知,又要对奋斗主体现实中的实践活动进行认知。尤其需要注意的是,一个价值标准同时还应该是奋斗的题中应有之义。从本质上讲,其原因是,前提性地充任着人类文明的产物和社会发展的保障,奋斗作为一种实践活动,既有合规律性的一面,又有合目的性的一面。

---

① [法]德波:《景观社会》,王昭凤译,南京:南京大学出版社,2006年版,第10页。

（一）奋斗的真理判断与实践标准

毛泽东同志在《实践论》一书中指出："判定认识或理论之是否真理，不是依主观上觉得如何而定，而是依客观上社会实践的结果如何而定。真理的标准只能是社会的实践。"①这是因为"人的思维是否具有客观的真理性，这不是一个理论的问题，而是一个实践的问题。人应该在实践中证明自己思维的真理性，即自己思维的现实性和力量，自己思维的此岸性"②。而且，"实践高于（理论的）认识，因为它不仅具有普遍性的品格，而且还具有直接现实性的品格"③。从中我们可以看出，作为人类认识的有机组成部分，奋斗理论的正确与否只能靠实践来检验，否则就会陷入唯心主义的泥淖。

（二）奋斗的具体实践性判断与物质化的评价标准

具体的奋斗，目标是否正确，过程是否有效，必须用客观的物质化标准来检验。这是因为正确的、有效的奋斗必须以马克思主义奋斗理论为指导。一个真正的马克思主义者，从根本上而言，是彻底的知行合一论者。所谓正确而有效的奋斗实践活动，是指基于对客观世界的正确认识，奋斗者以理论指导实践且将奋斗者的自身改造活动亦囊括在内的改造客观世界的具体的、现实的、历史的活动。生产力标准是奋斗的物质化标准的最重要因素，生产力决定生产关系，经济基础决定上层建筑，这是对马克思历史唯物主义基本观点的核心指认。一个社会想要存在和发展，其基础不是别的，正是不断发展的社会生产力，它是制约一定社会经济、政治、文化发展的先决性条件；人类社会的奋斗实践史，可以归结为不断发展生产力的文明史。纵观人类奋斗发展的历史，人类的发展与社会生产力的发展是密不可分的，两者可以互相促进，也可以互相抑制。为了促进彼此的进步，双方都应该积极地向前发展，但是总的来说，是要靠人类自身的发展来促进双方的最终发展。而社会生产力的发展状况，是检验人类奋斗的社会实践成败得失的试金石。

（三）奋斗实践的特定价值标准的检验必须给予相当重要的地位

在奋斗的诸多分类中，可以清晰地界划出长期奋斗和近期奋斗、整体奋

---

① 毛泽东：《毛泽东选集》（第1卷），北京：人民出版社，1991年版，第284页。
② 马克思、恩格斯：《马克思恩格斯选集》（第1卷），中共中央马克思、恩格斯、列宁、斯大林著作编译局编译，北京：人民出版社，1995年版，第55页。
③ 列宁：《列宁专题文集》（论辩证唯物主义和历史唯物主义），中共中央马克思、恩格斯、列宁、斯大林著作编译局编译，北京：人民出版社，2009年版，第139页。

斗和局部奋斗、基本奋斗和终极奋斗,这就要求我们要辩证地对待奋斗中出现的当前利益和长远利益、局部利益和整体利益、基本利益和核心利益之间的关系。要正确地对待它们之间的差别,而不是简单地一刀切。在这里我们可以厘定,最基础的是实践标准,它是我们认识、判断与评价具体奋斗是否正确有效的理论前提;最核心的是物质化标准,发展是硬道理,发展是奋斗者个人成长与社会进步的第一要务;立场和方向是价值标准,这也是奋斗区别于其他类型努力的最根本标志。而且,不能忽视的是,这三种奋斗的具体检验标准都极具时代特征,被鲜明的时代内容所浸润。正因为如此,我们才应看到奋斗在推动历史前进中的实际作用,而不是从概念出发抽象而论,这样才能把奋斗放到推进中国特色社会主义事业和中华民族新的伟大复兴的实践中去考察。由此我们可以得出这样的结论:奋斗的检验标准是一个具体的、历史的、现实的问题,正是因为奋斗包含着极具时代特征的具体内容和实现形式,其实践评价和检验标准也必须随时代的变化而变化。

三、奋斗的最终成功与意义拓展

意义世界的拓展过程,从本体论层面看,是人类不断自我提升、自我解放、自我超越的过程。为了克服自然存在的无意义性,人类一直在顽强地奋斗着。西西弗斯神话是这种状况的完美体现,石头被推到山顶,继而又滚动下来,然后再重新开始推石上山,周而复始,无穷无息。如果西西弗斯推石上山只不过是一种自然界的机械运动现象,与水往低处流、太阳从东方升起没有任何区别,那么西西弗斯之所作所为就没有任何意义可言。但正是因为西西弗斯是一个有血有肉的人(他是科林斯的建城者和国王,因触犯了众神才受如此惩罚),这样一种看似机械的动作才具有了在渺茫的空间与无垠的时间之中层层突破,并亲身地以对大地的无限热爱反抗荒谬的深沉而博大的悲剧意义,昭示了人的精神境界何以悲沉与高贵!人生来就置身于一个意义世界之中,并透过意义的分光镜来关照宇宙和人生。因此之故,人们很容易倾向于同意这样的自发的朴素的认识——意义是世界本来就有的,是现成的,人只不过是发现了它们而已。固然,对于自然本身而言,这些意义确实是确切无疑的并且早就存在在那里了。因此,如果做这样一种论断,即这个世界原本没有意义,意义世界是人自身完全凭借自己的主观努力才得以创造出来的,那么,可能会有许多人不解其意。然而,事实恰恰正是如此。意义并不是世界本身所天然固有的内在属性,它起源于人类将自己从自然中区分出来的主体性活动,而人的奋斗实践就是一种人们追求意义、改变意义、创造意义、拓展意义世界的主体性过程。人类绝对无法忍受无意义的生活,只有通过对意义的创造和追求才能把人从自然界中超拔出来,成为社会和历史的真正主体。所以,所谓意义世界的拓展过程,正是人类不断自我超越、自我解放的奋斗过程。在奋斗经由出场,到不断推进,并进而最终成功之后,我们对奋斗的意义拓展的关注和研究,有助于使奋斗与奋斗主体的全面发展以及境界提升成为更加自觉和自主的过程。

(一)奋斗意义拓展的终极旨归是人和人的自由而全面的发展

对于人和人的自由而全面的发展问题,古今中外的许多哲学家、教育家或思想家都曾深入地探讨过。然而,或者由于阶级的、历史的局限性,或者由于缺乏科学的世界观和方法论的指导,他们有的从抽象的人出发,有的从道德的义愤出发,有的从对上古社会的美好想象出发,都没解开这个斯芬克斯之谜。而唯有历史唯物主义和剩余价值学说——亦即马克思一生的两个伟大发现——才使人的全面发展由空想变为科学,并由科学走向实践。人的全面发展理论,是马克思主义整个思想体系中的一个不可被取代的相比较而言独立完整的组成部分。马克思主义从诞生的那一天起,就把对人的问题的研究置于极其重要的位置。正如马克思在《共产党宣言》中所描述的那样:"代替那存在着阶级和阶级对立的资产阶级旧社会的,将是这样一个联合体,在那里,每个人的自由发展是一切人的自由发展的条件。"①毛泽东同志则指出:"世间一切事物中,人是第一个可宝贵的。在共产党领导下,只要有了人,什么人间奇迹也可以创造出来。"②邓小平同志讲过:"国力的强弱,经济发展后劲的大小,越来越取决于劳动者的素质,取决于知识分子的数量和质量。"③从思想政治教育的视角来看,正像这些伟人论述和强调的那样,人的发展既是社会全面发展的首要前提,也是社会全面发展的最终目标。作为社

---

① 马克思、恩格斯:《马克思恩格斯选集》(第1卷),中共中央马克思、恩格斯、列宁、斯大林著作编译局编译,北京:人民出版社,1995年版,第294页。
② 毛泽东:《毛泽东选集》(第4卷),北京:人民出版社,1991年版,第1512页。
③ 邓小平:《邓小平文选》(第3卷),北京:人民出版社,1993年版,第120页。

会主义建设的本质要求和重要的奋斗目标,人的全面发展应自始至终贯穿于整个现代化过程之中。但是在现实的社会生活中,长期以来,由于发展被简单地单向度地理解为物质的繁荣与经济的增长,故而人的发展一直没有得到充分的认识和足够的重视。在发展的具体思路上,也只是注重物品和劳动的增长,而大大忽视了生活质量、环境、资源在增长中的损耗以及人的福利被损害的结果,这就导致了城乡之间和地区之间发展差距扩大、贫富差距拉大、经济与社会发展失衡、资源环境与发展不协调等严重后果。因此,在以知识经济为时代特征的现代化建设中,由人的全面发展而引出的奋斗理论的实践效用和理论价值就被凸显了出来,对其弘扬与阐发也不可避免地被推到了历史的前台,这既是客体向度人类社会历史发展的必然结果,也是主体向度反思发展框架和发展模式得出的必然结论。

(二)奋斗意义拓展的重要诉求是对理想的人生奋斗之境的不懈追索

孔子主张"志于道,据于德,依于仁,游于艺"[①],这其中蕴含着对理想人生奋斗之境的追求。与极高的人生理想相切近,《中庸》继而提出了"诚"的标准与要求:"唯天下至诚,为能尽其性;能尽其性,则能尽人之性;能尽人之性,则能尽物之性;能尽物之性,则可以赞天地之化育;可以赞天地之化育,则可以与天地参矣。"由尽己之性而尽人之性,并进而达到尽物之性,这是一个在奋斗者自身的存在中不断澄明外部世界的过程,但它同时又表现为人生奋斗境界的提升:所谓"与天地参",揭示的即是一种物我相融、天人合一的境界。奋斗的主体、奋斗者通过向自身内部探求意义的蕴涵,并将这种由自我理解和自我修养获得的内在之同情的意义蕴涵扩展到对外部宇宙人生的理性认识与感性同情,并最终由此摄入性地将内部与外部消解于毫无凝滞的激然感通之中,奋斗主体与奋斗对象之间的对立涣然冰释,取而代之的是在极高明的境界中的无我无物的诚明世界。后者在《中庸》中得到更为明确的表述:"诚者非自成己而已也,所以成物也。成己,仁也;成物,知也。性之德也,合内外之道也。"就此处的成己成物、内外合一奋斗的理想境界而言,它是"极高明而道中庸"的超然追求的具体拓展,而对价值原则(仁)与理性原则(知)的完美结合与统一,则恰恰正是其内在本质。根据王阳明的说法"内外合一,

---

① 杨伯峻:《论语·述而》,《论语译注》,北京:中华书局,1958年版,第134页。

心物无间",总括起来即是:"本体原无内外。"①这是一种奋斗境界的美妙的意义超拔和提升。在这种境界中,奋斗的主体与主体之间(人与己)、奋斗的自我与对象(物与我)之间不再表现为相互对立的痛苦的分裂的二元结构,此时,奋斗主体似乎于内不再觉其有一身,于外不再察乎有宇宙,小我与大我,内心与外物,豁然无滞,融合为一体。奋斗意义拓展的这种超拔境界表现了对世界与人自身的一种精神性的澈然感通的把握,这种把握既以理性的体认为其形式,又以实践精神的方式为其内容而具体展开,是价值原则和理性原则的完美结合。在求真、向善、崇美的过程中,这种奋斗境界展示了人所能达到和理解的完美的世界图景,这种世界图景不仅渗入了理性的观照,同时又表现了对意义与价值的拓展和追求。反观当今的社会文化领域,我们可以看到,在标榜反本质主义、反逻各斯中心以及一切都烟消云散了的非理性趋势愈来愈甚嚣尘上的所谓后现代主义境况中,对理性的贬低和怀疑性批判,以及不断消解价值的虚无主义似乎已成为一种趋之若鹜的时髦的潮流。与这种虚无主义的趋势相随的正是意义世界的失落这一历史现象。意义的迷茫、价值的危机、奋斗的沉沦,以及各式各样的虚无感、荒诞感等,都是这种意义失落的重要表现。从"上帝死了"(尼采语),到"人死了"(弗洛姆语),到"作者死了"(罗兰·巴特语),到"历史是一个无主体过程"(阿尔都塞语),具有能动性的自觉主体越来越遭到怀疑与否定。奋斗者就像福柯所描述的那个不断被潮水冲刷且逐渐模糊的海滩上的人像,渐渐地,或是悄然敛迹或是日益畸形。在这种非理性主义与虚无主义之维不断张大、奋斗的意义和奋斗主体的责任节节失落败退而日渐疲弱的境地中,对奋斗的理性基质和价值坦诚的倡导与高扬,对奋斗的意义与奋斗主体责任的不断拓展,似乎是更为健康与健全的精神底色和归属。只有如此,奋斗者的素质才能得到全面提高,奋斗者的主体能动性才能得到充分发挥,这样奋斗主体的人生价值才能得到最终实现,并不断推进奋斗者的自由而全面的发展。

---

① 王守仁:《传习录下》,《王阳明全集》(第3卷),上海:上海古籍出版社,1992年版,第324页。

第四节　奋斗的实践回归

无论是个体奋斗，还是群体奋斗，抑或是民族奋斗和社会奋斗，其都有各自的奋斗目标、奋斗精神和奋斗信念。这些目标、精神和信念是奋斗行动的先导和前提。不过，作为先导和前提的奋斗目标、精神和信念要开花结果，必须回归到具体的奋斗实践之中。只有脚踏实地地投身到奋斗实践之中，才能使奋斗从理想转化为现实。

一、张扬个体奋斗

生命对于每一个人来说只有一次。从思想政治教育的角度来分析，作为个体的人都有意识地或在潜意识里对自己的人生有所期望和设计，为了实现自己的人生梦想，人们就必须去努力奋斗！这个过程就体现为通过实践和再实践来成就自我的过程。它所彰显的是个体奋斗向实践层面的回归。当个体经过这种实践奋斗将梦想转化为现实时，他（她）就获得了心灵的满足和内在的自由。从这个意义上说，实践是个体奋斗的理想转化为现实的桥梁和纽带。正是在奋斗的实践旅程中，个人才摆脱了被动地屈从于现状、消极地归因于命运的局面，并通过自己的顽强拼搏，实现了个体奋斗的张扬。

个体奋斗意味着作为个体的人，要围绕自己的奋斗目标努力去从事有助于实现这些目标的实践活动。其中，奋斗目标的设定是奋斗的前提。奋斗目标指明了前进的方向，没有明确奋斗目标的个体奋斗必然是盲目的和无所适从的。奋斗目标设定的过程，其实表现为个体对奋斗目标的认知过程。在奋斗目标的设定过程中，需要将总目标分解为若干个子目标，再将每个子目标分解为更小的子目标。在对自己的奋斗目标有明确认知的基础上，个体需要尽快确立对奋斗目标的坚定信念，培养对目标的忠实情感。这就体现为个体奋斗的情感过程。这种情感的养成有助于个体形成坚强的奋斗意志。以这种奋斗意志为支撑，个体会表现出一系列超乎自己想象的奋斗行为，并在实现一个个最微小的子目标的过程中不断积蓄力量，做到积小胜为大胜，最终实现总的奋斗目标。

从个体奋斗的动机来看，既有为自己的个人利益而进行的利己性个体奋斗，也有为了社会、国家和民族利益而展开的利他性个体奋斗。个人的利己性奋斗主要是为了追求自己的私人利益。在奋斗的实践历程中，其奋斗行为始终围绕着自己的私利展开，甚至为了一己私利去损害他人、集体、国家和社会的利益。从这个方面看，我们对利己性个体奋斗实践必须加以适当的监督和约束，我们虽然希冀通过交换机制、竞争机制、价格机制、供求机制等来实现个人在追求私人利益的同时，自动地增进整个社会的福利，但是，我们也必须通过建立相应的法律法规约束机制，来防止个人为了自己的利己性奋斗目标而侵害他人和公共的利益。在为社会的利他性个体奋斗中，个体将自我价值融于社会总价值之中，将自我设计融于社会总设计之中。个人通过自己的奋斗所追求的是他人和公共的利益之最大化。个人将这种追求作为自己的一种崇高理想，并在实现这种理想的过程中获得快乐和体现自我的人生价值。

从现实中个体奋斗的结果之差异来看，既有成功者，也有不成功者。究其原因，不排除存在天时、地利、人和等外在条件因素或机遇性因素。但除此之外，从内因角度看，个人在奋斗中的努力程度是一个不可忽视的主要原因。那些所谓成功者，并非都是天生就比别人更聪明、更智慧和更有能力的人，但他们有一个共同的特点，那就是，他们都很清楚自己想要获得什么，都能坚定不移地围绕自己设定的奋斗目标不断地超越自我、创造新我、实现自我。无论遇到什么样的艰难困苦，他们都不会轻易地放弃自己的奋斗目标，正所谓有志者立长志；他们会在持续承受和不断克服艰难困苦的过程中，真正实现玉汝于成。而那些所谓不成功者，虽然也时常会有自己的理想和奋斗的目标，但他们或者所设定的目标飘忽不定和经常转换，正所谓无志者常立志，或者虽然很想获得成功，但缺乏坚韧不拔的毅力和顽强拼搏的精神，总是希望不劳而获或少劳多获。这样一来，他们获得成功的概率就大大减少，对自身的命运就难以把握，甚至时常出现怨天尤人、自甘沉沦的情形。

青年兴则国家兴，青年强则国家强。习近平同志非常关心青年的奋斗，多次论述青年为何奋斗、如何奋斗、怎么奋斗。他强调："只有每个人都为美好梦想而奋斗，才能汇聚起实现中国梦的磅礴力量。……中华民族伟大复兴终将在广大青年的接力奋斗中变为现实。……总之，只有进行了激情奋斗的青春，只有进行了顽强拼搏的青春，只有为人民作出了奉献的青春，才会留下充实、温暖、持久、无悔的青春回忆。""广大青年一定要矢志艰苦奋斗。"① 2014年,在五四青年节即将到来之际,习近平同志在给河北保定学院西部支教毕业生群体代表的回信中强调"好儿女志在四方,有志者奋斗无悔"②。在2017年新年贺词中,习近平同志指出:"天上不会掉馅饼,努力奋斗才能梦想成真。"③青春如朝日,是一个人最宝贵的年华。该如何度过,才能让青春的枝头绽放梦想之花?2017年5月3日,习近平同志在中国政法大学考察时指出:"当代青年要树立与这个时代主题同心同向的理想信念,勇于担当这个时代赋予的历史责任,励志勤学、刻苦磨炼,在激情奋斗中绽放青春光芒、健康成长进步。"④"要励志,立鸿鹄志,做奋斗者。"⑤"广大青年要培养奋斗精神,做到理想坚定,信念执着,不怕困难,勇于开拓,顽强拼搏,永不气馁。幸福都是奋斗出来的,奋斗本身就是一种幸福。……为实现中华民族伟大复兴的中国梦而奋斗,是我们人生难得的际遇。每个青年都应该珍惜这个伟大时代,做新时代的奋斗者。"⑥"新时代青年要乘新时代春风,在祖国的万里长空放飞青春梦想,以社会主义建设者和接班人的使命担当,为全面建成小康社会、全面建设社会主义现代化强国而努力奋斗,让中华民族伟大复兴在我们的奋斗中梦想成真!""青春理想,青春活力,青春奋斗,是中国精神和中国力量的生命力所在。"⑦"广大青年应该在奋斗中释放青春激情、追逐青春理想,以青春之我、奋斗之我,为民族复兴铺路架桥,为祖国建设添砖加瓦。"⑧"距离实现中华民族伟大复兴的目标越近,我们越不能懈怠、越要加倍努力、越要动员广大青年为之奋斗。……有信念、有梦想、有奋斗、有奉献的人生,才是有意义的人生。"⑨"当代中国青年要有所作为,就必须投身人民的伟大奋斗。同人民一起奋斗,青春才能亮丽。……前进要奋力,干事要努力。"⑩"国家的前

---

① 习近平:《在同各界优秀青年代表座谈时的讲话》,《人民日报》,2013年5月5日。
② 习近平:《给河北保定学院西部支教毕业生群体代表回信》,2014年5月3日,新华社。
③ 习近平:《二〇一七年新年贺词》,《人民日报》,2018年1月1日。
④ 习近平:《在中国政法大学考察时的讲话》,《人民日报》2017年5月4日。
⑤ 习近平:《在北京大学师生座谈会上的讲话》,《人民日报》,2018年5月3日。
⑥ 习近平:《在北京大学师生座谈会上的讲话》,《人民日报》,2018年5月3日。
⑦ 习近平:《在北京大学师生座谈会上的讲话》,《人民日报》,2018年5月3日。
⑧ 习近平:《在北京大学师生座谈会上的讲话》,《人民日报》,2018年5月3日。
⑨ 习近平:《在北京大学师生座谈会上的讲话》,《人民日报》,2014年5月5日。
⑩ 习近平:《致全国青联十二届全委会和全国学联二十六大的贺信》,2015年7月24日,新华社。

途,民族的命运,人民的幸福,是当代中国青年必须和必将承担的重任。当代中国青年要有所作为,就必须投身人民的伟大奋斗。"①

个体奋斗是人之为人的现实奋斗,是实现群体奋斗、民族奋斗、社会奋斗的前提和基础。离开了个体奋斗,也就谈不上群体奋斗、民族奋斗、社会奋斗。

二、激扬群体奋斗

从人类社会发展的历史来看,在远古时期,人们的物质生活是极为匮乏的,时常面临着被野兽侵害甚至吞食的危险。人们为了生存,仅靠个人的力量往往不够,相较于复杂凶险的自然生态环境而言,人们的个体奋斗显得是那么的渺小和微不足道。正因为如此,人们在奋斗的具体实践中不得不形成群体,共同从事物质资料的生产,从而满足自己物质生活的需要,延续人类的生命和种族的繁衍。这样一来,人们的奋斗就不仅存在个体奋斗这一最早发生的奋斗形态,随后还出现了群体奋斗这一后继的奋斗形态。在人类历史的发展中,群体奋斗包含着团体奋斗、组织奋斗、阶层奋斗、阶级奋斗等多方面的内容。

群体奋斗,作为群体所具有的自强不息、发愤图强、开拓进取、永不倦怠的精神状态和思想品格,其具体实践体现为人们结成的群体勇敢地面对一切艰难险阻,英勇地改造自然和人类社会,坚强地驾驭共同体的命运以及努力地实现共同理想、共同目标的过程。在群体奋斗得以产生和发展的过程中,人们以物质资料的生产为纽带,彼此有机地连接在一起,由此形成了不因单个个体的愿望和想法而改变的生产关系,并在生产关系的基础上形成了特定社会的经济关系、政治关系、文化关系等。这些关系既因生产关系而形成,又共同促使人们组成奋斗的群体,通过群体的奋斗实践来促进人类社会经济、政治、文化等各个方面的共同进步。由是观之,群体奋斗的激扬既源于人们满足物质生活需要的内在动机,又成为人类社会进步的动因所在。

就群体奋斗的具体实践看,中国共产党人之所以能够推翻压在中国人民头上的"三座大山",其中一个十分重要的原因就是,中国共产党善于领导和

---

① 习近平:《致全国青联十二届全委会和全国学联二十六大的贺信》,2015年7月24日,新华社。

团结一切可以团结的力量,组成奋斗的群体,通过群体奋斗来实现共同的理想和目标。中华人民共和国成立以后,中国共产党同样依靠激扬群体奋斗所形成的无穷力量和无尽智慧,带领全国各族人民共同推进中国特色社会主义建设事业的兴旺发达。可以说,中国共产党人所取得的每一点成就都是群策群力、团结奋斗、风雨同舟、共同努力的结果,都是群体奋斗充分激扬的结果。

群体奋斗的激扬,既需要作为群体有机组成的每一个个体充分发挥自己的主观能动性,并用顽强拼搏和无私奉献的精神去为群体目标的实现而努力,同时也需要个体与个体之间能够团结协作,做到抱团打天下。群体奋斗需要群体以及群体的绝大多数成员都有明确的奋斗目标、坚定的奋斗信念、正确的奋斗价值观。群体奋斗精神的弘扬和群体奋斗目标的实现都离不开内在或外在力量的监督与规约。群体奋斗的内在监督约束力量就是群体文化,群体文化能对群体的奋斗行为产生持久的激励。群体奋斗的外在监督约束则是群体制度建设,通过建立规章制度促使整个群体形成创先争优的压力和动力。

群体奋斗离不开团结。习近平同志在《打好"团结牌"》一文中说:"懂团结是真聪明,会团结是真本领。团结出凝聚力,出战斗力,出新的生产力,也出干部。在团结问题上,'一把手'更应带好头,起好表率作用。那些'孤家寡人'、包打天下的'超人',是不能长久的。只有靠'众人拾柴'和'三个臭皮匠'之力,靠大家帮衬,工作才能做好。"①习近平同志还曾指出:"坚持好、发展好中国特色社会主义,把我国建设成为社会主义现代化强国,是一项长期任务,需要一代又一代人接续奋斗。我们的今天就是这样走过来的,我们的明天需要青年人接着奋斗下去,一代接着一代不断前进。"②"进入新时代,开启新征程,我们必须更加注重党的组织体系建设,不断增强党的政治领导力、思想引领力、群众组织力、社会号召力,把党员组织起来,把人才凝聚起来,把群众动员起来,为实现党的十九大提出的宏伟目标团结奋斗。"习近平同志认为,实现党的奋斗目标,离不开党内外、国内外各方面的优秀人才。他强调:"我们坚持党管人才原则,以识才的慧眼、爱才的诚意、用才的胆识、容才的雅

---

① 习近平:《之江新语》,杭州:浙江人民出版社,2007年版,第21页。
② 习近平:《在北京大学师生座谈会上的讲话》,《人民日报》,2018年5月3日。

量、聚才的良方,把党内外、国内外各方面优秀人才集聚到党和人民的伟大奋斗中来。"①

群体奋斗是个体奋斗的延展和根本,它既是个体奋斗的有机集合和力量之基,又为民族奋斗的弘扬、社会奋斗的颂扬提供各种可能性和现实性。

三、弘扬民族奋斗

从不同类型奋斗的产生顺序看,民族奋斗在时间序列上要滞后于个体奋斗和群体奋斗。这是因为,民族奋斗是伴随着民族的产生而产生的。而民族的产生在时间上要晚于群体的产生时间。民族奋斗,体现为有共同语言、共同地域、共同经济生活和共同心理素质的共同体围绕自身的目标所进行的奋斗。民族奋斗的目的是为了整个民族的生存、发展和壮大。

民族奋斗的精神是一个民族的灵魂。民族奋斗的精神得以弘扬的前提之一,就是要有强烈的民族意识。民族意识作为民族成员对本民族在心理上和道德上的高度认同,体现了民族成员对本民族生存发展的深切忧虑和积极关心。正是因为有了这种忧虑和关心,作为个体的民族成员才会在奋斗实践中自觉凝聚成一个整体,共同为本民族的生存发展而自强不息和拼搏不止。民族奋斗是整个民族繁荣进步、永不枯竭的动力,是民族自立、自信、自强的前提和基础,是本民族兴旺发达的根本动因。

纵观整个发展历程可见,中华民族铸就了无数辉煌,也经历了许多苦难。中华民族之所以能够历经艰难困苦而生生不息,正是缘于整个民族顽强拼搏的奋斗精神。一息尚存,奋斗不止,这便构成了中华民族的奋斗精神之有机要件,同时也是中华民族的民族意识之深层次内涵。这种民族奋斗的精神不仅使中华儿女形成了对本民族文化的高度自觉和认同,也促使中华儿女为了整个民族的利益而忠心耿耿地去打拼。中华民族五千多年发展史所形成的民族奋斗精神在中华儿女的民族奋斗实践中得以传承、发扬和升华。我们的祖先为了种族的繁衍和民族的生存,同自然环境进行了艰苦卓绝的斗争,并历练出了勤劳、勇敢、智慧、自强的优良传统,这些传统是中华民族展开民族奋斗的优秀品质所在。在当代中国,为了建设中国特色社会主义,为了实现

---

① 习近平:《在全国组织工作会议上的讲话》,共产党员网。

中华民族新的伟大复兴,为了构建和谐社会,应大力号召华夏儿女继承与弘扬中华民族的民族奋斗精神和民族文化传统,在各自的本职岗位上兢兢业业、任劳任怨、无私奉献。从这一意义上说,民族奋斗离不开个体奋斗、群体奋斗、社会奋斗,个体奋斗、群体奋斗、社会奋斗也必然会促进民族奋斗的弘扬。中华民族奋斗精神的发扬光大,必须依赖于作为个体的每个中华儿女脚踏实地地践行个体奋斗的精神,必须依赖于各行各业、各部门各单位的群体奋斗,必须依赖于全社会的奋斗。让我们积极行动起来投身到火热的奋斗实践中去,只有个人奋斗的张扬、群体奋斗的激扬、社会奋斗的颂扬,才能推动民族奋斗的大力弘扬!

奋斗,是中华民族的光荣传统,是民族精神的重要内容。中华民族五千多年的发展历程,就是生生不息奋斗的历程。习近平同志强调:"特别是近代以后,在外来侵略寇急祸重的严峻形势下,我国各族人民手挽着手、肩并着肩,英勇奋斗,浴血奋战,打败了一切穷凶极恶的侵略者,捍卫了民族独立和自由,共同书写了中华民族保卫祖国、抵御外侮的壮丽史诗。……近代以来,实现中华民族伟大复兴成为中华民族最伟大的梦想,中国人民百折不挠、坚忍不拔,以同敌人血战到底的气概、在自力更生的基础上光复旧物的决心、自立于世界民族之林的能力,为实现这个伟大梦想进行了 170 多年的持续奋斗。"①2014 年 4 月 27 日至 30 日,习近平同志在新疆考察时指出:"要把民族团结紧紧抓在手上,坚持正确的祖国观、民族观,全面贯彻党的民族政策,牢牢把握各民族共同团结奋斗、共同繁荣发展的主题,促进各民族和睦相处、和衷共济、和谐发展。"②习近平同志指出:"自力更生是中华民族自立于世界民族之林的奋斗基点,自主创新是我们攀登世界科技高峰的必由之路。"③在党的十九大报告中,习近平同志指出:"全面贯彻党的民族政策,深化民族团结进步教育,铸牢中华民族共同体意识,加强各民族交往交流交融,促进各民族

---

① 习近平:《在第十三届全国人民代表大会第一次会议上的讲话》,《人民日报》,2018 年 03 月 21 日。
② 习近平:《在新疆考察时的讲话》,《人民日报》,2014 年 5 月 1 日。
③ 习近平:《在中国科学院第十七次院士大会、中国工程院第十二次院士大会上的讲话》,《人民日报》,2014 年 6 月 10 日。

像石榴籽一样紧紧抱在一起,共同团结奋斗、共同繁荣发展。"①他认为:"我讲到中国人民的伟大创造精神、伟大奋斗精神、伟大团结精神、伟大梦想精神。这种伟大精神是一代一代中华儿女创造和积淀出来的,也需要一代一代传承下去。"②他指出:"自力更生是中华民族自立于世界民族之林的奋斗基点……一代人有一代人的奋斗,一个时代有一个时代的担当。"③

习近平同志强调:"历史告诉我们,每个人的前途命运都与国家和民族的前途命运紧密相连。国家好,民族好,大家才会好。实现中华民族伟大复兴是一项光荣而艰巨的事业,需要一代又一代中国人共同为之努力。空谈误国,实干兴邦。"④这些论断充分说明,奋斗是一个民族自立自强、繁荣昌盛的基本条件,是一个国家开创历史、塑造时代的必然要求。

民族奋斗是建立在个体奋斗、群体奋斗基础上的更高层次的奋斗,为最高层次的奋斗——社会奋斗的弘扬提供了可能,同时又为个体奋斗的张扬、群体奋斗的激扬提供了宽松的、积极的舆论氛围。

四、弘扬社会奋斗

当今社会,随着市场经济的发展和各种广告媒体的宣传与诱导,人们的消费欲望被充分激发了出来,人们对物质生活的欲求更加强烈,于是整个社会变成了一个消费社会。随着科学技术的进步,各种各样的新式消费品不断涌现,旧的消费品很快被淘汰或被人们所厌倦。人们为了满足不断膨胀的消费欲望,就会努力地去奋斗。可见,在今天,消费欲望的膨胀已经成为个人进行个体奋斗的重要动力来源。今天的社会,又为人们创造了更多的机会。只要有理想,勇于付出辛勤劳动,同时注意采用正确的方法,那么个人奋斗的结果就有极大可能会促使理想变成现实。

然而,当人们为了满足个人的欲望而专心致志地进行个体奋斗时,很少有心思去为整个社会的发展进步而奋斗。他们很少会花费精力来关心公共

---

① 习近平:《决胜全面建成小康社会 夺取新时代中国特色社会主义伟大胜利——在中国共产党第十九次全国代表大会上的报告》,北京:人民出版社,2017年版,第27页。
② 习近平:《在北京大学师生座谈会上的讲话》,《人民日报》,2018年5月3日。
③ 习近平:《在中国科学院第十九次院士大会中国工程院第十四次院士大会上的讲话》,《人民日报》,2018年5月29日。
④ 习近平:《在参〈观复兴之路〉展览时的讲话》,《人民日报》,2012年11月30日。

事务,他们需要通过专注于自己的工作和私人生活来获得欲望的满足。① 关于这一点,邦雅曼·贡斯当的论述很深刻:"在现代民族,每一位个人都专注于自己的思考、自己的事业、自己得到的或希望得到的快乐。他不希望其他事情分散自己的注意力,除非这种分散是短暂的,是尽可能少的。"② 不争的事实是,仅仅依靠个体奋斗并不能让所有人都过得更好。这是因为,个人与个人之间在天资禀赋、知识储备、个性品质、综合能力、生活环境等方面都存在着天然的和后天的努力的差别。这些差别导致个体奋斗的结果既有成功者,也有失败者;既有强者,也有弱者。因此,仅仅依赖个体奋斗并不能增进最大多数人的最大幸福,而仅仅使整个社会成为强者的天堂和弱者的地狱。不仅如此,一味地强调个体奋斗而忽视社会奋斗,还会造成整个社会的巨大差距和发展的不平衡性,并出现社会断裂和社会心理失衡,由此造成整个社会的不和谐。个体奋斗是这个情况,群体奋斗和民族奋斗亦是如此。

为了有效规避个体奋斗、群体奋斗、民族奋斗不当而可能造成的不良后果,我们需要借助于个体、群体和民族因社会关系而形成的复杂的结构性社会网络,让人们在网络中共同为整个社会的发展和进步而精诚团结与不懈努力。通过社会奋斗来为个体、群体、民族提供生存和发展的空间,真正形成社会发展的强大合力,并尽可能减少因个体奋斗、群体奋斗、民族奋斗不当而造成的负面效应。我们倡导弘扬社会奋斗,就需要充分调动全社会中每一个个体奋斗者、群体奋斗者、民族奋斗者的积极性、主动性和创造性,就需要引导他们为了整个社会的利益而贡献自己的聪明才智,就需要为个人、群体、民族的奋发图强和顽强拼搏提供广阔的舞台,就需要通过建立健全相应的规章制度来形成发扬社会奋斗精神的激励机制,就需要通过宣传教育、引导指导等手段让社会奋斗的精神在整个社会得以赞颂并代代传承。

社会奋斗是一种集体奋斗,也是习近平同志十分关心的。2018年7月3日,在全国组织工作会议上,他指出:"党的97周岁生日刚过,我们就召开全国组织工作会议,目的是继续发挥党的组织优势,激发全党的奋斗精神,以更

---

① 周义程:《公共产品民主型供给模式的理论建构》,北京:中国社会科学出版社,2009年版,第316页。

② [法]邦雅曼·贡斯当:《古代人的自由与现代人的自由》,阎克文、刘满贵译,上海:上海人民出版社,2005年版,第38页。

好的状态、更实的作风团结带领全国各族人民奋力谱写新时代中国特色社会主义新篇章。"①"'一勤天下无难事。'必须牢固树立劳动最光荣、劳动最崇高、劳动最伟大、劳动最美丽的观念,让全体人民进一步焕发劳动热情、释放创造潜能,通过劳动创造更加美好的生活。""我相信,只要十三亿多中国人民始终发扬这种伟大奋斗精神,我们就一定能够达到创造人民更加美好生活的宏伟目标!"②进入新时代,党要确保始终同人民想在一起、干在一起,唤起全国人民合力奋斗。只要这样,中华民族伟大复兴的中国梦就一定能够实现。

社会奋斗是奋斗的最高层次,是人类追求的崇高理想和远大目标。个体奋斗、群体奋斗、民族奋斗为社会奋斗打下了坚实的基础,为社会奋斗的实现提供了可能;反过来,社会奋斗又为个体奋斗、群体奋斗、民族奋斗提供了更加宽广的视野,为个体奋斗、群体奋斗、民族奋斗的展开增强了正激励。

---

① 习近平:《在全国组织工作会议上的讲话》,共产党员网。
② 习近平:《在同全国劳动模范代表座谈时的讲话》,《人民日报》,2013年4月29日。

结 语

> 也许当今的任务不是去揭示我们之所是,而是去拒绝我们之所是。①
> ——[法]福柯

　　马克思主义的奋斗观是经典马克思主义和马克思主义政党以辩证唯物主义和历史唯物主义为指导,对奋斗所持的基本立场、基本观点和根本看法。马克思主义奋斗观的核心在于提高人的素质,促进社会全面进步、实现人的自由而全面的发展。在人和社会的关系上,人是社会的人,社会是人的社会,两者具有相辅相成、相互依存又相互促进的关系。人的全面发展只有在社会的全面发展中才能实现,而人的发展又能促进社会的全面进步。全面发展的社会要求全面发展的人,并为人的全面发展提供和创造必要的条件。而人和社会的发展都离不开奋斗!

　　马克思、恩格斯注重个人奋斗的历史价值,同时又站在全人类解放的高度看待奋斗。他们把无产阶级整体的阶级奋斗看成是无产阶级取得胜利的必要条件,并科学地阐明了两者之间的关系;对奋斗目标进行了科学阐述,并提出无产阶级的奋斗目标是建立共产主义社会;同时指出奋斗的主体力量是无产阶级,应由无产阶级政党领导,并注重与其他进步阶级的联合。

　　列宁认为,奋斗的基础在于学习,并指出学习在具体工作中的巨大作用;奋斗必须下真功夫,从小事做起,用行动说话,要正确认识挫折和错误;必须坚持党的领导,依靠人民才能取得胜利,还要善于团结和组织,并善于同其他劳动阶级甚至资产阶级联合。

　　中国共产党的奋斗观认为,奋斗应该把马克思主义基本原理与中国的具

---

① 道格拉斯·凯尔纳、斯蒂文·贝斯特:《后现代理论——批评性的质疑》,张志斌译,北京:中央编译出版社,1999年版,第70页。

体实际相结合,走自己的路;奋斗应该实现好、维护好、发展好最广大人民群众的根本利益;艰苦奋斗是中国共产党人的政治本色、精神追求和工作作风;奋斗应该解放思想、实事求是、与时俱进。

本书创新地提炼出中华民族传统文化中的优秀思想资源:舍生取义、志存高远、见贤思齐、勤劳勇敢、慎始敬终、自强不息;又借鉴了西方文化中奋斗思想资源的优秀成果:信仰宗教、高扬理性、励志奋斗。东西方文化都是人类文明进步的共同成果,应取长补短、积极融合、相互促进、共同繁荣。

本书对奋斗术语进行了界定与内涵指认,提出了奋斗的四种范式,点明了奋斗的指向,揭示了奋斗的特质,透析了奋斗的真理性与价值准则,分析了奋斗的差异性与机制创新,论证了奋斗的目标观与实现路径,阐述了个体奋斗、群体奋斗、民族奋斗和社会奋斗之间的相互关联性。当然,奋斗未必一定成功,但不奋斗肯定不会成功!归根到底,奋斗理论应该回归实践、体现价值,要张扬个体奋斗、激扬群体奋斗、弘扬民族奋斗、颂扬社会奋斗!

正如江泽民同志所指出的,我们建设中国特色社会主义各项事业,我们进行的一切工作,既要着眼于人民现实的物质文化生活需要,同时又要着眼于促进人民素质的提高,也就是要努力促进人的全面发展。①

科学发展观认为,我们所做的一切工作要以人为本,一切要以服从并服务于最广大人民群众的根本利益。这就要求我们一定要按照邓小平同志讲的始终坚持发展是硬道理!发展就必须奋斗!

习近平同志在党的十九大报告中指出,中国特色社会主义进入新时代,我国社会主要矛盾已经转化为人民日益增长的美好生活需要和不平衡不充分的发展之间的矛盾。我国稳定解决了十几亿人的温饱问题,总体上实现小康,不久将全面建成小康社会,人民的美好生活需要日益广泛,不仅对物质文化生活提出了更高要求,而且在民主、法治、公平、正义、安全、环境等方面的要求日益增长。同时,我国社会生产力水平总体上显著提高,社会生产能力在很多方面进入世界前列,更加突出的问题是发展不平衡不充分,这已经成

---

① 江泽民:《在庆祝中国共产党成立八十周年大会上的讲话》,《江泽民文选》(第3卷),北京:人民出版社,2006年版,第294页。

为满足人民日益增长的美好生活需要的主要制约因素。①

马克思曾经指出:人有生存的需要、享受的需要和发展的需要。从心理学的角度分析,奋斗是人的内在需求。马斯洛需要层次理论认为,人有生理需要、安全需要、交往需要、尊重需要和自我实现的需要。要实现更高层次的需要,人生必须奋斗!从伦理学角度分析,人的奋斗有其道德判断标准。人们的奋斗,能催人奋进、令人振奋、为人类带来福音和利益的,都是道德上支持的、褒扬的;相反,若人们的奋斗,不能使人鼓舞,不能有益于他人和全人类,甚至是反人类、违背人伦的,都是不道德的。例如,希特勒在其《我的奋斗》一书中系统地阐述了他的所谓理想、创立第三帝国和征服欧洲,其实质是灭绝人性的、反人类的,后来成为德国法西斯内外政策的思想基础,是德国法西斯发动第二次世界大战的行动纲领,给世界人民带来了一场深重的劫难!

本书的理论价值和应用价值在于:中国特色社会主义进入新时代,在决胜全面建成小康社会、开展全面建设社会主义现代化国家新征程的关键时期,要坚持科学发展观,要以人为本,要尊重人、理解人、关心人、团结人、发展人,我们的一切工作都要以满足最广大人民群众的根本利益为出发点和落脚点,实现人的自由而全面的发展,帮助人们了解和把握奋斗的内在规律,指导人们沿着正确的奋斗路径前行,可以使人们少走弯路,使人们通过奋斗更容易实现预期的理想和目标!

奋斗问题,是每个时代都值得深思的问题,又是一个常议常新的话题。本书只是对奋斗论研究的初步的阶段性成果。可以说,对奋斗论的系统研究才刚刚破题。笔者相信,未来对奋斗理论的研究会出很多新的成果,会引发更多专家、学者去研究奋斗、探索奋斗、实践奋斗、推进奋斗,为人类社会的健康发展和文明进步、为实现人类最壮丽的共产主义事业而坚持不懈地去努力奋斗!

---

① 习近平:《决胜全面建成小康社会 夺取新时代中国特色社会主义伟大胜利——在中国共产党第十九次全国代表大会上的报告》,北京:人民出版社,2017年版,第27页。

主要参考文献

一、著作

1. 马克思、恩格斯:《马克思恩格斯全集》,中共中央马克思、恩格斯、列宁、斯大林著作编译局编译,北京:人民出版社,1995 年版。
2. 马克思、恩格斯:《马克思恩格斯选集》,中共中央马克思、恩格斯、列宁、斯大林著作编译局编译,北京:人民出版社,1995 年版。
3. 马克思、恩格斯:《马克思恩格斯文集》,中共中央马克思、恩格斯、列宁、斯大林著作编译局编译,北京:人民出版社,2009 年版。
4. 列宁:《列宁全集》,中共中央马克思、恩格斯、列宁、斯大林著作编译局编译,北京:人民出版社,1990 年版。
5. 斯大林:《斯大林选集》,中共中央马克思、恩格斯、列宁、斯大林著作编译局编译,北京:人民出版社,1979 年版。
6. 毛泽东:《毛泽东选集》,中共中央文献编辑委员会修订,北京:人民出版社,1991 年版。
7. 毛泽东:《毛泽东文集》,中共中央文献研究室编,北京:人民出版社,1999 年版。
8. 周恩来:《周恩来选集》(下),中共中央文献编辑委员会编,北京:人民出版社,1984 年版。
9. 邓小平:《邓小平文选》,中共中央文献编辑委员会编,北京:人民出版社,1993 年版。
10. 江泽民:《江泽民文选》,中共中央文献编辑委员会编,北京:人民出版社,2006 年版。
11. 胡锦涛:《胡锦涛文选》,中共中央文献编辑委员会编,北京:人民出版社,2006 年版。

12. 习近平:《习近平谈治国理政》,中央宣传部、中央文献研究室、中国外文局编,北京:外文出版社,2014年版。
13. [英]J. D. 贝尔纳:《科学研究的战略》,赵洁珍译,选自《科学学译文集》,北京:科学出版社,1981年版。
14. 李铁映:《论民主》,北京:中国人民大学出版社,2007年版。
15. [美]丹尼尔·贝尔:《资本主义文化矛盾》,赵一凡、薄隆、任晓晋译,北京:生活·读书·新知三联书店,1992年版。
16. [西]加塞尔:《什么是哲学》,北京:商务印书馆,1994年版。
17. [英]阿瑟·刘易斯:《经济增长理论》,周师铭、沈丙杰、沈伯根译,北京:商务印书馆,2001年版。
18. [德]马克斯·韦伯:《新教伦理和资本主义精神》,彭强、黄晓京译,西安:陕西师范大学出版社,2002年版。
19. [美] H. S. 康马杰:《美国精神》,南木等译,北京:光明日报出版社,1988版。
20. [法]亨利·柏格森:《创造进化论》,王珍丽、余习广译,长沙:湖南人民出版社,1989年版。
21. [英]弗里德里希·奥古斯特·冯·哈耶克:《通往奴役之路》,王明毅、冯兴元等译,北京:中国社会科学出版社,1997年版。
22. [德]黑格尔:《小逻辑》,贺麟译,北京:商务印书馆,1987年版。
23. [奥]路得维希·冯·米瑟斯:《自由与繁荣的国度》,朝光明等译,北京:中国社会科学出版社,1994年版。
24. L. A. 珀文:《人格科学》,周榕等译,上海:华东师范大学出版社,2001年版。
25. 叶笃初、王作成:《党员干部艰苦奋斗作风读本》,北京:红旗出版社,2003年版。
26. 孙冶方:《孙冶方全集》,太原:山西经济出版社,1998年版。
27. 后东生:《卡耐基奋斗精神》,北京:中国时代经济出版社,2002年版。
28. 李连科:《哲学价值论》,北京:中国人民大学出版社,1991年版。
29. [美]霍尔姆斯·罗尔斯顿:《环境伦理学》,杨通进译,北京:中国社会科学出版社,2000年版。

30. [俄]普列汉诺夫:《普列汉诺夫选集》,博古等译,北京:生活·读书·新知三联书店,1974年版。
31. [美]T.S.库恩:《科学革命的结构》,李宝恒、纪树立译,上海:上海科技出版社,1980年版。
32. 江涛:《科学的价值和理性》,上海:复旦大学出版社,1998年版。
33. 郑杭生、李强:《社会运行导论》,北京:中国人民大学出版社,1993年版。
34. 李世涛:《知识分子立场——民族主义与转型期中国的命运》,长春:时代文艺出版社,1998年版。
35. 陈章龙、周莉:《价值观研究》,南京:南京师范大学出版社,2004年版。
36. 柳礼泉:《中国共产党对艰苦奋斗精神的升华与发展》,长沙:湖南大学出版社,2008年版。
37. [德]伊曼努尔·康德:《道德形而上学原理》,苗力田译,上海:上海人民出版社,2005年版。
38. 魏晓莉:《奋斗——让生命与梦想接轨》,北京:华艺出版社,2008年版。
39. 庞世伟:《论"完整的人"——马克思人学生成论研究》,北京:中央编译出版社,2009年版。
40. [英]安德鲁·多布森:《绿色政治思想》,郇庆治译,济南:山东大学出版社,2005年版。
41. 刘良贵:《人性与导向》,武汉:中国地质大学出版社,2009年版。
42. [德]恩斯特·卡西尔:《人论》,甘阳译,上海:上海译文出版社,2004年版。
43. 辛敬良:《马克思主义哲学导论》,上海:复旦大学出版社,1991年版。
44. [德]尤根·哈贝马斯:《公民身份和民族认同》,童世骏译,选自《在事实与规范之间》,北京:生活·读书·新知三联书店,2003年版。
45. 李德顺:《价值论》,北京:中国人民大学出版社,1987年版。
46. 李秀林等:《辩证唯物主义与历史唯物主义原理》,北京:中国人民大学出版社,2004年版。
47. 王成兵:《当代认同危机的人学解读》,北京:中国社会科学出版社,2004年版。
48. [英]亚当·斯密:《国富论》,王勋、纪飞等编译,北京:清华大学出版社,

2010年版。

49. [英]亚当·斯密:《道德情操论》,王秀莉等译,上海:上海三联书店,2008年版。

50. [日]尾关周二:《共生的理想:现代交往与共生、共同思想》,卞崇道等译,北京:中央编译出版社,1996年版。

51. [美]大卫·雷·格里芬:《后现代科学科学魅力的再现》,马季方译,北京:中央编译出版社,1998年版。

52. 冯友兰:《三松堂全集》(第4册),郑州:河南人民出版社,1985年版。

53. (汉)许慎:《说文解字》(附音序、笔画检字),(宋)徐铉校订,北京:中华书局,1963年版。

54. [古希腊]亚里士多德:《尼各马可伦理学》,苗力田译,北京:中国社会科学出版社,1990年版。

55. [美]马斯洛:《动机与人格》,许金声等译,北京:华夏出版社,1987年版。

56. 张一兵:《马克思历史辩证法的主体向度》,南京:南京大学出版社,2002年版。

57. [美]彼德·圣吉:《第五项修炼——学习型组织的艺术与实务》,郭进隆译,上海:上海三联书店,2002年版。

58. [意]罗伯特·D.普特南:《使民主运转起来》,王列、赖海榕译,南昌:江西人民出版社,2001年版。

59. 何怀宏:《生命与自由——法国存在哲学研究》,武汉:湖北教育出版社,2001年版。

60. [法]孔多塞:《人类精神进步史表纲要》,何兆武、何冰译,南京:江苏教育出版社,2006年版。

61. [美]汉娜·阿伦特:《人的境况》,王寅丽译,上海:上海人民出版社,2017年版。

62. 时蓉华:《现代社会心理学》,上海:华东师范大学出版社,1994年版。

63. 王坤庆:《精神与教育》,上海:上海教育出版社,2002年版。

64. 杨国枢:《中国人的心理与行为:本土化研究》,北京:中国人民大学出版社,2004年版。

65. [法]居伊·德波:《景观社会》,王昭风译,南京:南京大学出版社,2007

年版。

66. 王守仁:《王阳明全集》,吴光等编校,上海:上海古籍出版社,1992年版。
67. [法]邦雅曼·贡斯当:《古代人的自由与现代人的自由》,阎克文、刘满贵、冯克利校,上海:上海人民出版社,2005年版。
68. 张耀灿等:《思想政治教育学前沿》,北京:人民出版社,2006年版。
69. 毕红梅等:《全球化视野中的思想政治教育》,北京:中国社会科学出版社,2006年版。
70. 李合亮:《思想政治教育探本——关于其源起及本质的研究》,北京:人民出版社,2007年版。
71. 姜建成:《科学发展观:现代性与哲学视域》,南京:江苏人民出版社,2008版。
72. 郭彩琴:《教育公平论——当代西方教育公平思想的哲学考察》,徐州:中国矿业大学出版社,2004年版。
73. 任平:《创新时代的哲学探索——出场学视域中的马克思主义哲学》,北京:北京师范大学出版社,2009年版。
74. 沈荣华:《现代法治政府论》,北京:华夏出版社,2000年版。
75. 樊青:《成功的秘密》,北京:地震出版社,2009年版。
76. 孙英:《幸福论》,北京:人民出版社,2004年版。
77. 刘泽华:《中国政治思想史集》,北京:人民出版社,2007年版。
78. [英]大卫·休谟:《人性论》,贾广来译,北京:中国社会科学出版社,2009年版。
79. 胡潇:《马克思的解释》,北京:中国社会科学出版社,2008年版。
80. 王海明:《人性论》,北京:商务印书馆,2006年版。
81. [美]伊曼纽尔·沃勒斯坦:《沃勒斯坦精粹》,黄光耀、洪霞译,南京:南京大学出版社,2003年版。
82. 薛晓源:《前沿问题前沿思考——当代西方学术前沿问题追踪与探询》,上海:华东师范大学出版社,2005年版。
83. 金克木:《文化的解说》,北京:中国人民大学出版社,2007年版。
84. [美]托马斯·弗里德曼:《世界是平的》,何帆、肖莹莹、郝正非译,长沙:湖南科学技术出版社,2006年版。

85. 袁贵仁:《对人的哲学理解》,北京:东方出版社,2008年版。
86. 李嘉美等:《幸福书》,北京:人民出版社,2010年版。
87. 姜建成:《断裂·整合·超越——有中国特色可持续发展问题研究》,合肥:安徽大学出版社,2002年版。
88. [美]阿尔伯特·哈伯德:《自动自发》,阿峰译,武汉:长江文艺出版社,2010年版。
89. [美]格莱恩·布兰德:《一生的计划——如何卓有成效地树立目标和制订计划》,理子、罗鲲译,罗坚审校,南昌:江西人民出版社,2010年版。
90. 何建明:《我的天堂》,南京:江苏教育出版社,2009年版。
91. 王伟光:《科学发展观基本问题》,北京:人民出版社,2007年版。
92. 赵延忱:《民富论》,北京:中央编译出版社,2009年版。
93. [美]欧文·华莱士:《见证罪恶——日本的"我的奋斗"》,王金铃译,济南:济南出版社,2005年版。
94. 张晓云、潘天群:《博弈论的马克思主义研究》,北京:中央编译出版社,2009年版。
95. 匡萃坚:《当代西方政治思潮》,北京:社会科学文献出版社,2005年版。
96. 翁礼华:《态度改变人生》,杭州:浙江文艺出版社,2006年版。
97. 方世南:《时代与文明——和平与发展的时代主题与各国文明的多样性》,北京:人民出版社,2006年版。
98. 唐士其:《西方政治思想史》,北京:北京大学出版社,2002年版。
99. [德]亚瑟·叔本华:《人生为何不同》,梁波译,西安:陕西师范大学出版社,2007年版。
100. [法]莫洛亚、弗洛姆等:《人生五大问题》,亚伯拉编译,上海:上海三联书店,2008年版。
101. [美]约翰·杜威等:《自由主义》,欧阳梦云等译,北京:世界知识出版社,2007年版。
102. 庄恩岳:《明白为谁活着》,杭州:浙江人民出版社,2007年版。
103. 司马云杰:《价值实现论:关于人的文化主体性及其价值实现的研究》,西安:陕西人民出版社,2003年版。
104. 王连伟:《密尔政治思想研究》,哈尔滨:黑龙江大学出版社,2007年版。

105. 夏伟东、李颖、杨宗元:《论个人主义思潮》,北京:高等教育出版社,2006年版。
106. [英]唐·库比特:《人生大问题》,王志成、王蓉译,成都:四川人民出版社,2008年版。
107. 熊晓红、王国银等:《价值自觉与人的价值》,北京:人民出版社,2007年版。
108. [美]科恩:《论民主》,聂崇信、朱秀贤译,北京:商务印书馆,1988年版。
109. [英]伯特兰·罗素:《西方的智慧》,亚北译,北京:中国妇女出版社,2004年版。
110. 宿春礼、尹娜:《勤奋的人未必成功》,哈尔滨:黑龙江科学技术出版社,2008年版。
111. [美]约翰·杜威等:《实用主义》,杨玉成、崔人元译,北京:世界知识出版社,2007年版。
112. 吴汉德、刘云林:《思想道德修养导论》,南京:南京大学出版社,1998年版。
113. 周光荣、海飞:《奋斗改变命运》,北京:中国文史出版社,2007年版。
114. 季羡林:《季羡林论人生》,北京:中国长安出版社,2006年版。
115. [美]马斯洛:《马斯洛人本哲学》,成明编译,北京:九州出版社,2003年版。
116. 王茂胜:《思想政治教育评价论》,北京:中国社会科学出版社,2006年版。
117. 林少波:《什么样的人离成功最近,离失败最远》,北京:世界知识出版社,2010年版。
118. 靳辉明、荣剑:《超越与趋同:马克思的东方社会理论及其当代思考》,北京:中国人民大学出版社,1988版。
119. 陈占安:《邓小平理论和"三个代表"重要思想概论》,北京:中央广播电视大学出版社,2004年版。
120. 刘书林:《追求辉煌》,沈阳:辽宁人民出版社,1998年版。
121. [苏]尼古拉·奥斯特洛夫斯基:《钢铁是怎样炼成的》,张江南、张豫鄂译,武汉:长江文艺出版社,2007年版。

122. 王新生:《〈圣经〉精读》,上海:复旦大学出版社,2010年版。
123. 朱炳元、朱晓:《马克思劳动价值论及其现代形态》,北京:中央编译出版社,2007年版。
124. 吴声功、姜建成:《〈毛泽东思想和中国特色社会主义理论体系概论〉演讲录》,苏州:苏州大学出版社,2008年版。
125. [英]洛克:《政府论》(下篇),叶启芳等译,北京:商务印书馆,1981年版。
126. [美]亚历山大·温特:《国际政治的社会理论》,秦亚青译,上海:上海世纪出版集团,2000年版。
127. [德]黑格尔:《历史哲学》,王造时译,上海:上海书店出版社,1999年版。
128. [匈]卢卡奇:《历史与阶级意识》,杜章智、任立、燕宏远译,北京:商务印书馆,1999年版。
129. [美]乔治·霍兰·萨拜因:《政治学说史》,盛葵阳、崔妙因译,北京:商务印书馆,1986年版。
130. [英]安东尼·吉登斯、菲利普·萨顿:《社会学》,赵旭东等译,北京:北京大学出版社,2003年版。
131. [美]马斯洛:《人性能达的境界》,林方译,昆明:云南人民出版社,1987年版。
132. [英]怀特海:《过程与实在》,周邦宪译,贵阳:贵州人民出版社,2006年版,
133. 张岱年:《中国哲学大纲》,南京:江苏教育出版社,2005年版。
134. 张岱年:《宇宙与人生》,上海:上海文艺出版社,1999年版。
135. 刘学林、迟铎:《十三经辞典·孟子卷》,西安:陕西人民出版社,2002年版。
136. [美]凡勃伦:《有闲阶级论——关于制度的经济研究》,蔡受百译,北京:商务印书馆,1997年版。
137. 李科第:《成语辞海》,西安:陕西人民出版社,2003年版,
138. 程笑:《爱国主义、民族主义及现代化》,选自舒炜《公共理性与现代学术》,北京:生活·读书·新知三联书店,2000年版。

139. 郭正方:《通向成功的人生宝典》,北京:中国社会出版社,2009年版。
140. 傅佩荣:《听傅佩荣讲人生问题》,上海:上海三联书店,2008年版。
141. 宁可、汪征鲁:《史学理论与方法》,北京:中央广播电视大学出版社,1991年版。
142. 庞卓恒、李学智、吴英:《史学概论》,北京:高等教育出版社,2006年版。
143. 释圣严:《圣严说禅》,呼和浩特:内蒙古大学出版社,2008年版。
144. [美]弗鲁姆:《工作与激励》,北京:人民出版社,1964年版。
145. [美]B. F. 斯金纳:《科学与人类行为》,谭力海等译,北京:华夏出版社,1989年版。
146. 夏勇:《人权概念起源》,北京:中国政法大学出版社,1992年版。
147. [美]约翰·罗尔斯:《正义论》,何怀宏等译,北京:中国社会科学出版社,1988年版。
148. 陈奎德:《怀特海哲学演化概论》,上海:上海人民出版社,1988年版。
149. 金景芳:《〈易经·系辞〉新编详解》,沈阳:辽海出版社,1998年版。
150. [美]尼尔·波兹曼:《童年的消逝》,萧昭君译,北京:中国出版集团,1982年版。
151. 邹进:《现代德国文化教育学》,太原:山西教育出版社,1992年版。
152. 李如密:《教学艺术论》,济南:山东教育出版社,1995年版。
153. 杨伯峻:《论语译注》,北京:中华书局,2009年版。
154. 周义程:《公共产品民主型供给模式的理论建构》,北京:中国社会科学出版社,2009年版。
155. [美]杜威:《确定性的寻求》,傅统先译,上海:上海人民出版社,2005年版。
156. 北京大学哲学系外国哲学史教研室:《西方哲学原著选读》(下卷),商务印书馆,1982年版。
157. [美]道格拉斯·凯尔纳、斯蒂文·贝斯特:《后现代理论——批评性的质疑》,张志斌译,北京:中央编译出版社,2004年版。
158. 吴玉军:《非确定性与现代人的生存》,北京:人民出版社,2011年版。

二、论文

1. 刘书林:《素质的概念与21世纪青年人才素质的结构》,《清华大学学报》,

2001年第1期。

2. 夏东民、陆树程：《后敬畏生命观及其当代价值》，《江苏社会科学》，2009年第5期。

3. 任平：《论马克思主义哲学研究的出场学视域》，《中国社会科学》，2008年第4期。

4. 姜建成：《科学发展观：马克思主义发展观的时代性标志》，《学习论坛》，2007年第5期。

5. 陆树程：《思想政治教育机制新论》，《思想理论教育导刊》，2010年第3期。

6. 郭彩琴：《马克思主义城乡融合思想与我国城乡教育一体化发展》，《马克思主义研究》，2010年第3期。

7. 方世南：《科学发展观的政治意义》，《理论视野》，2009第1期。

8. 傅大友：《论邓小平艰苦奋斗思想的实践意义》，《思想战线》，1999年第6期。

9. 邱伟光：《以爱国主义精神升华育人内涵思想》，《思想理论教育》，2009年第20期。

10. 李萍：《思想政治工作的时代诠释》，《高校理论战线》，2001年第9期。

11. 于林平：《中外思想政治教育比较及辩证和理性思考——以美国、日本、前苏联为例》，《黑龙江高教研究》，2007年第4期。

12. 李俊、唐芳：《中美思想政治教育的比较及其发展趋势》，《四川师范学院学报（哲学社会科学版）》，2002年第5期。

13. 张雷声：《马克思主义与中国特色社会主义理论体系》，《马克思主义研究》，2009年第2期。

14. 唐春元：《乐观奋斗：毛泽东生死观的价值取向》，《湖南科技大学学报（社会科学版）》，2008年第1期。

15. 宋光清：《论奋斗目标》，《湖南省社会主义学院学报》，2003年第2期。

16. 徐春华：《艰苦奋斗：始终立于不败之地的强大精神力量》，《中共南宁市委党校学报》，2003年第2期。

17. 郭少华：《对"两个务必"的历史与现实的反思》，《井冈山学院学报（社会科学版）》，2005年第4期。

18. 李春霞:《党的先进性与坚持"两个务必"的现实意义》,《经济与社会发展》,2006年第6期。
19. 周秀红:《加强大学生艰苦奋斗教育的时代价值》,《辽宁工业大学学报(社会科学版)》,2009年第1期。
20. 胡运生:《奋斗让生命更精彩》,《秘书工作》,2008年第10期。
21. 谢鑫:《艰苦奋斗精神的哲学解读》,《湖南文理学院学报(社会科学版)》,2008年第3期。
22. 李烨玮:《奋斗》,《希望月报(下半月)》,2007年第10期。
23. 郑永扣:《艰苦奋斗的哲学之思》,《河南师范大学学报(哲学社会科学版)》,2006年第4期。
24. 公评:《奋斗——人生成功的桥梁》,《记者摇篮》,2003年第2期。
25. 赵咏梅:《浅析于连、拉斯蒂涅的奋斗历程》,《作家》,2009年第14期。
26. 谢鑫:《艰苦奋斗:新中国建设初期的精神支撑》,湖南大学硕士学位论文,2008年5月。
27. 夏伟东:《论个人奋斗》,《教学与研究》,1989年第1期。
28. 张钊、郭永玉:《个人奋斗及其相关研究》,《心理科学进展》,2006年第6期。
29. 张光辉、黄世虎:《走向真理性与价值性的统一——对建国以来我国社会主义意识形态建设规律的探讨》,《河南师范大学学报(哲学社会科学版)》,2008年第6期。
30. 鲁洁:《关系中的人:当代道德教育的一种人学探寻》,《教育研究》,2002年第1期。
31. 施卫江:《群体价值观整合中的个人奋斗》,《中国社会导刊》,2007年第15期。
32. 高军、赵黎明:《社会系统组织化研究》,《系统辩证学学报》,2002年第4期。
33. 刘荣生:《当下弘扬艰苦奋斗优良传统刍议》,《淮北煤炭师范学院学报(哲学社会科学版)》,2004年第4期。
34. 暨爱民:《民族与民族主义概念的阐释》,《民族论坛》,2008年第4期。
35. 柳礼泉:《论坚持艰苦奋斗与实现远大理想的统一》,《科学社会主义》,

2008年第1期。

36. 王联:《关于民族和民族主义的理论》,《世界民族》,1999年第1期。
37. 张兴贵:《汉藏回维族大学生成就动机的跨文化研究》,《湛江师范学院学报》,1999年第2期。
38. 李俊伟:《艰苦奋斗的文化蕴涵、时代特征与弘扬传承》,《石油政工研究》,2008年第4期。
39. 宋光清:《论奋斗目标》,《湖南省社会主义学院学报》,2003年第2期。
40. 仲大军:《中国特色的个人奋斗》,《中国社会导刊》,2007年第15期。
41. 王飙:《奋斗》,《思维与智慧》,2007年第17期。
42. 李国娇:《价值观念冲突探析》,《学理论》,2009年第11期。
43. 兰久富:《价值观念冲突的深层意蕴》,《人文杂志》,1996年第2期。
44. 万友根:《艰苦奋斗的施政价值探析》,《求索》,2004年第3期。
45. 陈升:《论艰苦奋斗则荣,骄奢淫逸则耻》,《中国青年政治学院学报》,2007年第2期。
46. 刘长明:《关于艰苦奋斗的哲学思考》,《山东师范大学学报(人文社会科学版)》,1995年第5期。
47. 楚克松:《人是人自身的目的和手段》,《经济研究导刊》,2008年第13期。
48. 余细香:《激变年代的个人奋斗》,《中国社会导刊》,2007年第15期。
49. 唐永进:《加快建设灾后美好新家园必须弘扬艰苦奋斗精神》,《天府新论》,2009年第3期。
50. 朱漱珍:《电影〈阿甘正传〉与美国文化》,《唐都学刊》,2007年第5期。
51. 米如群:《关于艰苦奋斗精神内涵的文化释读》,《学海》,2006年第6期。
52. 马永:《"发展才是硬道理":发展理念真理性与价值性的辩证统一》,《内蒙古农业大学学报(社会科学版)》,2008年第4期。
53. 徐海涛:《对如何艰苦奋斗的思考》,《党建研究》,2003年第12期。
54. 黄莉:《论人民性是中国特色社会主义理论体系最鲜明的特征》,《社会科学研究》,2009年第3期。
55. 黄莉:《试论中国特色社会主义理论体系的鲜明特征》,《毛泽东思想研究》,2008年第5期。

56. 边祥慧:《论解放思想的时代性、科学性和实践性》,《新远见》,2009 年第 4 期。
57. 朱广荣、刘邦凡:《论马克思主义生产力理论的真理性和发展性》,《生产力研究》,2008 年第 24 期。
58. 黄正元:《论主体性、实践性与人的发展——兼论"实践的唯物主义"的先进品质》,《焦作大学学报》,2009 年第 2 期。
59. 郑玮、郑毓信:《现代性、后现代性与科学性》,《学习与探索》,2009 年第 2 期。
60. 赵永春:《民主理论的科学性与民主政治建设的价值取向》,《黑龙江社会科学》,2009 年第 2 期。
61. 曹文、陈红、高笑:《选择、自我表达与选择扩散效应》,《心理学报》,2009 年第 8 期。
62. 杨明、邓咏梅:《略论艰苦奋斗是兴旺发达的支撑力量》,《贵州大学学报(社会科学版)》,2004 年第 5 期。
63. 郑晓江:《论人生的选择》,《求实》,2001 年第 6 期。
64. 郭树永:《建构主义的"共同体和平论"》,《欧洲》,2001 年第 2 期。
65. 孙溯源:《集体认同与国际政治———一种文化视角》,《现代国际关系》,2003 年第 1 期。
66. 马珂:《哈贝马斯集体认同理论的发展及其对中国的意义》,《学术探索》,2007 年第 5 期。
67. 颜安:《集体认同与个人认同——从"尚礼义"到"尚功利"》,《华商》,2007 年第 22 期。
68. 张理海:《论社会评价的合理性》,《哲学研究》,1999 年第 8 期。
69. 靳安广:《社会评价探析》,《黔东南民族师范高等专科学校学报》,2003 年第 1 期。
70. 邓京力:《关于历史认识与历史评价的检验问题》,《历史教学问题》,2004 年第 3 期。
71. 毛曦、康少峰:《历史认识的检验与真理标准的历史内涵》,《西安联合大学学报》,1999 年第 3 期。
72. 金正一:《中国特色社会主义的真理性与价值性之证明——兼论邓小平

社会主义价值观的与时俱进》,《延边党校学报》,2005年第4期。
73. 金英俊:《科学认识的真理性与价值性初探》,《江南学院学报》,2001年第1期。
74. 何岚:《价值认同危机下的价值整合》,《今日南国(理论创新版)》,2008年第3期。
75. 谢子春:《基于企业生命周期的激励机制建设》,《企业科技与发展》,2009年第16期。
76. 教育部邓小平理论和"三个代表"重要思想研究中心:《保障公平正义促进社会和谐》,《求是》,2007年第2期。
77. 张一兵:《实践格局:人类社会历史过程的深层制约构架——一种关于哲学新视界的思考》,《社会科学研究》,1991年第4期。
78. 梁国良:《论刑事政策的道德目标》,《华中科技大学学报(社会科学版)》,2001年第3期。
79. 何建华:《和谐与公正:现代人的道德目标》,《中共宁波市委党校学报》,2003年第3期。
80. 康大维:《马斯洛的自我实现透视》,《长春师范学院学报》,2004年第9期。
81. 王本法:《奥苏贝尔的成就动机驱力构成论及其意义》,《天津市教科院学报》,2002年第4期。
82. 张兴贵、郑雪、邢强:《湛江城乡青少年学生成就动机取向的比较研究》,《华南师范大学学报(自然科学版)》,2001年第2期。
83. 沈荣华、朱海伦:《论和谐社会的制度性起点》,《理论探讨》,2008年第5期。
84. 姚润皋:《社会主义核心价值体系的特点与建设路径》,《中国高校社会科学》,2008年第7期。
85. 姚军:《以社会主义核心价值观统领大学生思想政治教育研究》,《教育探索》,2008年第12期。
86. 张志申:《关于艰苦奋斗的三个基本问题》,《中共乌鲁木齐市委党校学报》,2004年第2期。
87. 宋锦添:《论艰苦奋斗的哲学意义》,《人文杂志》,1991年第2期。

88. 宋易风:《毛泽东、邓小平的艰苦奋斗观》,《理论导刊》,1994年第7期。

89. 农必胜:《艰苦奋斗思想的世界观、方法论意义》,《广西大学学报(哲学社会科学版)》,1994年第3期。

90. 高平均、王君颖:《艰苦奋斗论初探》,《甘肃社会科学》,1991年第2期。

91. 祝小宁、王有为:《国外思想政治教育发展的启示》,《重庆邮电学院学报(社会科学版)》,2004年第2期。

92. 王利蕊、黎树斌、冯书生:《论美国思想政治教育方法》,《安阳师范学院学的》,2006年第1期。

93. 高峰:《世界一些国家思想政治教育实施情况透视》,《理论观察》,2000年第4期。

94. 于超:《中美高校思想政治教育的比较及借鉴》,《黑龙江高教研究》,2008年第9期。

95. 朱炳元:《关于中国模式研究的理论思考》,《贵州师范大学学报(社会科学版)》,2011年第1期。

96. 吴声功:《经典的马克思主义与发展的马克思主义若干问题》,《苏州大学学报(哲学社会科学版)》,2009年第6期。

97. 臧伟:《每个人都是要奋斗的——观影片〈奋斗〉》,《课堂内外创新作文(高中版)》,2008年第5期。

98. 谢菊兰:《在社会实践中实现自我选择》,《兰州工业学院学报》,2006年第4期。

99. 石佑启:《论私有财产权公法保护之价值取向》,《法商研究》,2006年第6期。

三、外文著作与论文

1. Emmons, R. A. Personal Strivings: An Approach to Personality and Subjective Well-being. Journal of Personality and Social Psychology, 1986, 51(5):1058 – 1068.

2. Van Dijke etc. Striving for Personal Power as a Basis for Social Power Dynamics. European Journal of Social Psychology. 2006, 36(4).

3. Sheldon, K. M. & Kasser, T. Development Psychology. 2001, 37(4):491 –

501.

4. Thomas, K. W. & Velthouse, B. A. Cognitive Elements of Empowerment: An Interpretive Model of Intrinsic Task Motivation. Academy of Management Review,1990,15(4):666 – 681.

5. Paullay, I. M., Alliger, G. M. & Stone-Romero, E. F. Construst Validation of Two instruments Designed to Measure Job Involvement and Work Centrality. Journal of Applied Psychology,1994,79(2):224 – 228.

6. Zhong Deng & Donald J. Treiman. The Impact of Cultural Revolution on Trends in Educational Attainment in the People's Republic of China. American Journal of Sociology , 1997,103(2):391 – 428.

7. James M. Buchanan. An Economic Theory of Clubs. Economic,1965(32):1 – 14.

8. Kenneth D. Golein. Equal Access Vs Selective Access: Acritique of Public Goods Theory. Public Choice,1979(29):53 – 57.

9. Aschauer, D. A. Is Public Expenditure Productive? Journal of Monetary Economics,1989(23):177 – 200.

10. Oates, W. E. Fiscal Federalism. New York: Harcourt Brace Jovanovich, 1972.

11. Tiebout, C. A Pure Theory of Local Expenditures. Journal of Political Economy,October 1956,64(5):416 – 424.

12. Samuelson, P. The Pure Theory of Public Expenditure. Review of Economic and Statistics, 1954,36(4):387 – 389.

四、互联网等资料

1. 江泽民:《坚持与时俱进　全面审视形势　紧紧抓住机遇　大力推进创新》,2003 年 3 月 7 日,人民网:www.people.com.cn.

2. 胡锦涛:《在学习〈江泽民文选〉报告会上的讲话》,2006 年 8 月 15 日,新华网:www.xinhuanet.com.

3. 胡锦涛:《在中央党校省部级干部进修班上讲话》,2007 年 6 月 25 日,新华网:www.xinhuanet.com.

4. 胡锦涛:《在党的十七大上的报告》,2007年10月15日,新华网:www.xinhuanet.com.

5. 胡锦涛:《在西柏坡学习考察时的讲话》,2002年12月6日,新华网:www.xinhuanet.com.

6. 胡锦涛:《在青藏铁路通车庆祝大会上的讲话》,2006年7月1日,http://www.chinanews.com/others/news/2006/07-01/751810.shtml.

7. 毛泽东:《国民精神总动员的政治方向》,《新中华报》,1939年5月10日.

8. 习近平:《在中共中央政治局第十二次集体学习时的讲话》,http://www.sohu.com/a/301979436_120037444.

9. 吴福环:《论传统奋斗精神和勤俭美德的当代价值》,新疆哲学社会科学网,2008年6月14日,http://www.xjass.cn/.

10. 习近平:《共圆中华民族伟大复兴的中国梦》,《人民日报》,2014年2月19日。

11. 习近平:《在庆祝中国共产党成立95周年大会上的讲话》,《人民日报》,2016年7月2日。

12. 习近平:《决胜全面建成小康社会 夺取新时代中国特色社会主义伟大胜利——在中国共产党第十九次全国代表大会上的报告》,http://www.xinhuanet.com/2017-10/27/c_1121867529.htm.

13. 习近平:《在2018年春节团拜会上的讲话》,《人民日报》,2018年2月15日。

14. 习近平:《在北京大学师生座谈会上的讲话》,《人民日报》,2018年5月3日。

15. 习近平:《在纪念马克思诞辰200周年大会上的讲话》,《人民日报》,2018年5月5日。

16. 习近平:《在中国科学院第十九次院士大会中国工程院第十四次院士大会上的讲话》,《人民日报》,2018年5月29日。